ドイツ・ユニバーサルバンキングの展開

# ドイツ・
# ユニバーサルバンキング
# の展開

大矢繁夫 [著]

北海道大学図書刊行会

目　次

序　章　課題と構成 …………………………………………………………………1

**第1部　証券関連業務・活動の展開**

**第1章　第1次大戦前における銀行の証券信用業務** ……………………11
　　Ⅰ　ルポール・ロンバート貸付の機能 ……………………………………12
　　　　1　ロンバート貸付　12
　　　　2　ルポール貸付　14
　　　　3　ルポール貸付とロンバート貸付の差異　16
　　Ⅱ　ルポール・ロンバート貸付の意義 ……………………………………17
　　　　1　ルポール・ロンバート貸付の株式市場への影響　17
　　　　2　ルポール・ロンバート貸付の比重　19
　　Ⅲ　ルポール・ロンバート貸付と金融市場 ………………………………21
　　Ⅳ　資金的基盤・国際金融上の連関 ………………………………………24
　　Ⅴ　小　　括 …………………………………………………………………29

**第2章　1920年代・通貨安定後における証券信用** ………………………33
　　Ⅰ　ルポール・ロンバート貸付と株式市場の状況 ………………………33
　　　　1　1926年までの時期　34
　　　　2　1926年以降　38
　　　　3　株式市場への影響　42
　　Ⅱ　貨幣市場の変化とルポール・ロンバート貸付の資金的基盤 ………45
　　　　1　市中割引市場の縮小と銀行引受手形　46
　　　　2　ルポール・ロンバート貸付の資金的基盤　48
　　Ⅲ　小　　括 …………………………………………………………………54

**第3章　株式市場とユニバーサルバンク──1990年代の構図──** ………61
　　Ⅰ　1980・90年代の株式市場の動向 ………………………………………61
　　　　1　1980年代　61
　　　　2　1990年代　62
　　Ⅱ　投資会社・投資ファンドと株式投資 …………………………………64
　　　　1　投資会社・投資ファンドの概要　64

2　投資ファンドと株式投資　66
　Ⅲ　ドイツ先物・オプション取引所の開設と株式オプション取引 ………70
　　　1　ドイツ先物・オプション取引所の開設　70
　　　2　リスクヘッジ手段としての株式オプション取引　72
　Ⅳ　ユニバーサルバンクの位置 ……………………………………………76
　Ⅴ　小　　括 ………………………………………………………………79

## 第4章　ユニバーサルバンクの証券関連業務 ………………………83
　Ⅰ　証　券　信　用 …………………………………………………………83
　　　1　証券信用のシステム　83
　　　2　日本・米国の証券信用　85
　　　3　証券信用の意義　89
　Ⅱ　株式引受・発行業務 …………………………………………………91
　　　1　19世紀末葉のベルリン大銀行と地方銀行　92
　　　2　「資本信用」と株式引受・発行　94
　Ⅲ　小　　括 ………………………………………………………………96

## 第2部　マルク建て決済システムの拡張

## 第5章　銀行集中と国内支店網・決済網の拡充 ………………………103
　　　　　——1920年代を中心に——
　Ⅰ　第1次大戦前の銀行集中の概要 ……………………………………104
　Ⅱ　第1次大戦後の銀行集中 ……………………………………………106
　　　1　銀行集中の帰結　106
　　　2　銀行集中の要因　110
　　　3　1929年の大型合併　114
　Ⅲ　小　　括 ……………………………………………………………118

## 第6章　ドイツの銀行の国際業務と「マルク国際化」 ………………121
　　　　　——「第1次マルク国際化」——
　Ⅰ　ドイツの銀行の国際業務・国際的展開 ……………………………121
　　　1　貿易金融と国際的進出　122
　　　2　外国証券の発行引受　126

3　対外資本参加　128
　　　4　対外投資の規模　131
　Ⅱ　貿易金融の構造と外銀保有マルク残高 …………………………………133
　　　1　貿易金融の構造　133
　　　2　外銀保有マルク残高　139
　Ⅲ　小　　括 ………………………………………………………………………141

# 第7章　1930・40年代の為替清算システムとドイツの銀行 ……145
　　　　　──「第2次マルク国際化」──

　Ⅰ　為替清算システム ……………………………………………………………145
　　　1　為替管理と「封鎖マルク」　145
　　　2　為替清算システム　149
　Ⅱ　ドイツの清算債務増大と国際的「マルク建て決済システム」………152
　　　1　ドイツの清算債務増大　152
　　　2　国際的「マルク建て決済システム」　155
　Ⅲ　ドイチェ・バンクの対外進出 ………………………………………………161
　　　1　概　　況　162
　　　2　対外進出と「東方タイプ」為替清算システム　163
　　　3　対外進出と対南米取引の清算　167
　Ⅳ　小　　括 ………………………………………………………………………169

# 第8章　第2次大戦後におけるドイツの銀行の国際的進出 ……175
　Ⅰ　コルレス関係の再建 …………………………………………………………175
　Ⅱ　「銀行クラブ」の形成とコンソーシアム・バンク ………………………177
　　　1　ＥＢＩＣ　177
　　　2　ユーロパートナーズ　180
　　　3　ＡＢＥＣＯＲ　181
　Ⅲ　ルクセンブルグ金融市場への進出 …………………………………………183
　　　1　業務とその比重　183
　　　2　外国へのマルク建て債権　190
　Ⅳ　在外支店・子銀行全体の外国へのマルク建て債権 ………………………191
　Ⅴ　小　　括 ………………………………………………………………………193

目　次　v

## 第9章　マルクの国際化──「第3次マルク国際化」──……………………197

### I　金融自由化と金融規制…………………………………………………………197
1　ドイツの金融自由化の特徴　197
2　金融不安と金融規制　199

### II　マルクの国際化………………………………………………………………202
1　マルク国際化に対するブンデスバンクの態度　203
2　1980年代のマルク国際化　205
3　1990年代のマルク国際化　211

### III　マルクからユーロへ──2つのシステムの位相──……………………215

### IV　小　　括 ……………………………………………………………………218

参　考　文　献　225
図　表　一　覧　241
あ　と　が　き　245
索　　　引　251

序　章
課題と構成

　本書の課題は，ドイツ・ユニバーサルバンクの経済的能力を，第1次大戦前から現代に至るまで，その業務・活動の展開に即しつつ明らかにする，という点にある。
　ユニバーサルバンクという用語は，狭い意味では，証券業務を含むあらゆる金融業務を銀行本体が一手でなす場合を指して用いられる[1]。また，広い意味では，商業銀行や証券会社等の種々の専門業態を親銀行や持株会社が統括する諸金融機関の統合体を指して用いられもする。この用語は，それほど厳密に定義され用いられているわけではない。本書では，広い意味で用いている。
　銀行が多様な業務を備えることは，一般に，産業企業の側からの多様な金融商品・サービスへの需要に応じるためであって，その形態は，その時代の技術的要件や法制度によって種々ありうる。例えば，現在において，銀行が多様な金融商品・サービスを顧客に対して効率よく提供するためには，システム投資・設備投資が厖大とならざるをえず，これをなすためには，まず，同一業態の統合により規模を大きくするとともに，種々の異業態の金融機関を連係してバンキング・グループを形成することが有効だ，というようにである。本書では，このような場合も含めて，ユニバーサルバンクという。したがって，具体的には，商業銀行が証券業務を兼営している場合はもちろんのこと，現在の日本でも生じつつある，持株会社による諸金融機関の統括と

いうケースも，この用語に包括して捉えている[2]。

さて，上のようなユニバーサルバンクは，機能の面からみれば，投資銀行や証券会社の機能と商業銀行の機能を併せもつ存在であり，このようなユニバーサルバンクを歴史上一貫して展開し，現在まで至っているのがドイツの銀行なのである。ドイツの銀行は，ユニバーサルバンクのプロトタイプから現在の姿までのいわば典型例を示してくれる。

ユニバーサルバンクの経済的能力を明らかにしようとするとき，上の2つの機能を担う業務や活動を分析することが必要となる。投資銀行・証券会社の機能は，企業証券の発行市場と流通市場に関わる業務によって担われる。他方，商業銀行機能は，何よりも，当座預金勘定を用いた決済システムを前提にして，信用供与・創造が行われる，という点に求められる。本書の第1部と第2部はそれぞれこの領域を扱う。

ユニバーサルバンクとしてのドイツの銀行の経済的能力については，より端的に銀行の「権力」Macht として，これまですでに問題とされてきた。そして，ドイツは，法改正や銀行監督制度の整備をもって，この大銀行批判や金融システムの健全性を求める声に対応してきた。

ドイツの銀行の「権力」，対産業支配力は，融資や資本参加，寄託株の議決権代理行使，そしてドイツでは強力な権限をもつ監査役の派遣等によって発揮される。ユニバーサルバンクとしてのドイツの銀行の経済的「権力」を分析しようとする場合，これまでは，主に，このような問題に焦点が当てられてきた。そして，ドイツの銀行のこのような経済的「権力」については，銀行側からの反論もあり，なお分析が必要だとしても，基本的には既知の事実となっている，といってよい[3]。

本書では，上のような問題は，いわば与件とし，直接扱うことはしない。本書が対象とするドイツの銀行の経済的能力とは，上記のような「融資や資本参加，寄託株の議決権代理行使，……」という銀行の「権力」行使の，いわばその背後にあって，それを支えているシステムへの関与というようにみることができる。それは，これまであまり注目されなかった領域を含んでいる。

本書は，このような視点から，第1部では，ドイツの銀行が関わる証券信用を分析する。証券信用は，あまり目立たない，証券市場の補助的装置のようにみられがちだが，ドイツでは，歴史的に，株式市場の動向を左右する大きな威力を発揮した。また，第4章でみるように，証券信用システムが，最近の証券先物・オプション取引を包括するものとして捉えられるとき，証券信用のもつ意義がもっと注目されるべき，と考えるのである。

　証券信用は，第1章および第2章で明らかにされるように，株式市場の需給に影響を与え，したがって株価の動きに影響を与え，ひいては，株式発行の動きにも影響を及ぼす働きをもつ。そして，企業株の発行は，やはり，ユニバーサルバンクとしての銀行によって引き受けられるのであり，ここには，銀行による企業株保有の契機も形成される，とみることができる。上記の「銀行の『権力』行使の，いわばその背後にあって，それを支えているシステムへの関与」というのは，このような意味においてである。

　ドイツの証券信用を分析しようとするとき，これを通史的に取りあげることはできない。というのは，証券信用業務やそのシステムが，歴史上一貫して存在したわけではないからである。それは，とくに，1931年銀行恐慌によって停止されて以降，改めての本格的展開は，1990年代まで待たねばならなかった。本書では，証券信用の機能の発揮という点からみて，それが隆盛をみせた典型的な時期を対象として取りあげている。第1次大戦前，1920年代，そして現代の1990年代である。

　第1章では，第1次大戦前におけるドイツの銀行の証券信用業務，ルポール・ロンバート貸付が取りあげられる。ドイツの銀行のこの証券信用業務が，株式市場へどのように関わり，どのような点で影響をもち，したがってどのような機能をもつものであったか，ということが明らかにされる。

　第2章では，上のような証券信用業務が，1920年代というドイツ経済の再建期にさらにいかに展開したか，そして他面で，どの点で質的変容を余儀なくされたか，ということが追われる。証券信用を支えていた資金的基盤に関して，第1章に引き続いて追跡されることにもなる。

　第3章は，証券信用の現代版として位置づけることのできる株式先物・オ

プション取引がドイツで本格的に展開する1990年代を対象にして，このシステムと株式市場動向との関連が取りあげられ，そして，ユニバーサルバンクとしてのドイツの銀行がこの場面へどのように関わっていたかが追われる。

以上のように，3つの章では，全体として，証券信用を通じたドイツの銀行の経済的能力ということが，通底したテーマとなっている。

第4章では，前章までで焦点が当てられる証券信用と，もう1つの重要な証券関連業務である株式引受・発行という2つの業務・活動について，改めて整理を施し，それらがどのような内容と拡がりをもつものなのか，総括しようとしている。

本書の第2部は，ドイツの銀行の商業銀行としての側面に焦点を当てる。投資銀行や証券会社の機能は，抽象的に，企業証券の発行と流通に関わるもの，といえるが，これに対置される商業銀行機能は，短期性の預金を吸収し，自己宛債務をもって貸し出す，というものとして捉えられる。わが国でも，通常，商業銀行とは普通銀行を指し，そしてその固有業務として預金・貸出・為替の3業務が挙げられる。為替業務は，隔地間の資金の支払い・決済を担うのであり，したがって振替決済システムを提供する，とすることができる。このような商業銀行の業務を統合的に捉えて，商業銀行の特質を表現しようとすれば，次のようにいうことができる。すなわち，商業銀行は，短期的な預金を吸収し，それを支払準備としつつ，貸出を自己宛債務の形式をもってなす，そして，このことが可能となるのは，自らが有する振替決済システムによって支払い・決済を処理するからである，と。

このことをもう少しパラフレーズしておこう。商業銀行は，短期性のいわゆる本源的預金を取り入れて，支払準備を確保しつつ，預金設定等の自己債務形式で貸出を行う。信用創造・預金創造ということである[4]。銀行は，このようにして貸出能力を発揮するのである。そして，銀行は，この能動的な力をもつことによって，借り手企業に対する，いわば原理的な優位性を得ることになるといえるだろう。先に触れた「融資を通じた産業支配」ということの，より根本的な説明・根拠は，まず，このような点に求められるだろう。商業銀行機能，信用創造・預金創造機能が，ドイツの銀行にどのような経済

的力をもたらすかということについては，このように一般論的に押さえておくことができる。

　さて，上のような信用創造・預金創造機能にとっては，銀行が，広範囲にわたる振替決済システムをもつことが必要となる。というのは，銀行が，支払準備をはるかに超える貸出を預金という債務の造出によってなすのは，借り手の支払い・決済がこの預金の引出しによってではなく，預金勘定の振替によってなされるということを前提とするからである。そして，支払い・決済が預金勘定の振替によってなされるためには，銀行の振替決済システムが広範囲にわたって顧客を捕捉しておく必要があるからである。なお，この振替決済システムは，銀行が自行の支店網を濃密に築き，そのネットワークのなかに支払い・決済の当事者たる顧客を摑まえるとき，より効率的に威力を発揮する。この場合，自行の内部で支払い・決済が，したがって預金勘定の振替が完結するからである。そうでない場合は，すなわち，顧客の支払い・決済に2つの銀行が関わるような場合は，最終的にこの銀行間の債権・債務が中央銀行預け金の振替によって決済される。このとき，債務を負った方の銀行は，この額について，支払準備の減少と預金流出という事態に見舞われるからである。

　以上のようにして，商業銀行の特質は，信用創造・預金創造と振替決済システムという点に求められるのである。とりわけ，後者は，前者を可能ならしめる基盤をなすという点で重視されるべきである。なお，この振替決済システムは，上記のように，自行の支店網がこれをおおうとき，より効率的に威力を発揮する。また，このような振替決済網のなかに顧客を捉えるとき，銀行には顧客情報の集積を可能ならしめ，顧客に対するより優越した力をもたらしもする。銀行が自らの支店網・決済網を拡張することの意義は，以上のような点にあるといえるであろう。本書第2部では，このような視点から，主に，ドイツの銀行がどのように自らの決済網・システムを内外にわたって拡充したかということに関して，その軌跡が追われることになるのである。

　第5章では，ドイツ国内における銀行集中運動が取りあげられる。ドイツの銀行が，これによっていかに支店網拡充を果たしていったか，ということ

が明らかにされる。その場合，大銀行が国内支店網整備を本格的なものとした1920年代の銀行集中に焦点が当てられる。ドイツの大銀行は，商業銀行としての十分な質を備えるという点からみれば，この時代にそれを果したとすることができるであろう。

　第6章以降では，ドイツの銀行が，上述のような決済システムを対外的に拡張してゆく姿が追われる。それは，ドイツの銀行が商業銀行機能を国際的に展開してゆく姿であると同時に「マルク国際化」を進めていったプロセスでもある。第2部では，全体として，このようなマルク建て決済システムの国際的展開の分析に，比重がかけられる。ドイツは，マルク建て決済システムの国際的展開・「マルク国際化」を，現在まで，歴史上3度にもわたって押し進めてきたし，また例えば，貿易金融を重視するドイチェ・バンク Deutsche Bank の創設なども，このことと関連をもっていたとみることができるからである。

　第6章では，第1次大戦前のいわば「第1次マルク国際化」を対象にし，この時代のドイツの銀行の国際業務や国際的進出とマルク建て決済システム国際化の関連が追われる。この国際的なマルク建て決済システムは，第1次大戦後に完全に崩壊するが，その後1930・40年代に，為替清算システムという新たな装いのもとで復活する。「第2次マルク国際化」である。第7章は，これの内容と本質を分析する。そして，ドイツの銀行の対外進出がこれとどう関わっていたかも検討される。

　第8章は，第2次大戦後におけるドイツの銀行の国際的進出を跡づける。1980年代までに，ドイツの銀行の国際的進出は自立的となるが，それが，「第3次マルク国際化」を押し進めてゆく大きな要因であったのであり，このような視点から，ここでは国際的進出の実態が追われる。とりわけ，後段では，ユーロマルク市場ルクセンブルグへの進出と，それによる「マルク国際化」に焦点が合わされ，80-90年代の動向が追われる。

　第9章では，1980年代央以降本格化する「第3次マルク国際化」そのものが対象となる。まず，この過程と同時進行し，それと強い関連をもつドイツの金融自由化の過程が追われ，その後にマルク国際化の実態が80年代と

90年代に分けて分析される。この章では，前章と異なり，ドイツ国内における非居住者保有マルク残高に焦点が合わされる。最後に，マルク国際化はEU共通通貨ユーロ導入とともに終わりを迎えることになるが，この通貨システムの転換が，ドイツの銀行や中央銀行に何をもたらすか，ということについても考察が加えられる。

　以上が，本書の課題と構成であるが，投資銀行・証券会社と商業銀行という，いわば二身を具有するユニバーサルバンクの経済的能力を分析することの現在的意味を，一言つけ加えておきたい。

　現在のグローバルな市場競争のもとでの，これからの銀行の有り様を考えるとき，ユニバーサルバンクとしてあらゆる金融業務を統括する一握りの巨大銀行グループが，世界市場に君臨し，必然化する寡占状態のなかでいっそう巨大な力を発揮することになるであろう。このような金融機関の，その経済的力と意義がどのような地平まで拡がるものなのか正当に分析・評価することは，今後，社会に調和的で公共性も十分担保された新しい金融や銀行のあり方というものを社会が意識的に創り出してゆこうとする際に，欠くことのできない作業となると思われるのである。ユニバーサルバンクを典型的に展開したドイツの銀行を対象として，その経済的能力を分析しようとする本書の最終的な関心は，このような点にある。

1)　ドイツの銀行はあらゆる金融業務を営むユニバーサルバンクである，とされるのは，ドイツの信用制度法が「銀行業務」として次のものを列挙しているからである。(1)他人資金の受入(預金業務)，(2)信用の認可(信用業務)，ただし(3)手形割引業務を含む，(4)(5)第3者に対する有価証券業務(証券業務および寄託業務)，(6)投資業務，(7)ファクタリング業務，(8)他人に対する保証，ギャランティー，その他の瑕疵担保責任の引受(ギャランティー業務)，(9)振替支払い取引の遂行(振替取引業務)。Albers, Born, et al. (Hrsg.) (1988), S. 624.　なお，ドイツ・ユニバーサルバンキングの内容に関して，相沢幸悦(1993)第2章，第5章も参照のこと。

2)　例えば，1999年にドイチェ・バンク Deutsche Bank のブロイヤー R. E. Breuer 頭取は，銀行本体であらゆる金融業務を手掛ける場合を「従来型」のユニバーサルバ

ンク，本部を持株会社として，その下に専門機関を統合する場合を「未来」のユニバーサルバンク，というようによんでいる。『日本経済新聞』1999年5月10日。

3) 日本証券経済研究所(1984)，Eglau (1989)，長尾秀樹訳(1990)第5章，第6章，第7章，相沢幸悦(1994)第3章，第4章を参照のこと。なお，このような銀行「権力」を，すでに20世紀初め頃に分折し，端的に表現したのは，Lenin (1954)，宇高基輔訳(1956)であった。原田三郎・庄司哲太(1973)は，それを解き明かしている。参照のこと。

4) 銀行信用の特質について，わが国では豊富な研究の集積がある。最近の，いわば代表的な解説としては，西村閑也・深町郁彌・小林襄治・坂本正(1991)第2章，第3章，鈴木芳徳(編著，1995)第1章，第2章がある。また，独自的な見地を打ち出しているものとして，村岡俊三氏の所説を挙げることができる。村岡氏は，銀行貸出の源泉を「蓄蔵貨幣第2形態」(商業手形のうちに潜在化し，いまだ貨幣化していない)に求め，この点に，銀行が銀行券という形式で，しかも預金に先行して貸出を行うことの根拠を見出している。本文に関連させると，銀行は，貸出を預金設定・銀行券によってなし，その後，この貸出(預金・銀行券)の支払準備として，今では貨幣化した「蓄蔵貨幣第2形態」を預金として収集する，ということになる。「蓄蔵貨幣第2形態」は，その性格上，比較的長く銀行内に預金として留まりうる。このことを勘案すると，村岡説は，銀行の貸出業務の相対的重要性を示唆し，また，預金・貸出業務の短期性ということへも一考を迫ることになると思われる。村岡俊三(1976)第10章，村岡俊三(1998)第3章を参照のこと。

# 第1部
# 証券関連業務・活動の展開

# 第1章
# 第1次大戦前における銀行の証券信用業務

　第1次大戦前および1920年代にみられたドイツの銀行の証券信用業務は，ルポール・ロンバート貸付とよばれる。銀行のバランスシートの借方項目では，「上場証券に対するルポール・ロンバート」として示されている。ここでは，第1次大戦前におけるベルリン大銀行のルポール・ロンバート貸付を取りあげるが，それは，この業務が兼営銀行にとってきわめて特徴的な意義を有していたからである。

　従来，ドイツの大銀行は，兼営銀行たる特質として証券発行業務が注目されてきた。そしてそれは，銀行と産業の結合関係という論点へも至るものだった。他方，同じく証券に関わる業務であるとはいえ，ルポール・ロンバート貸付はそれほど注目されることはなかった。

　ルポール・ロンバート貸付は，後にみるように流動性の高い短期信用であり，この点では，いわば商業銀行の本来的業務の質を十分もつといえる。しかし，それの有する意義は，産業株の発行を自ら手掛け，したがって産業株発行を左右する株価動向にも直接的利害関係をもつドイツの大銀行にとっては，単なる流動的投資に留まらないきわめて重要なものだった。

　さらに，この業務は，国内金融市場と関わるばかりでなく，第1次大戦前にみられたドイツの大銀行の国際金融上の地位とも大きく関わりをもっていた，とみることができるのである。

　以下，上のような多様な側面をみせるルポール・ロンバート貸付の，その

機能，金融市場における位置などを，リーサー J. Riesser，プリオン W. Prion，ブルム E. Blum，ウェール P. B. Whale の叙述，そして『バンククレディット』や『景気研究四季報』の記述などを参考にしながら分析してゆく。

## I　ルポール・ロンバート貸付の機能

ルポール・ロンバート貸付は，銀行のバランスシートでは「ルポール・ロンバート」として同一項目で扱われている。しかしリーサーによると，両者は概して短期信用といえるがロンバート貸付はときに3カ月に及ぶものもあり，両者の間には質的な違いも存在する，とされる[1]。だが後にみるように，証券投機に関わる銀行の短期信用という点では，両者はその機能を同じくする。以下ではまず，ロンバート貸付からみてゆくことにする。

### 1　ロンバート貸付

ロンバート貸付とは，広い意味では，何らかの証券の担保差入れによって供与されるローンである。担保となる証券は保険証券や抵当証券などの各種証券や手形なども含むが，重要なのは上場証券である。そしてこの貸付は，主に取引所の投機家によって利用される。ロンバート貸付は，貸付期間によって次の3つに区別される。第1は日貸，いわゆるコール・マネー，第2は月貸，第3は定期貸である[2]。

日貸は，毎日午後1時以前に貸し出され，翌日の正午以前に返済されねばならない。だが貸し手が大銀行の場合，返済請求は繰り延べられるのがつねである。この金利は毎日公表され，通常は，2～3カ月手形の市中割引率よりも低い。この貸付は，取引所取引に関しては，定期取引ではなく現金取引に際して利用される[3]。

月貸は，取引所取引における，ある月末の清算期日から次の月末の清算期日まで貸し出されるものである。日貸と異なって，前もって延期が行われなければ，期限が到来すると解約通知がなくとも返済されねばならない。この

資金は，すぐ後にみるが，定期取引における強気投機がその清算を繰り延べようとするとき用いられる[4]。

　定期貸は，ある固定された期間で貸し出されるもので，それは例えば19日間であったり，41日間であったりさまざまである。ベルリン市場では，この資金の供給者は主としてゼーハンドルング Seehandlung（プロイセン州立銀行 Preussische Stattsbank）であり，プロイセン政府の余剰資金をこの形態で運用したのである。ゼーハンドルングは，この貸付に際して，担保として差し出される証券の質や借り手の信用状態についてとくに厳しかった。それゆえ，借り手はもっぱら大手の銀行や銀行家であり，そして彼らの方ではこの資金をほとんど取引所貸付に用いた[5]。

　さて，上にみたロンバート貸付の3形態のうち，月貸は，証券の定期取引の清算繰延べに用いられるもので，典型的な証券投機信用なのである。次にこの点を詳しくみるが，まず，証券の定期取引とはどのようなものであったかを追っておこう。

　ベルリン取引所での定期取引は月末取引とよばれ，証券の買い手と売り手は，その取引の決済を月末の清算日に行う。すなわち，買い手は月末になってはじめて支払い，売り手もこの時点ではじめて証券を引き渡せばよいのである。証券の現金取引は，現金支払いと他方での証券引渡しが即座に必要とされるが，それと比べると大きな違いがあるのである。つまり，取引当事者は，現金取引の場合のように取引の成立とともにすぐさま現金や証券を用意する，という必要がないのである。例えば，定期取引における証券の買い手（強気投機）は，思惑どおりの相場上昇が生じたならば，月末の清算期日以前に反対取引である月末売りを行い，清算期日には買いと売りとを相殺し，相場上昇による超過分を取得するのである[6]。

　ところで，このような定期取引と現金取引の区別は，投機家から委託を受けて直接に取引所で取引を行う銀行にとって存在するのであり，銀行の顧客である投機家自身にはそれほど重要な区別としては感知されることはない。というのは，この投機家にとっては，例えば現金取引で株を買う場合でも，支払うのは銀行への一定の払込金だけであり，残額は銀行が立て替えて支払

うからである。そして，顧客と銀行とのこのような取引の形は，定期取引でも同様なのである。ただし，このような投機家にとって，現金取引と定期取引との区別は，銀行への利払いの点ではっきりと出てくる。すなわち，現金取引の場合は，この投機家には，株を買い付けた日から，交互計算取引に則って銀行の立替分に対する利子負担が生じる。しかし定期取引の場合は，株の買付日から月末の清算期日までの間に反対取引を，すなわち売りを行って月末に清算を果たせばよいだけであり，この場合投機家には何の利子も課せられない。銀行の顧客である投機家が現金取引よりも定期取引を選好する根本的理由は，この点にあった。かくして，現金取引は取引所取引全体のなかではきわめて後退することになった。しかし，1896年の取引所法によって鉱山業や製造業の株式の定期取引が禁じられてからは，現金取引が前景へ出た[7]。

さて，このような証券定期取引に対して，ロンバート貸付(月貸)は次のように関わるのである。

強気投機は，証券価格の上昇を見込んで定期取引で買いを行う。しかし，思惑どおりの相場上昇が生じない場合，反対取引，すなわち売りを延期するのである。だが，月末の支払いは履行されねばならないわけだから，支払うべき現金をどこからか調達せねばならない。この場合投機家は，当該証券を担保にして銀行から月貸を受け，清算日の支払い責任を果たすのである。そして，次の月末までに相場上昇が生じたならば改めて売りを実行し，その清算期日には銀行への借入金返済と売った株の引渡しを履行し，売りの額と返済額との差額を取得するのである。以上のように，月貸は定期取引の清算繰延べに用いられるのである[8]。さて，このようなプロセスは，銀行のもう1つの貸付，ルポール貸付の場合にもほぼ同様といえる。次に，ルポール貸付についてみることにする。

### 2 ルポール貸付

ルポール貸付も，証券投機に，その当初の取引の履行を可能にさせるものである。例えば，株式の強気投機に対しては株券購入の支払いを，弱気投機

に対しては売却した株券の引渡しを，約定期限に行うことを可能ならしめるのである[9]。もちろんこの場合，約定した期限・清算期日までに，強気筋も弱気筋も反対取引たる売りまたは買いを行わなかったために，銀行から資金もしくは株を調達せねばならなかったという状況なのである。もう少し詳しく，まず強気投機の場合からみてゆこう。

　強気投機は，定期取引で株を買ったが，思惑どおりの相場上昇が生じなかったため反対取引(売り)を見合わせる。だが，そのために，清算期日の支払いのための資金を第3者(銀行)から調達せねばならない。その際，この資金調達は，形式としては，銀行からの借入ではなく，銀行への当該証券の公定価格での売りによって行われる。かくして，この投機家は，清算期日における支払いを無事履行することができ，そして彼の実質的負担額は，公定価格と本来の買入れ価格との差額に限定されるのである(後者の価格の方が高い場合)。そしてこの投機家は，同時に，ルポール資金の出し手(銀行)から，同一証券の同一価格での次の月末取引における買戻しを行っておくのである。その場合，通常，ルポールとよばれる一定額が追加される。このルポールは，法律的にはともかく経済的実体としては，1ヵ月間の銀行ローン(銀行が支払う，当該証券の公定価格での購入代金)に対する利子なのである[10]。

　以上のようにして，ルポール貸付による繰延べ資金の提供は，強気契約を成立させる刺激をつねに与えるのである。なぜならば，繰延べ資金は，売りが時機を得ていない場合にわずかのコストで清算を次の月末まで延期することを可能ならしめるからである。ルポール貸付はロンバート貸付(月貸)とならんで，それによって強気投機が取引を継続させるところの一方法なのである。なお，ルポールとよばれる「金利」は，月貸の金利よりわずかに高い。ルポール資金の出し手は証券価格の全額(公定価格)を支払い，ロンバート貸付におけるようなマージンによって防御されず，より大きなリスクを抱える，とされるからである[11]。

　他方，弱気投機が清算繰延べを行う場合については次のようになる。弱気投機が期待していることは，相場の下落によって，定期取引ですでに売った証券(所有してない証券の売り)をより安く買い戻す，ということである。彼

は，それによって，月末の清算を履行し差額を取得するのである。しかし，思惑と異なって相場が上昇した場合，彼は証券の買戻しを手控えるが，そのために清算期日の証券引渡しを履行できない。それゆえに彼はこの証券を，それを所有している第3者(銀行)からの買いによって調達せねばならない。その際，銀行は，この証券の売りの代金を投機家の借方勘定に記入する。そして同時に，銀行は，次の月末取引でのこの証券の買戻しを行っておくのである。なお，一定の「利子」，デポールも控除される。投機家の方では，次の月末には，改めて行った証券の買いのための現金支払いと，銀行への証券売り(銀行は買戻し)による現金取得が清算されて差額を取得する，という成り行きとなる[12]。

### 3  ルポール貸付とロンバート貸付の差異

　以上でみたように，ルポール貸付とロンバート貸付(月貸)は，証券投機が定期取引の清算を繰り延べる際に利用する信用である，という点では違いはない。しかし次のような技術的な差異は存在する。

　すなわち，銀行がルポール資金の出し手として証券を引き取る場合，その月の間だけ当該証券の所有者となるのであり，それゆえ，その証券を担保として用いたり，または(株式の場合は)その投票権を行使したりすることができるのである。これらのことは，ロンバート貸付では，通常は銀行が享受しえない利点である。しかしながら，ルポール貸付は，技術的には証券所有の変更を含んでいるため取引所取引における印紙税の対象となる。この点は，投機家にとってロンバート貸付を有利にせしめる事情でもある[13]。

　また，先にも触れたが，ルポール業務においては，資金の出し手はロンバート業務におけるよりもいくぶん大きなリスクを負う。というのは，彼は証券のほぼ相場価格に等しい資金額を供給せねばならないからである。しかしその場合，彼はいくぶん高い利子を引き出す。ルポール資金の利子は，一般にロンバート貸付(月貸)の利子よりも高いのである。前者はリスクに対するプレミアムを含むからである。貸し手が証券担保で月末資金を供給するロンバート貸付の場合の方が，リスクはより小さい。なぜならば，彼は，証券に

対する貸付額をその証券の質によって決定することができるのであり，市場価格の全額まで彼の資金を証券に賭ける必要はないからである。つまり担保掛目があるからである。しかし彼は，通常，ルポール業務におけるよりは低い利子を引き出すにすぎない[14]。

さて，ルポール貸付とロンバート貸付（月貸）の間には，上にみたような技術的な差異は存在する。しかし重要なことは，両業務ともに，証券投機の清算繰延べを可能にするという点では同じ働きをする，ということである。両業務は，資金の受け手と出し手の立場からは，何よりも，「意図的に，あるいはとにかく効果的に，短期信用の受入または供給をとおして，証券投機の育成を表すもの」[15]とみられるのである。

## II ルポール・ロンバート貸付の意義

### 1 ルポール・ロンバート貸付の株式市場への影響

前節でみたように，ルポール・ロンバート貸付の機能は，定期取引における証券投機の清算繰延べを可能にする，ということである。このことは，投機家が不確かな思惑をもったまま市場へ参加することを，より容易にする。したがって，ルポール・ロンバート貸付は，証券投機を支持し，鼓舞する，という働きをもつ。

ルポール・ロンバート貸付は証券投機を支持・鼓舞し，かくして証券需給を増幅させる役割を果たすのである。ところで，このように，投機が支持・鼓舞されて証券需給が増幅すると，証券価格は一般に上昇傾向をもつだろう。つまり，銀行のルポール・ロンバート貸付は，証券価格の動向へも大きな影響をもちうる，ということなのである。この点に関し，経験的にも，例えば次のように指摘される。

「証券信用と相場は，長期間にわたって同調する。銀行の証券信用の拡大は，強く長期にわたって持続する相場上昇を，また銀行の証券信用の縮小は，持続的な相場の下降を伴う。」[16]

図1-1は，ルポール・ロンバート貸付の株価への影響をみようとしたもの

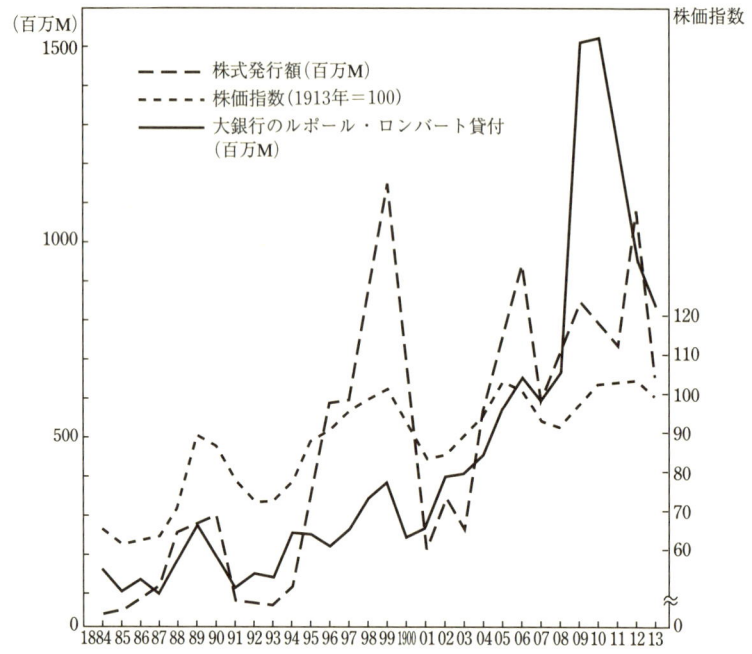

**図 1-1** ルポール・ロンバート貸付，株価，株式発行額の推移
（出所）　Deutsche Bundesbank (1976), S. 56-58, S. 293, S. 295 より作成。

である。これをみると，しかしながら，大銀行のルポール・ロンバート貸付と株価の間には強い相関関係が一貫して存在する，とは必ずしもみえない。だが1896年から1908年までは，鉱山業と製造業の株については定期取引が禁止され，その影響は大きかった，という。また，この禁止が解かれてからの1909-11年の3年ほどは，ルポール・ロンバート貸付は例外的に急伸している。このような事情を考慮して，ルポール・ロンバート貸付と株価動向との間にはやはり一定の相関がある，としてよいだろう。この点に関し，プリオンは次のような指摘をしている。「ルポール取引やデポール取引によって行使される価格形成上の影響がさしあたってその頂点に達したのは，鉱山業や製造業の株についての定期取引の禁止——これは，1896年の取引所法によって表明された——が発効となるまでであった。それに続く時期は，繰延

べ取引に対する大銀行の関連が完全に壊れてしまったわけではないが——というのは，定期取引は，これらの株だけに限られたことは一度もなかったのだから——，それにしても，この関連が再び有効なものとなるのはようやく1908年6月1日からであった。」[17]

以上のように，ドイツの大銀行のルポール・ロンバート貸付は，証券投機を支持・鼓舞して証券価格の動向へも強い影響をもつ，とみることができるのである。

ところで，叙上のように，投機が支えられて一般に株価が高く維持されるならば，それは企業にとっては良好な増資環境を意味するのであり，企業の株式発行は刺激を受けることになる。図1-1は，この点も併せてみようとした。もちろん，株価の動向だけが発行を左右する唯一の条件ではないのだから，株価と株式発行額の歩調が全く同じだというわけにはいかないが，大まかな関係は窺える。

結局，ドイツの大銀行は，ルポール・ロンバート貸付によって投機を支え，かくして株価の動向にも支配的影響を及ぼすことができたのだが，このことは，産業株の引受・発行を自ら手掛ける大銀行にとって，自らを大いに利する手段ともなっていた，といえるのである。

## 2　ルポール・ロンバート貸付の比重

表1-1は，以上でみてきたような意義を有するルポール・ロンバート貸付の，1884年から1913年までの残高の推移を示している。ベルリン大銀行の資産総額に占めるルポール・ロンバート貸付の比率と，そして比較のために所有証券額のそれについても挙げた。これをみると，ルポール・ロンバート貸付は，資産総額のほぼ10〜20％の範囲で推移し，業務規模としては所有証券額と同程度なのである。ドイツの大銀行については，従来から，産業との関わりという点で株式所有や引受団参加（両者は表1-1では「有価証券」項目に含まれる）には十分注意が払われてきたといえるが，それに劣ることなく，同じく証券に関わる業務としてルポール・ロンバート貸付がもっと着目されてよいと思われるゆえんである。

20　第1部　証券関連業務・活動の展開

**表 1-1**　ベルリン大銀行のルポール・ロンバート貸付と所有証券額の推移

(百万M，％)

| 年末 | 資産総額 | ルポール・ロンバート | 有価証券[1] | 年末 | 資産総額 | ルポール・ロンバート | 有価証券[1] |
|---|---|---|---|---|---|---|---|
| 1884 | 990 (100) | 165 (16.7) | 109 (11.0) | 1899 | 3,117 (100) | 388 (12.4) | 400 (12.8) |
| 1885 | 1,065 (100) | 100 ( 9.4) | 126 (11.8) | 1900 | 3,284 (100) | 242 ( 7.4) | 423 (12.9) |
| 1886 | 1,074 (100) | 139 (12.9) | 144 (13.4) | 1901 | 3,288 (100) | 258 ( 7.8) | 444 (13.5) |
| 1887 | 1,077 (100) | 89 ( 8.3) | 132 (12.3) | 1902 | 3,711 (100) | 401 (10.8) | 549 (14.8) |
| 1888 | 1,242 (100) | 184 (14.8) | 150 (12.1) | 1903 | 3,984 (100) | 401 (10.1) | 585 (14.7) |
| 1889 | 1,457 (100) | 285 (19.6) | 153 (10.5) | 1904 | 4,783 (100) | 464 ( 9.7) | 668 (14.0) |
| 1890 | 1,374 (100) | 193 (14.0) | 152 (11.1) | 1905 | 5,532 (100) | 572 (10.3) | 648 (11.7) |
| 1891 | 1,344 (100) | 102 ( 7.6) | 186 (13.8) | 1906 | 6,218 (100) | 663 (10.7) | 673 (10.8) |
| 1892 | 1,398 (100) | 153 (10.9) | 172 (12.3) | 1907 | 6,217 (100) | 584 ( 9.4) | 670 (10.8) |
| 1893 | 1,413 (100) | 138 ( 9.8) | 189 (13.4) | 1908 | 6,333 (100) | 661 (10.4) | 699 (11.0) |
| 1894 | 1,791 (100) | 262 (14.6) | 209 (11.7) | 1909 | 6,852 (100) | 1,043 (15.2) | 639 ( 9.3) |
| 1895 | 2,126 (100) | 249 (11.7) | 244 (11.5) | 1910 | 7,757 (100) | 1,515 (19.5) | 962 (12.4) |
| 1896 | 2,167 (100) | 219 (10.1) | 260 (12.0) | 1911 | 8,056 (100) | 1,518 (18.8) | 968 (12.0) |
| 1897 | 2,372 (100) | 270 (11.4) | 294 (12.4) | 1912 | 8,123 (100) | 936 (11.5) | 766 ( 9.4) |
| 1898 | 2,851 (100) | 351 (12.3) | 354 (12.4) | 1913 | 8,391 (100) | 826 ( 9.8) | 812 ( 9.7) |

(注)　1)　引受団参加および資本参加を含む。
(出所)　Deutsche Bundesbank (1976), S. 56-58 による。

　また表1-2は，1913年末において，ベルリン大銀行各行がどの程度のルポール・ロンバート貸付を行っていたかを示している。資産総額に占めるその比率は各銀行によって異なり，この業務の比重の違いもみられる。

　なお，プリオンによると，さらに「ベルリン大銀行のバランスシートに示されている担保付の債務者勘定のかなりの部分は，ルポール・ロンバートとならんで，投機証券に与えられた前貸の勘定に入れられるべきである」[18]という。証券投機に対するベルリン大銀行の支持は，上にみたようなバランス

表1-2 ベルリン大銀行のルポール・ロンバート貸付
（1913年12月末） （百万M，％）

| | 資産総額 | ルポール・ロンバート |
|---|---|---|
| Deutsche Bank | 2,245.67 (100) | 233.22 (10.4) |
| Disconto-Gesellschaft | 1,238.25 (100) | 104.95 ( 8.5) |
| Dresdner Bank | 1,538.12 (100) | 119.06 ( 7.7) |
| Bank für Handel und Industrie | 978.13 (100) | 110.47 (11.3) |
| A. Schaaffhausen'scher Bankverein | 646.17 (100) | 31.80 ( 4.9) |
| Nationalbank für Deutschland | 426.00 (100) | 49.70 (11.7) |
| Commerz-und Disconto-Bank | 507.74 (100) | 86.11 (17.0) |
| Mitteldeutsche Creditbank | 258.71 (100) | 24.82 ( 9.6) |

（出所） *Die Bank, Wochenhefte für Finanz- und Bankwesen Chronik der Wirtschaft*, 1914所収のバランスシートによる。

シートの「ルポール・ロンバート」額を超えて，さらに割増しして考えられるべきだ，ということになろう。

## III ルポール・ロンバート貸付と金融市場

すでにみたように，ルポール貸付とロンバート貸付(月貸)はともに，証券定期取引の月末の清算期日から次の月末清算期日までの短期的貸付であり，銀行にとっては流動的資産をなす。このようなルポール・ロンバート貸付のバランスシート上に占める位置はどのようなものだろうか。

表1-3は，ベルリン大銀行のバランスシートの借方項目を示したものである。ルポール・ロンバート貸付は，上から数えて5番目に位置する。1930年代にライヒスバンクの理事であったノルトホッフ K. Nordhoff によると，ライヒスバンクは，通常，ドイツの銀行の資産を次のようにグループ化した。

すなわち，Iとして，「現金，外貨，満期利子・配当金支払証書」，「発券・手形交換所銀行預ケ金」のグループ（表1-3の1と2の項目）。IIとして，

表1-3 ベルリン大銀行のバランスシート
借方項目

1．現金，外貨およびクーポン
2．発券・手形交換所銀行預ケ金
3．手形，無利子蔵券
　a）手形，無利子蔵券
　b）自行引受手形
　c）自行振出手形
　d）顧客約束手形
4．他銀行へのノストロ債権
5．上場証券に対するルポール・ロンバート
6．商品・商品船積への前貸
7．所有有価証券
　a）国債，利付蔵券
　b）その他のライヒスバンク担保適格証券
　c）その他の上場証券
　d）その他の証券
8．引受団参加
9．他銀行への永続的参加
10．当座債務者勘定
　a）担保付のもの
　b）無担保のもの
11．銀行建物
12．その他の不動産
13．その他の借方

(出所)　表1-2に同じ。

このⅠに「手形」や「他銀行へのノストロ債権」を加えたグループ(表1-3の1から4までの項目)。Ⅲとして，このⅡに，「ルポール・ロンバート」と「商品・商品船積への前貸」を加えたグループ(表1-3の1から6までの項目)である。そしてⅠの預金に対する比率が「現金流動性」であり，Ⅱの同比率が「第1次流動性」，Ⅲの同比率が「第2次流動性」ということになる[19]。

　ライヒスバンクのこのような整理をみると，「ルポール・ロンバート」は「手形」などに次ぐ流動的投資であり，金融市場への関わりという点からみると，資本市場よりは貨幣市場に関わる銀行業務として位置づけることができる。

　さらに，金利に関してみると，ルポール貸付のそれは，有力貸し手間の「話し合い」によって基準となる金利が決められるが，通常，ロンバート貸

付のそれより若干高めに設定される。

　また，ロンバート貸付の金利は，ブルムによると，ライヒスバンク割引率より1〜2％高いライヒスバンク・ロンバート貸付の金利に依存しているという[20]。

　ただし，ブルムの指摘するこのようなはっきりした依存関係は，1924年以降を指してのことと思われるが，大まかな関係は戦前にも存在していたといえよう。例えば，『景気研究四季報』には，戦前において，1890年，1893年，1906/07年，1912/13年にライヒスバンク割引率の上昇がルポール・ロンバート貸付の削減をもたらしたことが指摘されている。ライヒスバンク割引率によってルポール・ロンバート貸付の金利が影響を受けた事例である[21]。

　また他方で，市中割引率もライヒスバンク割引率によって影響を受けるわけだから，ライヒスバンク割引率や市中割引率，そしてルポール・ロンバート貸付の金利といった諸金利の間には連動性がみられ，貨幣市場の「金利体系」が存在した，としうる。以上のような点からも，ルポール・ロンバート貸付という銀行業務は，資本市場ではなく貨幣市場にその位置をもつ，とすることができる。

　ところで，ルポール・ロンバート貸付という銀行業務の意義は，前節までにみたところでは，むしろ資本市場に関わるものであった。つまりこの業務は，株式投機を支え，需給を増幅させて取引を活発にし，そして一般に株価を押し上げる，という機能をもつものであった。そして，株価が高水準に維持されるならば，産業株の発行が刺激を受け，結局は産業株の発行を自ら手掛ける大銀行自身にとっても大きな利益となる，そういう文脈をルポール・ロンバート貸付はもっていた。

　また，すでに触れた点であるが，銀行がルポール貸付によって証券を引き取った場合，一時的にせよ銀行はその証券の所有者となる。この点はロンバート貸付と異なる点であった。そして，この証券が株式の場合，銀行はその投票権を行使することができるのである。この点ではルポール貸付は，銀行の短期的・流動的資産ではない「所有有価証券」や「引受団参加」における

株式保有と同じ経済的効果をもつ，とみることができる。貨幣市場よりはむしろ資本市場に関わる業務とすることができるのである。

　以上の点から考えると，ルポール・ロンバート貸付は，一面では貨幣市場に位置づく業務でありながら，他面で株式市場・資本市場に強い関連をもつもの，とすることができる。いわばルポール・ロンバート貸付は，兼営銀行たるドイツの大銀行の，貨幣市場に関わる側面と資本市場に関わる側面を同時に併せもつもの，もしくはドイツの貨幣市場と資本市場の結節点に位置するもの，というようにみることができる。ドイツの大銀行の兼営銀行たる性格がこのような形で特徴的に表されている一業務といいうるだろう。

## IV　資金的基盤・国際金融上の連関

　ここでは，ルポール・ロンバート貸付の資金的基盤を追ってゆく。

　ルポール・ロンバート貸付は，既述のように，銀行のバランスシート上では短期的・流動的資産であり，したがって「負債」の側でこれと対応関係にあるのは一般に短期性預金である。表1-4は，ベルリン大銀行のバランスシートの貸方項目を示している。ここでは，短期性預金は「債権者勘定」のd)とe)の項目の3カ月以内までのもの，ということになる。バランスシートの「貸方」からいえることはこれだけである。

　ところで，ルポール・ロンバート貸付は，ノルトホッフのグルーピングにみられたように，「商品・商品船積への前貸」(いわゆる商品担保前貸)と同列のものとして第2線準備を構成する，と位置づけられた。したがって，例えば，ルポール・ロンバート貸付と商品担保前貸は，同じ流動性をもつ資産として資産の相互転換が最も無理のないもの，と考えられる。商品担保前貸が回収されてルポール・ロンバート貸付へと運用される，またはその逆という資産運用上の交流は容易に生じる，と考えられるのである。ルポール・ロンバート貸付の資金的基盤を追おうとするとき，このような商品担保前貸との関連に着目する必要がある。

　しかしながら実際には，商品担保前貸が回収されて直接にルポール・ロン

表1-4　ベルリン大銀行のバランスシート貸方項目

```
1．株式資本
2．準備金
3．債権者勘定
    a）ノストロ債務
    b）顧客のための第3者からの借入金
    c）ドイツの銀行からの預り金
    d）手数料不要勘定
        1．7日以内
        2．7日〜3カ月
        3．3カ月以上
    e）その他の債権者勘定
        1．7日以内
        2．7日〜3カ月
        3．3カ月以上
4．引受および小切手
    a）引受
    b）未払小切手
5．その他の貸方（純利益を含む）
```

（出所）　表1-2に同じ。

バート貸付へと振り向けられる、ということは生じない。商品担保前貸という資産項目は、実際の資金貸付を表すものでなく、銀行が貿易金融において「引受」額の債務を負うのに対応して、船積書類の貸渡しとともに生じる、すなわち輸出入商品を担保にとった貸付として生じる債権なのである。そしてこの債権は、その回収とともに、期限の到来した引受手形への支払いに用いられねばならない。したがって、商品担保前貸は、その債権回収をもって他の資産に振り向ける、というわけにはいかない資産である。

　さて、ルポール・ロンバート貸付の資金的基盤を追うという課題からすればやや迂回的な追跡となるが、上記のような、ドイツの銀行が商品担保前貸を回収して引受債務の支払いに充てるというプロセスを詳しく追っておくことが、ここでは必要である。ポイントとなるのは、このようにドイツの銀行によって引受債務の支払いに充てられたマルクはドイツ国内に預金として留まる、という点なのであるが、このプロセスを追っておくと次のようになる。以下、事例として、ドイツの輸入に際してドイツの銀行のマルク建て引受信用が利用された場合を取りあげる[22]。

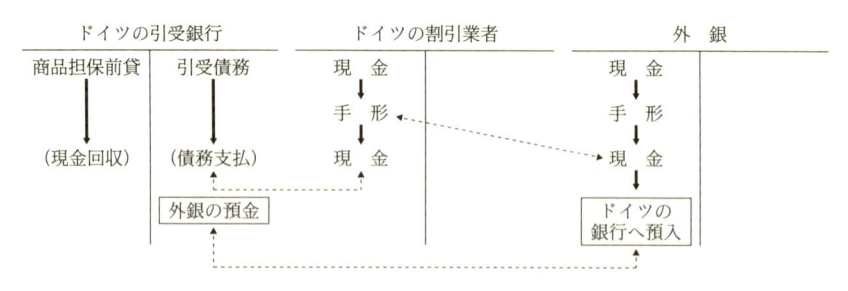

26　第1部　証券関連業務・活動の展開

| ドイツの引受銀行 | ドイツの割引業者 | 外　銀 |
|---|---|---|
| 商品担保前貸　引受債務 | 現　金 | 現　金 |
| ↓　　　　　↓ | ↓ | ↓ |
| 　　　　　　　　 | 手　形 ←‥‥‥‥‥ 手　形 |  |
| ↓　　　　　↓ | ↓ | ↓ |
| （現金回収）（債務支払） | 現　金 ‥‥‥‥‥→ 現　金 |  |
|  | 外銀の預金 | ドイツの銀行へ預入 |

図1-2　外銀の手形債権現金化と預金形成(バランスシート上の関連)

①外国の輸出商はドイツの銀行宛のマルク建て手形を振り出し，船積書類を添えて外銀へ売却する。ここで外国輸出商は輸出代金を取得する。②外銀はドイツの銀行に手形と船積書類を送付し，ドイツの銀行の引受を得る。ここで，ドイツの銀行には，貸方の「引受」項目に債務が形成される。③ドイツの銀行はドイツの輸入商へ船積書類を貸し渡す。そして借方の「商品・商品船積への前貸」項目に資産が形成される。いわゆる商品担保前貸である。④他方，引受を与えられた手形の方はドイツの割引市場で割り引かれ，外銀の手形債権は現金化し，ドイツ国内にマルク建て預金として留まる。また，この手形は満期まで流通する。⑤ドイツの輸入商は，手形の満期日までに輸入代金をドイツの銀行に支払う。ドイツの銀行は商品担保前貸の債権を回収し，かくしてそれをもって満期となった手形への支払いに充てる。ドイツの銀行は，この支払いとともに引受債務を「返済」することになる。

さて，上のプロセスの④において，外銀の手形債権は現金化し，マルク建ての預金が形成された。外銀の手形債権を現金化するのは，直接には，ドイツの割引市場でこの手形を買い取る業者であるが，この手形は割引市場を経由して最終的には手形引受を行ったドイツの銀行によって支払われるのだから，外銀の手形債権の現金化はこのドイツの銀行の引受債務支払いによって成り立っていることになる。図1-2は，この預金形成の諸関連をバランスシートに即して示そうとしている。なお，外銀がこの現金・マルクをドイツ国内に預金として留めるのは，例えばドイツや他国とのマルク建ての輸入取引に際してこの残高を決済資金として用いることができるからである。

以上でみてきたのは，ドイツの銀行の商品担保前貸という資産は，回収されて引受債務の支払いに充てられ，そのために外銀のマルク建て預金がドイツの銀行に形成される，ということなのであった。そして，このようなことが生じるのは，貿易取引がマルク建てで行われ，そこへドイツの銀行が貿易金融をつけるという，いわば「マルク決済圏」の存在が前提されてのことなのである。

　さて，上のようにしてドイツの銀行内に形成される外銀の預金について，もう少し詳しくみておこう。この外銀の預金は，その性格からしてマルク建ての当座預金である。そしてそれは，ドイツの銀行のバランスシート貸方では，「債権者勘定」の小項目「手数料不要勘定」のなかに他の預金と区別なく記入されることになる[23]（表1-4参照）。したがって，問題とする外銀の預金量は確定できない。

　しかしながら，この預金量は間接的には推定可能である。というのは，この預金は，外銀が外国輸出商から買い取った手形がドイツの割引市場で割り引かれ，現金化して形成されるのであり，そしてこの現金化は，当面は手形を割り引いた銀行・業者の資金によるとしても，最終的には引受銀行の満期手形への支払いによって成立するものであったからである。要するに，問題の預金量というのは，ドイツの引受銀行の貸方の「引受」額に照応するということなのである。

　ただし，「引受」額はバランスシートに明示されているが，さらに問題が存在する。バランスシートの「引受」項目には，ランブール引受，すなわち純然たる貿易金融に関するものばかりでなく，いわゆる「金融手形」の引受分も包含されているからである。そして，一般に，両者を弁別することは不可能だとされている[24]。だが，『バンククレディット』では，「著名な専門家の供述」によるとして，自行「引受」項目に表れている額をランブール引受と「金融手形」分とに区別づけている[25]。それは次のように行われている。まず，バランスシートの資産の側に表れる商品担保前貸（「商品・商品船積への前貸」）全額を貿易金融に関わるものとし，そして負債の側でこれに対抗する勘定が「顧客のための第3者からの借入金」[26]と「引受」（「金融手形」

| 「商品・商品船積への前貸」……(A) | 「顧客のための第3者からの借入金」…(B) |
| --- | --- |
|  | 「引受」<br>　ランブール引受………………………(C)<br>　金融手形引受………………………(D) |

図1-3　バランスシートにおける貿易金融関連項目

表1-5　ベルリン大銀行のランブール引受(1913年12月末)　(百万M)

|  | 引　受(A) | 商品担保貸付(B) | 顧客のための第3者からの借入金(C) | ランブール引受(B)−(C) |
| --- | --- | --- | --- | --- |
| Deutsche Bank | 284.07 | 216.76 | 0 | 216.76 |
| Disconto-Gesellschaft | 246.33 | 133.84 | 11.62 | 122.22 |
| Dresdner Bank | 280.69 | 116.63 | 0.79 | 115.84 |
| Bank für Handel und Industrie | 164.01 | 17.19 | 2.96 | 14.23 |
| A. Schaaffhausen'scher Bankverein | 115.62 | 0 | 3.43 | △3.43 |
| Nationalbank für Deutschland | 68.32 | 0 | 5.96 | △5.96 |
| Commerz-und Disconto-Bank | 82.08 | 21.59 | 4.25 | 17.34 |
| Mitteldeutsche Creditbank | 53.78 | 3.51 | 0.29 | 3.22 |

(出所)　表1-2に同じ。

分を除く)であるので，したがって商品担保前貸額から「第3者からの借入金」を差し引いた額がランブール引受の分であり，「引受」全体のうち残りの分が「金融手形」分である，とするのである。項目の関係を図示すると図1-3のようになる。この図において(A)＝(B)＋(C)という関係が存在し，かくして「引受」額は，ランブール引受と「金融手形」分とに弁別されるのである。

　さて，このような『バンククレディット』で用いられている方法にしたがって，1913年末におけるベルリン大銀行のランブール引受の量をみようとしたのが表1-5である。これをみると，ドイチェ・バンク Deutsche Bankのランブール引受額は，2億1676万Mと他行に比べて際立って多い。ドイチェ・バンクをはじめとするベルリン大銀行は，これらの額を，貿易金融に用いられて満期となった引受手形に対して支払うのであり，そして既述のように，これに照応する外銀の預金を新たに獲得している，と考えることができるのである。

以上で追ってきたのは，ドイツの銀行の商品担保前貸回収による引受債務の支払いは，ドイツの銀行内に外銀のマルク建て当座預金を形成せしめる，ということであった。そして，このようなことは，その背後に「マルク決済圏」を有するドイツの銀行に固有の能力による，ということでもある。また，外銀のこの預金量は推定も可能であった。

さて，ドイツの銀行は，外銀のこの当座預金を当然自由に運用することができる。そしてその場合，この資金の運用先としては，ルポール・ロンバート貸付が最も合理的と考えられるのである。なぜならば，すでに行論からも明らかなように，この場合，迂回的ではあるが商品担保前貸からルポール・ロンバート貸付へと資産転換が行われている，とみることができるからであり，そしてこの資産転換は同じ第2線準備の埒内の事柄であるからである。繰り返しになるが，ドイツの銀行は，商品担保前貸を回収して引受債務を支払い，それに照応する額が外銀の預金として預入され，そしてそれを，商品担保前貸と同質の流動性をもつルポール・ロンバート貸付へと用いる，という道筋である。

## V 小　　括

本章では，ドイツの銀行の証券信用業務，ルポール・ロンバート貸付を分析した。それは，ドイツの銀行の短期信用でありながら，その本質的機能と意義は，証券投機を支持し，証券価格の動向へも大きな影響を及ぼし，銀行の証券引受・発行へもつながりをもつようなものであった。ドイツの銀行の，1つの典型的な証券関連業務と認知しうるのである。

また，このような証券信用業務，ルポール・ロンバート貸付の資金的基盤を追っていった結果，ドイツの銀行のマルク建て引受信用にともなって生じる外銀のドイツの銀行への預金・短資流入という事柄へと至った。ルポール・ロンバート貸付は，このような，ドイツの銀行が当時有していた国際金融上の地位に支えられてもいた，とみることができるのである。ルポール・ロンバート貸付は，ドイツの銀行のマルク建て貿易金融が可能となる領域，

「マルク決済圏」の存在を背景にもったもの，という一面をみせるのである[27]。ルポール・ロンバート貸付は，ドイツ国内の貨幣市場や資本市場に関わるというばかりでなく，「マルク決済圏」の存在とそこに占めるドイツの銀行の役割という，いわば世界市場的拡がりのなかのドイツの銀行の地位にも結びついていた，ということができよう。

1) Riesser (1977), p. 330.
2) Riesser (1977), pp. 307-308, Whale (1930), pp. 114-119.
3) Riesser (1977), p. 310, Whale (1930), p. 115, Blum (1980), S. 40.
4) Riesser (1977), p. 311, Blum (1980), S. 41, Ausschuß zur Untersuchung der Erzeugungs- und Absatzbedingungen der deutschen Wirtschaft (1930), S. 123.
5) Riesser (1977), p. 311, Whale (1930), pp. 119-120.
6) Prion (1929), S. 72-73.
7) Prion (1929), S. 73-74, S. 80-81.
8) Riesser (1977), p. 312, Whale (1930), p. 116.
9) Ausschuß zur Untersuchung der Erzeugungs- und Absatzbedingungen der deutschen Wirtschaft (1930), S. 123-124.
10) Riesser (1977), p. 313, Whale (1930), pp. 116-117.
11) Whale (1930), p. 117, Prion (1929), S. 75.
12) Riesser (1977), pp. 313-314, Prion (1929), S. 77. このように，ルポール貸付とは，強気筋への資金「貸付」ばかりでなく，弱気筋の清算繰延べのための「貸株」をも含んだ業務として説明される。だが銀行のバランスシートの「ルポール・ロンバート」には強気筋への資金「貸付」が表示され，他方，弱気筋への株の売りは，本文で示されたようにその代金が投機家への貸付として「債務者勘定」に記入される。Ausschuß zur Untersuchung der Erzeugungs- und Absatzbedingungen der deutschen Wirtschaft (1930), S. 123-124, Prion (1929), S. 85.
13) Whale (1930), p. 118.
14) Riesser (1977), pp. 314-315, Blum (1980), S. 42.
15) Riesser (1977), p. 315.
16) *Vierteljahrshefte zur Konjunkturforschung*, Sonderheft 36, 1934, S. 24.
17) Prion (1929), S. 79.
18) Prion (1929), S. 85.
19) Nordhoff (1933a), S. 126-127.
20) Blum (1980), S. 42, Ausschuß zur Untersuchung der Erzeugungs- und Absatzbedingungen der deutschen Wirtschaft (1930), S. 126-127.

21) *Vierteljahrshefte zur Konjunkturforschung*, Sonderheft 36, 1934, S. 28.
22) ドイツの銀行の貿易金融については，Ausschuß zur Untersuchung der Erzeugungs- und Absatzbedingungen der deutschen Wirtschaft (1930), S. 88-91, Pohl (1984), S. 246，居城弘(1981-1982)，赤川元章(1994)第4章を参照．
23) Ausschuß zur Untersuchung der Erzeugungs- und Absatzbedingungen der deutschen Wirtschaft (1930), S. 83. なお表1-4にみられるように，当座預金勘定は「手数料不要勘定」と「その他の債権者勘定」の両方に存在しているが，両者は，実際の資金流入があるか否かで区別されていたといえよう．すなわち，前者の当座預金勘定は預入者のイニシアチブで生じるのであり，手数料は不要で逆に利子さえ支払われた．他方で後者の預金勘定は，預金貸付や当座貸越を包含し，この点で，当該銀行自身がオーバードゥロウして他行に対する債務形成となる「ノストロ債務」と類似の性格をもつといえよう．Whale (1930), p. 147，楠見一正・島本融(1935) 317ページ参照．
24) Whale (1930), pp. 107-108.
25) Ausschuß zur Untersuchung der Erzeugungs- und Absatzbedingungen der deutschen Wirtschaft (1930), S. 92を参照のこと．
26) 「顧客のための第3者からの借入金」という負債は次のようなものである．すなわち，ドイツの銀行ではなく外銀の引受信用がドイツの貿易金融に用いられた場合，輸出商は外銀宛の外貨建て手形を振り出し，外銀がこれに引受を与えるが，その際，ドイツの銀行の媒介が必要とされた．つまり，外銀は引受債務を負うが，それに照応する債権は商品担保前貸としてではなくドイツの銀行に対して有し，そしてドイツの銀行が商品担保前貸として債権をもつのである．この場合の，ドイツの銀行が外銀に対して負う債務が「顧客のための第3者からの借入金」なのである．したがって，「顧客のための第3者からの借入金」と「引受」(ランブール引受)という貸方項目は，ドイツの銀行にとっては，貿易金融の際に生じる債務という点で同じ意味をもつ，といえる．Ausschuß zur Untersuchung der Erzeugungs- und Absatzbedingungen der deutschen Wirtschaft (1930), S. 89-90を参照のこと．
27) 「マルク決済圏」が崩壊し，ドイツの銀行の引受信用による貿易金融がみられなくなった1920年代では，他形態の浮動的な短期外資の取入れによってルポール・ロンバート貸付が支えられた．そしてそれだけドイツの金融市場は不安定化した．この点については，次章で詳しく取りあげる．

# 第2章
# 1920年代・通貨安定後における証券信用

　ドイツの銀行の証券信用は，証券定期取引における投機の清算繰延べを可能にするものであった。したがって，この証券信用は，証券投機を支持し，証券需給を増幅し，証券価格の上昇をもたらすものであった。そしてこのことは，さらに，証券発行の促進ということにもつながるものであった。以上のことは前章でみたところであった。

　本章では，第1次大戦と未曾有のインフレーションという異常な時期を経て，ドイツの経済や金融が再建の歩みを始める通貨安定後の時期(1924年以降)を取りあげ，前章でみたようなドイツの銀行のもつ能力，すなわちルポール・ロンバート貸付という証券信用による株式市場への影響力が，この時期どのような展開を遂げたかを追う。そして，このことに関して，第1次大戦前と比べたときの質的変容がどの点に生じていたか，ということも追求される。

## I　ルポール・ロンバート貸付と株式市場の状況

　表2-1をみると，ベルリン大銀行の資産総額に占めるルポール・ロンバート貸付の比率は，1926年末には戦前水準を超えるまでになっている。また，証券定期取引が再開されるのは25年秋になってからである。したがって，ルポール・ロンバート貸付の供与にもとづく株式投機の活発化という点では，

34　第1部　証券関連業務・活動の展開

表2-1　ベルリン大銀行の短期資産構成

(百万RM，%)

| 年末 | 現金および発券銀行預ケ金 | 手形および小切手 | ノストロ債権 | ルポール・ロンバート | 商品担保前貸 | 計 | 資産総額 |
|---|---|---|---|---|---|---|---|
| 1913 | 360.2 (4.6) | 1,775.9 (22.7) | 325.2 ( 4.1) | 760.1 ( 9.7) | 509.8 ( 6.5) | 3,731.2 (47.6) | 7,838.8 (100) |
| 1924 | 194.5 (5.0) | 855.1 (22.0) | 628.8 (16.1) | 41.5 ( 1.1) | 260.6 ( 6.7) | 1,980.5 (50.8) | 3,895.5 (100) |
| 1925 | 248.5 (4.6) | 1,248.8 (22.9) | 642.4 (11.8) | 121.4 ( 2.2) | 443.3 ( 8.1) | 2,704.4 (49.6) | 5,454.1 (100) |
| 1926 | 261.5 (3.7) | 1,555.0 (21.9) | 786.2 (11.1) | 717.9 (10.1) | 457.1 ( 6.4) | 3,777.7 (53.1) | 7,113.3 (100) |
| 1927 | 326.7 (3.7) | 1,857.5 (20.9) | 1,033.6 (11.7) | 530.2 ( 6.0) | 775.1 ( 8.7) | 4,523.1 (51.0) | 8,869.2 (100) |
| 1928 | 419.7 (3.9) | 2,482.4 (22.8) | 1,125.5 (10.3) | 641.7 ( 5.9) | 1,396.8 (12.8) | 6,066.1 (55.7) | 10,891.0 (100) |
| 1929 | 381.9 (3.0) | 2,808.5 (22.4) | 1,170.7 ( 9.3) | 495.5 ( 3.9) | 1,727.8 (13.8) | 6,584.4 (52.5) | 12,544.9 (100) |

（出所）　*Die Bank, Wochenhefte für Finanz- und Bankwesen Chronik der Wirtschaft* 所収のバランスシートにより作成。

26年が転機となっていることが窺われる。以下では，26年を境として2つの時期に区切り，この転機の時期の前後を中心に，ルポール・ロンバート貸付の動向，それと関わる貨幣市場の状態，そして株式市場の状況についてやや詳しく追ってゆくことにする。

**1　1926年までの時期**

表2-1で1924年と25年をみると，この時期，ベルリン大銀行のルポール・ロンバート貸付はかなり低い額に留まっていた。戦前と比べると，資産総額そのものが著しく後退しているとはいえ，ルポール・ロンバート貸付の減少は際立ったものであった。また，株価については，25年には一貫して下降していた（図2-1参照）。これらのことからすでに，この時期は全体としてルポール・ロンバート貸付の機能も株式市場も低迷した状態にあったことが窺われるのであるが，以下，状況をもう少し詳細にみてゆく。

まず貨幣市場の状態であるが，1923年末までは，激しい払底と大幅な金利変動にみられるように貨幣市場では全く異常な状態が続いていた[1]。ロン

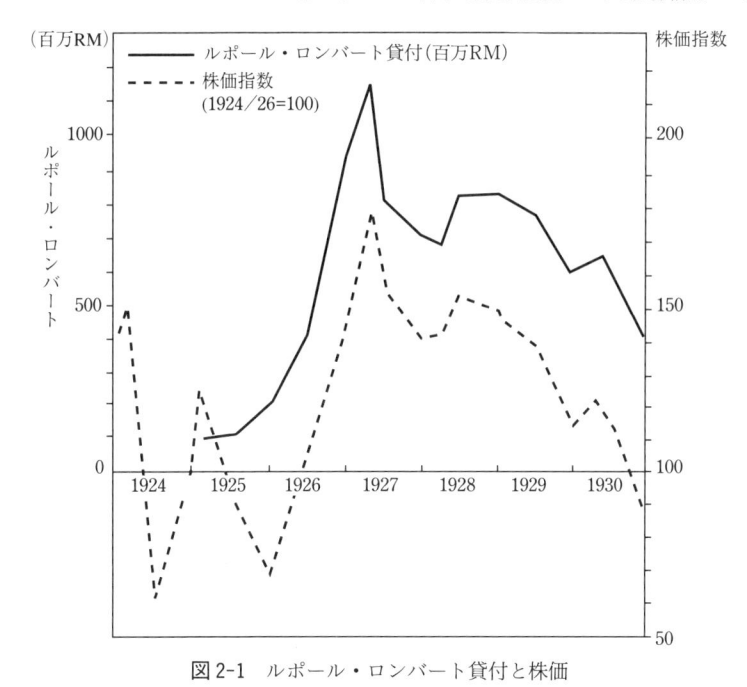

第 2 章　1920 年代・通貨安定後における証券信用　35

図 2-1　ルポール・ロンバート貸付と株価

（出所）　*Vierteljahrshefte zur Konjunkturforschung,* Sonderheft 36, 1934, S. 99, S. 103 により作成。

バート貸付は，日貸と月貸との間に金利の連動性はみられず，月貸の金利がきわめて高かった[2]。24 年に入り，貨幣市場はわずかながら緩慢化の傾向をみせはじめる。この時期，一流の企業，商会でさえ銀行借入の返済期日を守りえず，したがって銀行は対産業貸付を手控えざるをえなかった。また 24 年春にはライヒスバンクの信用制限[3]も行われ，それだけにいっそう対産業貸付部面での資金逼迫は激しいものであった。このような対産業貸付部面での逼迫と比べると，ただ貨幣市場だけが相対的には緩慢化しつつあったのである。しかしながら 4 月頃までは，なお貨幣市場の状態は正常といえるようなものではなかった。金利の変動は依然として著しく，例えば，フランクフルトにおける日貸の金利は 24 年 1 月上旬には年 78.12％であり，同月下旬には年 17.16％まで一挙に下落し，3 月上旬には再び年 32.46％まで上がる，

表 2-2 ロンバート貸付の金利(1924・25 年)
(%)

| 平均 | 1924 年 ||||1925 年||||
|---|---|---|---|---|---|---|---|---|
| | 日 貸 || 月 貸 || 日 貸 || 月 貸 ||
| | ベルリン | フランクフルト | ベルリン | フランクフルト | ベルリン | フランクフルト | ベルリン | フランクフルト |
| 1月 | 87.64 | 45.28 | 28.25 | — | 9.99 | 9.72 | 11.23 | 10.84 |
| 2月 | 34.94 | 20.24 | 22.58 | 21.42 | 10.57 | 9.36 | 11.92 | 11.05 |
| 3月 | 33.09 | 28.46 | 30.00 | 30.82 | 8.97 | 9.00 | 11.26 | 10.68 |
| 4月 | 45.49 | 38.04 | 44.45 | 50.88 | 8.49 | 9.00 | 10.13 | 10.23 |
| 5月 | 27.82 | 23.76 | 44.31 | 45.62 | 8.78 | 9.09 | 10.48 | 9.94 |
| 6月 | 22.60 | 10.88 | 32.59 | 30.96 | 8.79 | 9.00 | 10.68 | 10.61 |
| 7月 | 16.83 | 10.36 | 22.92 | 18.76 | 9.46 | 9.21 | 10.87 | 10.31 |
| 8月 | 17.13 | 9.93 | 18.81 | 13.39 | 9.00 | 10.02 | 10.84 | 10.46 |
| 9月 | 14.97 | 10.67 | 16.78 | 13.11 | 8.85 | 9.28 | 10.59 | 10.30 |
| 10月 | 14.09 | 11.1 | 14.42 | 12.00 | 9.41 | 9.44 | 10.82 | 10.13 |
| 11月 | 13.03 | 10.6 | 13.81 | 11.87 | 8.49 | 8.32 | 10.65 | 10.02 |
| 12月 | 11.11 | 9.83 | 12.61 | 11.37 | 8.20 | 9.07 | 10.29 | 9.68 |

(出所) Ausschuß zur Untersuchung der Erzeugungs- und Absatzbedingungen der deutschen Wirtschaft (1929), S. 189-191 による。

という状態であった[4]。24 年後半から，貨幣市場はようやく異常な状態を脱しはじめた。緩慢化も進み，日貸と月貸の金利の連動性も次第に回復し，両金利の接近が生じてくる[5]。このような緩慢化傾向は，翌 25 年に入っていっそう進行し，同年中は日貸の金利が年 8〜9％台で，月貸の金利はほぼ年 10％台で推移していった(表 2-2)。ところで，25 年における貨幣市場のこのような緩慢化傾向は，何よりも，内外の金利差を目当てにした浮動的な短期外資の流入によってもたらされた。この点は，後の行論との関わりで注意しておくべき点である[6]。

以上のように，24 年後半から 25 年にかけて貨幣市場は漸次に緩慢化してゆくが，このことは他面では，ロンバート貸付に対する需要がそれほど強くなかったことを示していた。株式投機の基盤となる証券定期取引が再開されるのはようやく 25 年 10 月になってからのことであり，したがってそれまでは，投機のためのロンバート貸付(月貸)の調達やルポール貸付の調達はほとんど行われず，このことが 25 年中はルポール・ロンバート貸付全体がなお

表2-3 株価指数(1924/26＝100)

|      | 1月 | 2月 | 3月 | 4月 | 5月 | 6月 | 7月 | 8月 | 9月 | 10月 | 11月 | 12月 | 平均 |
|------|------|------|------|------|------|------|------|------|------|------|------|------|------|
| 1924 | 142.4 | 158.8 | 125.3 | 90.2 | 75.1 | 61.2 | 62.8 | 89.6 | 89.9 | 84.9 | 89.0 | 103.2 | 97.7 |
| 1925 | 124.0 | 120.4 | 114.3 | 108.7 | 100.9 | 88.8 | 85.5 | 78.0 | 82.6 | 77.9 | 71.0 | 68.2 | 93.3 |
| 1926 | 75.8 | 83.3 | 88.2 | 96.0 | 94.7 | 100.7 | 108.9 | 119.4 | 122.2 | 134.2 | 142.4 | 141.9 | 109.0 |
| 1927 | 162.7 | 172.5 | 167.5 | 177.4 | 170.1 | 155.2 | 160.2 | 157.5 | 151.9 | 147.0 | 133.2 | 140.9 | 158.0 |
| 1928 | 148.0 | 144.3 | 142.3 | 148.4 | 152.8 | 153.9 | 149.5 | 149.2 | 149.5 | 147.4 | 147.7 | 148.7 | 148.4 |

(出所) 図2-1に同じ。S. 99による。

　低位水準に留まっていた理由であろう(図2-1)。かくして、この時期は、ロンバート貸付の調達も比較的わずかであり、そしてその意義も、もっぱら銀行間における資金過不足の調整という点にあり、取り入れられた資金は一時的に対産業貸付の部面に流れたにすぎず、資本市場と関わりをもつようなものではなかった、といえる。

　次に株式市場の状態であるが、さしあたって、相場の動向を中心にみていくことにする。なお、株式発行の状況については後に一括して概観する。

　インフレーションの時期から24年の通貨安定の時期までは、株式市場では、統制できない無秩序と混乱が支配していた。インフレ進行の時期には、貨幣価値低下に対する防衛、資産価値の維持のため、株の買いが強く行われた。他方で通貨価値回復の問題も現実的な日程にのぼりつつあり、このような状況は、投機が激しく活動する機会を与えた。相場の変動は著しく、数日のうちに上下50％も騰落することはよくあることであった[7]。その後24年に入り、同年7月までは株価は下降に向かう。これは主として、インフレ期にやみくもに買われた株式の放出が殺到したためであった。この時期、相場の崩壊をくい止めるために大銀行はコンソーシアムを結成して価格支持に努めている。24年7月以降相場は回復に向かい、上昇傾向が25年初めまで続く[8]。だが、25年2月からは再び下降に転じ、同年末まで一貫して下がり続けた(図2-1、表2-3)。25年前半は景気が上向きになっていたにもかかわらず、基本的に弱気が強く、相場は下降したのである。

　さて、1926年以前の貨幣市場および株式市場の動向は以上のとおりであ

るが，要点を整理しておくと次のようになる。貨幣市場は24年から緩慢化に向かい，同年後半になってようやく異常な状態を脱しはじめた，ということ。しかしながら，証券定期取引はまだ再開されていず，したがってルポール貸付は，少なくとも定期取引の再開される25年10月までは全くなく，またロンバート貸付も低位に留まっていた，ということ。そして，貨幣市場のこのような状況は株式市場にも反映していたのであり，24年から25年末頃までは投機も基本的には沈静化していたとみることができるのである。株価は，24年夏からの，ドイツをめぐる内外の諸条件好転を期待しての一時的な上昇がみられたものの，25年に入るとすぐに下降に転じるのであって，基調としては25年末まで低位の水準にあった，ということができるであろう（図2-1）。全体としてこの時期は，資本市場・株式市場[9]の活況を支える貨幣市場のルポール・ロンバート貸付の機能は，いわば麻痺状態にあったといえるのである。

## 2　1926年以降

　1926年に入ってからの貨幣市場の状況は，それまでの時期とは著しく異なるものとなった。24年後半からの金融緩慢化は，この時期に入ってなおいっそう顕著となった。ベルリンにおける金利の動向をみると，日貸，月貸ともに26年から一段と低下している。表2-2および表2-4からベルリンにおける日貸，月貸の金利の年平均をとってみると，25年では日貸が9.08%，月貸が10.81%であるが，26年の平均は，日貸5.33%，月貸6.58%であり，かなりの低下といえる。そして27年では同じく年平均で，日貸が5.76%，月貸が7.82%となる。26年が緩慢化の頂点であったことがわかる。

　ところで，26年以降の貨幣市場のこの緩慢化は，信用需要の低迷によるものではなかった。ルポール・ロンバート貸付全体に対する需要は26年から増大し，それに照応して貸出額も増加しているのである（図2-1）。それにもかかわらず，同時に金利の低下が顕著だったのである。結局，この時期は，増大する需要を充足してなおそれ以上に貨幣市場では資金が潤沢であった，ということなのである。そして，このような貨幣市場における十分な資金供

表 2-4　ロンバート貸付の金利（1926・27 年）
(％)

| 平均 | 1926 年 日貸 ベルリン | 1926 年 日貸 フランクフルト | 1926 年 月貸 ベルリン | 1926 年 月貸 フランクフルト | 1927 年 日貸 ベルリン | 1927 年 日貸 フランクフルト | 1927 年 月貸 ベルリン | 1927 年 月貸 フランクフルト |
|---|---|---|---|---|---|---|---|---|
| 1月 | 7.13 | 6.67 | 8.99 | 8.24 | 4.33 | 3.73 | 6.27 | 5.88 |
| 2月 | 6.04 | 6.09 | 7.43 | 7.45 | 5.41 | 4.54 | 5.92 | 5.82 |
| 3月 | 5.70 | 5.84 | 6.78 | 6.20 | 5.11 | 4.81 | 7.28 | 6.44 |
| 4月 | 4.64 | 5.48 | 6.01 | 5.63 | 5.00 | 5.42 | 7.07 | 6.72 |
| 5月 | 4.80 | 5.00 | 5.93 | 5.29 | 5.00 | 4.76 | 7.63 | 7.03 |
| 6月 | 4.81 | 4.42 | 5.77 | 5.20 | 5.67 | 5.57 | 8.24 | 7.66 |
| 7月 | 5.00 | 4.83 | 5.80 | 5.21 | 6.00 | 6.33 | 8.45 | 8.04 |
| 8月 | 4.96 | 4.87 | 5.88 | 5.25 | 6.00 | 5.81 | 8.22 | 7.98 |
| 9月 | 5.11 | 4.77 | 6.23 | 5.74 | 6.00 | 6.08 | 8.28 | 7.95 |
| 10月 | 5.00 | 5.13 | 6.34 | 6.11 | 6.90 | 6.79 | 8.67 | 8.51 |
| 11月 | 4.77 | 4.79 | 6.41 | 6.58 | 7.00 | 6.34 | 8.80 | 8.37 |
| 12月 | 6.03 | 5.94 | 7.39 | 7.28 | 7.00 | 6.79 | 9.05 | 8.91 |

(出所)　Ausschuß zur Untersuchung der Erzeugungs- und Absatzbedingungen der deutschen Wirtschaft (1929), S. 61-62, Blum (1980), S. 192-195, S. 200 による。

給は，多額の外資流入によってもたらされていたのである。ただ，外資流入といっても，26 年と 27 年とではその特徴は異なるものであった。26 年全体では，短期外資が流入するのではなく，逆にドイツから短資が流出している。それは前半期に目立っていた[10]。他方でこの年は，多額の外債発行による長期外資の流入が顕著であった。それは，26 年全体では総額 15 億 7900 万 RM に達し，この数値は 25 年から 29 年までの 5 年間で最大のものであった[11]。したがって，26 年における貨幣市場の緩慢化は，短期外資の流入によってもたらされたのではなく，外債発行によって流入した多額の長期外資の一部が貨幣市場へも流れ込んだためであると考えられる[12]。これに対して 27 年では，貨幣市場は短期外資の流入によって支えられていた。外債発行による長期外資の流入は，26 年 12 月に資本収益税免除の廃止という流入抑制措置がとられ，27 年になってからは相対的に困難なものとなっていた[13]。他方で短期外資は，種々の流入抑制策[14]にもかかわらず，27 年全体をとおしてかなりの規模で流入したのであり[15]，銀行は，月末に殺到する

ルポール・ロンバート貸付への需要をこの短期外資の取入れによって賄っていたのである[16]。以上のように26年と27年とでは，長期外資の流入か短期外資の流入かという点で対照的な相違をみせていたわけであるが，ともかく両年とも，多額の外資流入によって貨幣市場は潤沢に資金を供給され，顕著な緩慢化を示したのであった。

さて，26年以降，上記のように貨幣市場は外資流入によっていっそう緩慢化してくるのであるが，他方ではこのような状況を背景として，ルポール・ロンバート貸付に対する需要は増大し，それに照応して貸出額も著しく伸びていったのである。この点は，既述の24・25年の時期とは全く異なるわけであるが，図2-1をみると26年からルポール・ロンバート貸付の供与は急増し，27年春に最大に達した後，同年中頃以降は大体7～8億RM前後で安定的に推移していく。とくに，25年10月には証券定期取引が再開されているのであり，したがって株式投機と関連してルポール貸付やロンバート貸付の月貸に対する需要が26年に入ってからきわめて強くなった，と考えられる。この点と関連して次のことが注目されるべきである。それは，ルポール貸付の供与が26年秋までは割当によって行われていた，という点である。ただし信用割当といっても，この場合は，通常考えられるような貸出額を制限するというものではなく，逆に，ルポール貸付のさらなる拡大を目指したものであったという[17]。つまり銀行は，市場での需要をなお超えてさらに貸出を拡大しようとした，ということなのである。このことは，26年には銀行が自ら積極的に株式投機の活発な展開を支え，それを軌道に乗せるべく活動した，ということを意味する。結局，この時期の銀行は，ルポール貸付を意識的，積極的に拡大し，それによって株式投機の本格的展開をもたらし，株価を高水準に引き上げるという努力を行っていたのである。

次に，株式市場の状況であるが，1926年初めから27年春までは，株価の動きは継続的で強い上昇によって特徴づけられた。そして27年4月には頂点に達する(図2-1，表2-3)。26年初めからのこの目立った相場上昇は，何よりも銀行によるルポール・ロンバート貸付の意識的，積極的な拡大によって弾みをつけられたものといえる。図2-1は，ルポール・ロンバート貸付と株

価動向の関係をみようとしたものであるが，両者の数値については，それぞれ各年央，各年末のそれと各年のピーク・ボトムを拾い出し，より細かな変化を追おうとした。これをみると，26年以降ルポール・ロンバート貸付の増大と株価水準の動向の間には明瞭にパラレルな関係が確認できる。ルポール・ロンバート貸付の増大が株式投機を活発化させ，取引量を増大させて株価の上昇をもたらしたのである。

　相場は27年4月に頂点に達した後，同年6月には一時的に急落し，その後は激しい変動はみられず28年末までほぼ落ち着いた水準で推移していく(図2-1，表2-3)。ところで，27年6月のこの急落についてであるが，その要因としては，まず，この時期に過度の株式発行が一時的に集中したという事情が挙げられる。27年における相場の急上昇に刺激されて，同年3月，4月，5月には，新規に資本を調達する目的で増資が大量に行われた[18]。これによって一時的に市場からかなりの資金が吸収されてしまい，流通部面は活力を失いはじめ，相場は反落へと向かってゆくのである。だが，株価急落の決定的な要因は，この時期にルポール貸付の供与が大幅に削減されたことであった。27年5月12日，ベルリン印紙連合は突然ルポール貸付を制限する旨の声明を発表し，実際に1カ月以内にルポール貸付はおよそ25％が強制的に削減されたのである。このような措置がとられた背景，原因としては種々のことが挙げられるが，主要なのは次のことである。第1に，ライヒスバンクが，短期外資の流入増大とそれが「不生産的」証券投機に流れていたことを懸念し，大銀行に対して強い指導を行ったこと[19]。第2に，市場が過熱して株価が経済の実体(配当，利子率など株価の規定要因)からあまりにかけ離れたことに対する大銀行自身の危惧，ということである[20]。ともかく，大銀行によるこのようなルポール貸付の制限のため，声明が発表された翌日の5月13日以降，取引所では弱気が支配的となり株の売りが殺到し，相場は急転することになるのである。その後，株価は27年末まではゆるやかに下降し，28年からわずかながら回復する。全体として27年6月以降は，株価は，4月のピークの80％前後の水準で比較的落ち着いた動きを示していった。以上のような，相場の27年6月における反転とそれ以降の動きは，明らか

にルポール・ロンバート貸付の削減によって規制されたものであった。両者の間に強い相関があったことは図2-1から明らかである。結局，この27年6月以降の時期は，銀行が意図的にルポール貸付を制限し，投機をいくぶん沈静化させ，株式市場の過熱を抑制したのであり，かくして行きすぎた事態が調整されたわけであり，株価は適度の水準に保たれてゆくことになるのである。

　26，27年の貨幣市場および株式市揚の状況について要点を整理しておくと次のようになるであろう。26年，27年の両年は，多額の長短外資の流入によって，貨幣市場の緩慢化はそれ以前の時期と比べると一段と進行した。このような国外からの潤沢な資金供給に支えられて，ルポール・ロンバート貸付は26年に入ってから急増するのである。とりわけルポール貸付は，銀行によって意識的，積極的に拡大されたという点が注目される。他方，株式相場の動向をみると，このようなルポール・ロンバート貸付の増大によって株価上昇は弾みをつけられ，27年中頃まで株価は継続的で強い上昇を示すのであった。そして，27年5月にルポール貸付は強制的に削減されて株価は反落に転ずるが，それ以降は引き戻された水準で比較的落ち着いた動きをみせてゆく。以上のような26，27年両年において，特徴的な事柄として改めて強調しておいてよいことは，ルポール・ロンバート貸付の増大と株価動向との間には両年とも強い相関がみられたこと，さらに，株価の上昇と反落のきっかけは，いずれもルポール貸付の貸出額の意識的操作によってもたらされた，という点である。かくしてこの時期は，銀行によるルポール・ロンバート貸付という短期信用の増減が，株価の動向に決定的な作用を及ぼしていたのであり，27年4月までの株価急騰とそれ以降の比較的安定した動きはともに銀行によって誘導されていた，とみることができるのである。

### 3　株式市場への影響

　1920年代の通貨安定後，銀行によるルポール・ロンバート貸付は株価の動向に決定的な影響を与えていた。なお，通貨安定後という場合，問題としうるのは1926年以降であった。というのは，それ以前はあまりに異常事態

が支配していたし，そして通常の株式定期取引がみられるようになったのは26年以降であったからである。

26年以降の株価の動きは，景気動向とは一致しない。例えば，26年2月から同年10月まで景気は低迷するが，この時期，相場は直線的に上昇している。また，26年10月からの景気の上昇は28年初めまで続くが，相場はすでに27年5月に反落する。株価の動きは，景気動向から独立し，ルポール・ロンバート貸付の動向によって強く規定されていたのである。一般に通貨安定後では，株価の規定要因として，景気の動向や配当の高さなどはその意義を後退させ，証券信用が決定的なものとして前面に出た，と指摘される[21]。

さて，26年以降，ルポール・ロンバート貸付という証券信用が株価の動向に決定的に作用したわけであるが，その原因としては，何よりも，一般的に株式投資目的が戦前と比べて大きく変化した，ということが挙げられる。株式の買い手である戦前からの古いレントナー層はインフレの時期に完全に没落し，それに代わって，投機利得を目的とした広範な買い手層が取引所に押し寄せたのである。株式投機の盛行である。これは戦前と比べて際立った特質として指摘される。このような投機の活発化は，相場変動の激しさとして現れた。通貨安定後における日々の相場の揺れは7～10％にも達したという。戦前では，1日における4～6％の相場変動でさえかなり大きなものとみられたし，7～10％の変動は危機的状況の表現とみなされた。だが通貨安定後では，7～10％の揺れは頻繁に生じ，いわば常態であったという[22]。

以上のような，株式投機の盛行を背景にして，また銀行はその性格からして一般に強気筋であり取引所取引の拡大に関心をもつという事情も加わって[23]，ルポール・ロンバート貸付は26年以降積極的に拡大されたのである。27年5月には，既述のように，ライヒスバンクの強い指導のもとでこの貸付は大幅に削減されるが，その後28年末頃までは，その引き戻された水準でほぼ安定的に推移する[24]。そして株価の方は，このルポール・ロンバート貸付の動向と完全に見合った動きをみせ，それに強い影響を受けていたことが確認できた。結局，銀行のルポール・ロンバート貸付の展開によって，

表 2-5　国内株式発行高(時価)　　　　(百万 RM)

| 1924年 | 1925 | 1926 | 1927 | 1928 | 1929 | 1930 |
|---|---|---|---|---|---|---|
| 148 | 656 | 988 | 1,438 | 1,339 | 979 | 555 |

(出所)　Statistisches Jahrbuch für das Deutsche Reich, 1931, S. 349.

株価の動向は左右されたのであり，26年以降はいわば銀行が株価の動向を支配していたということなのである。

　さて，市場での株価の動向は，株式発行を左右する重要な一因である。26年後半からの株価上昇が株式発行の増大をもたらしたことは表2-5から窺い知れる。

　同表によると，26年には時価10億RMほどの新株発行が行われている。この10億RMの新株は，そのほとんどが企業合同のための発行であったと指摘されている[25]。企業合同や吸収・合併に際して発行される株は，主として，合同もしくは吸収される企業の株との株式交換に用いられるのであり，市場からの新規資本の調達を目的とするものではなく，したがって銀行による引受も必要としないのが普通といえよう。そして，このように直ちに市場で消化される必要がなく，またそのために銀行引受も必要としない発行は，市場における相場動向とは直接に関連をもたないようにみえる。だが，株式交換が円滑に行われるためには，やはり発行される新株の資産価値が十分なものとみなされなければならず，この点で市場における価格の動向は重要な意味をもつといえるのである。

　かくして，26年は，株価の継続的な強い上昇のもとで，主として企業合同・合併のための新株が多量に発行され，株式交換による企業合同・合併が円滑に進行した，としうるのである。また，27-28年では，株式発行は著しく増大している。既述のように，株価は27年4月にピークに達し，その後，やや引き戻された水準で推移してゆくが，いわばその落ち着きのなかで，先にも触れたが新たな資本調達のための発行が促されていったのである。

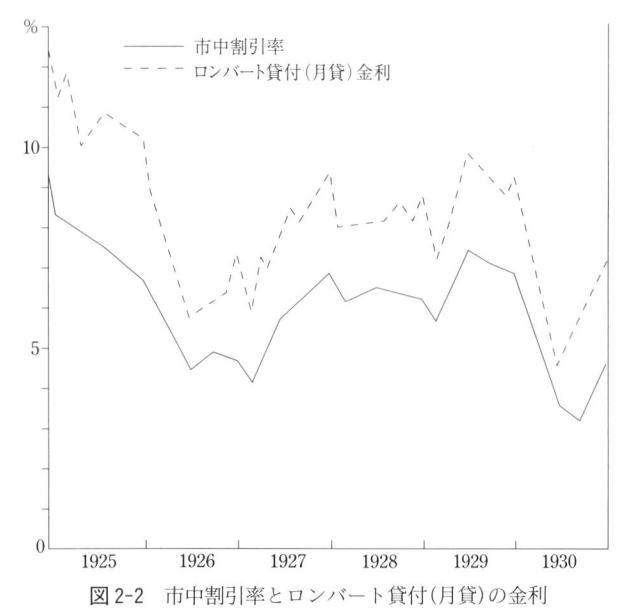

図 2-2　市中割引率とロンバート貸付(月貸)の金利

(出所)　Ausschuß zur Untersuchung der Erzeugungs- und Absatzbedingungen der deutschen Wirtschaft (1929), S. 61-62, *Statistisches Jahrbuch für das Deutsche Reich*, 1930, S. 358-359, 1931, S. 378-379 により作成。

## II　貨幣市場の変化とルポール・ロンバート貸付の資金的基盤

　前述のように，通貨安定後，銀行は，投機の盛行という時代の特徴を背景にして，ルポール・ロンバート貸付を積極的に展開した。そしてそれにより，株価の動向に支配的影響を及ぼした。ところで，このような意義を有するルポール・ロンバート貸付は，銀行が全く自在に操れるものでもない。いうまでもなくこの貸付は，貨幣市場全体の資金の流れのなかに位置づいているはずだし，したがって貨幣市場一般の状況によって規制を受ける，と考えねばならない。この点に関し，図2-2をみると，ロンバート貸付(月貸)の金利と市中割引率との連動性が確認できる。ここには，貨幣市場のなかでロンバー

ト貸付(月貸)の占める位置が表れている[26]。

さて問題は，この時代，ルポール・ロンバート貸付は貨幣市場一般の状況によってどのような影響や規制を受けていたか，ということである。通貨安定後は，すぐ後に述べるように，貨幣市場は戦前と比べて著しく縮小する。したがって，より具体的に問題を立てると，貨幣市場の縮小という変化が，ルポール・ロンバート貸付の背後にある資金的諸条件にいかなる変容をもたらしていたか，ということである。なお，貨幣市場の変化をみる場合，具体的には市中割引市場を取りあげる。というのは，それが，戦前のドイツでは「市中割引率は，貨幣市場で生じる変動の最も鋭敏な測定器として有効だった」[27]といわれるほどに代表的なものだからである。以下ではまず，通貨安定後における市中割引市場の変化を追い，それがいかなる内容をもつものであったか，ということからみてゆく。

## 1　市中割引市場の縮小と銀行引受手形

通貨安定後，市中割引市場は著しく縮小した。市中割引手形の流通額は，通貨安定後から1930年までの間で最大の値を示した1929年でも9億RM以下であった。戦前の流通額は少ない場合でも22億5000万Mはあったというから，その激減ぶりは明らかである。そしてこの激減は，何よりも，ドイツの銀行の引受手形の流通が著しく後退したことによるものであった[28]。このような市中割引手形流通の縮小の原因は，この手形に対する買いの大幅な低下に求められる。戦前に存在していた広範な買い手層(大銀行や個人銀行商会など)は，もはや買い手として現れなくなり，もしくは全く小規模にだけ買い入れるにすぎなくなったのである[29]。市中割引市場の手形吸収力の際立った低下は，表2-6からも窺い知れる。通貨安定後，ドイツの市中割引率は他の主要諸国のそれよりもつねに高かった。西ヨーロッパ諸国やアメリカとの差は5%にまで達することがあり，2%以下になることはほとんどなかった。ドイツの市中割引市場の吸収力の相対的弱化が窺われる。なお，戦前でもドイツの市中割引率は他国よりも高めであったが，その差はさしたるものではなく，例えば，ロンドンとの差は0.5%を超えはしなかった[30]。

表 2-6 主要諸国における市中割引率(年平均) (%)

|  | ベルリン | ロンドン | パ リ | アムステルダム | チューリッヒ | ニューヨーク |
|---|---|---|---|---|---|---|
| 1924 | 9.20[1] | 3.46 | 5.21 | 3.99 | 3.54 | 3.11 |
| 1925 | 7.62 | 4.13 | 5.77 | 3.17 | 2.27 | 3.30 |
| 1926 | 4.91 | 4.47 | 5.66 | 2.86 | 2.52 | 3.59 |
| 1927 | 5.49 | 4.24 | 2.91 | 3.68 | 3.27 | 3.51 |
| 1928 | 6.54 | 4.16 | 3.02 | 4.22 | 3.33 | 4.16 |
| 1929 | 6.87 | 5.26 | 3.44 | 4.80 | 3.32 | 5.10 |

(注) 1) 1924年12月の数値。
(出所) Ausschuß zur Untersuchung der Erzeugungs- und Absatzbedingungen der deutschen Wirtschaft (1930), S. 93.

表 2-7 ベルリン大銀行の引受信用と外国銀行の引受信用 (百万 RM, %)

|  | 1913末 | 1924末 | 1925末 | 1926末 | 1927末 | 1928末 | 1929末 | 1930央 |
|---|---|---|---|---|---|---|---|---|
| 自行引受手形 | 1212<br>(97.9) | 19<br>( 8.7) | 236<br>(38.2) | 324<br>(52.5) | 394<br>(38.4) | 412<br>(25.3) | 473<br>(22.5) | 443<br>(22.4) |
| 顧客のための<br>第3者からの<br>借入金 | 26<br>( 2.1) | 199<br>(91.3) | 382<br>(61.8) | 293<br>(47.5) | 632<br>(61.6) | 1218<br>(74.7) | 1625<br>(77.5) | 1534<br>(77.6) |
| 計 | 1238<br>(100) | 218<br>(100) | 618<br>(100) | 617<br>(100) | 1026<br>(100) | 1630<br>(100) | 2098<br>(100) | 1977<br>(100) |

(出所) 表2-6に同じ。S. 90による。

さて、ドイツの市中割引市場の手形吸収力は戦前と比べて大幅に低下し、そのためドイツの銀行にとっては自行引受手形の使用の抑制を余儀なくされ、その流通額は著しく後退した。表2-7は、ドイツの顧客に対して与えられた、ベルリン大銀行の引受信用の規模を表している。「自行引受手形」はベルリン大銀行の引受手形の流通額を表す。「顧客のための第3者からの借入金」は、外国銀行の引受信用がドイツの銀行に仲介されてドイツの顧客(輸出入業者)に対して与えられる際、ドイツの銀行が外国銀行に対して負う負債項目であり、利用された外国銀行の引受手形の額を表すものである。この表にみられるように、1913年末ではベルリン大銀行の引受手形の流通額はおよそ12億Mであり、外国銀行のそれは2600万Mにすぎなかった。だが、両者の比率は通貨安定後に逆転する。ドイツの引受手形は、24年にはおよそ2000万RMまでに減少し、その後、比較的わずかな規模の回復をみせるにすぎない。なお、表2-7の「自行引受手形」には金融引受手形 Eigene

Finanzakzepte がかなり含まれている。これを除いて，純然たる貿易金融に用いられた引受手形(ランブール引受手形 Eigene Rembours-akzepte)だけに限ってみると，13年末では貿易金融のおよそ95％がドイツの銀行の引受手形によって担われ，残り5％だけが外国銀行の引受手形によるものであった。そして30年央にはこの比率は正反対となり，ドイツの銀行の引受手形の利用はわずか6％となり，外国銀行の外貨建て引受手形の利用が94％にまで達したのである[31]。

以上のように，通貨安定後，ドイツの市中割引市場の吸収力は大幅に弱まり，そしてそのことがドイツの銀行の引受手形流通を困難にさせ，ドイツの銀行の引受信用を著しく後退させたのである。戦前には市中割引市場が十分に機能し，それがドイツの銀行の引受信用の拡大の条件となっていたが，そのような構造が完全に崩れたわけである。その結果，主としてドイツの貿易金融に役立っていたドイツの銀行の引受手形は，外国銀行のそれにすっかり取って代わられたのである。ドイツの市中割引率は外国のそれよりつねに高かったので，当然ながら外国の割引市場で安価に割り引かれる外国銀行の引受手形が代わって用いられるようになったのである。市中割引市場の縮小は，かくして，何よりもドイツの銀行の引受信用を直撃し，その著しい後退という事態をもたらしたのである。通貨安定後におけるドイツの貨幣市場の変化とは，このような内容をもつものであった。

### 2 ルポール・ロンバート貸付の資金的基盤

上述のように，通貨安定後，ドイツの市中割引市場は著しく縮小した。その結果，何よりも，ドイツの銀行の引受信用は，貿易金融に関する限りでは，外国銀行の引受信用にほぼ完全に取って代わられた。次に検討すべきは，このような市中割引市場の縮小によるドイツの銀行の引受信用の際立った後退は，ルポール・ロンバート貸付を支える資金的諸条件の内部にいかなる変容をもたらすことになったか，ということである。この点を明らかにしようとするとき，まずドイツの銀行の引受信用が十分な展開を遂げた第1次大戦前の場合を取りあげ，この引受信用とルポール・ロンバート貸付との間にはど

のような資金的関連が存在していたか，という分析が踏まえられねばならない。そして，ドイツの銀行の引受信用を取りあげる場合，それが，当時ではとくにドイツの輸入貿易に利用され，マルク建てのドイツの銀行宛手形が海外の輸出者によって大規模に振り出されていたという事情を考慮して，このケースに焦点を当てることが必要となる。この事例についてはすでに第1章で取り扱ったので，ここでは，行論にとって必要となる限りでの摘記と補足を行って考察を進めてゆく。

① 第1次大戦前において，ドイツの輸入・海外の輸出に際して輸出者が振り出したドイツの銀行宛マルク建て手形は，輸出国外銀がこれを買い取り，そしてドイツの銀行の引受を得た後，ドイツの割引市場を通じて現金化する。こうして外銀のもつ手形債権は現金化するが，それはドイツの銀行内にマルク建ての当座預金を形成する。このことは，このようなマルク建て預金残高が第1次大戦前の「マルクの国際通貨化」のもとで国際取引の決済に用いられる，という事情を背景にもっている。

さて，上のようにドイツの銀行内にマルク建て当座預金を形成することになる外銀の手形債権現金化は，直接的にはドイツの割引市場によってもたらされるが，最終的にはドイツの銀行による引受手形への支払いによって可能とされている。そしてドイツの銀行のこの支払いは，ドイツの輸入者からの「商品担保前貸」の回収によって行われる。

ドイツの銀行の引受信用についての要点は以上のごとくであるが，次に重要なことは，上記のプロセスで新たに生じた外銀預金の底だまり分は，ドイツの銀行によってどのような資産運用へと向けられるか，ということである。

この外銀預金の短期性を考慮するなら，ドイツの銀行の資産運用も短期的なものとならざるをえない。当時の短期的な資産運用とは，現金準備を別とすれば，手形，ノストロ債権，ルポール・ロンバート貸付である[32]。そして，これらの資産のなかでも，すでに第1章でもみたようにルポール・ロンバート貸付への運用がより合理的と考えられるのである。というのは，問題となっている外国銀行の預金は，既述のように，ドイツの引受銀行が商品担保前貸を回収して引受手形に対する支払いをなすことによって生じるからで

あり，そしてこの商品担保前貸とルポール・ロンバート貸付は同じ第2線準備に属するからである。すなわち，外国銀行の預金がルポール・ロンバート貸付へと運用された場合，迂回的ではあるが，商品担保前貸がルポール・ロンバート貸付へ資産転換したとみることができ，そしてこの資産転換は同じ第2線準備の埒内の事柄であるからである。

　ドイツの銀行の引受手形の利用によって形成されてくる外国銀行の預金は，このように，ルポール・ロンバート貸付へ運用されると考えることができる。もちろん，この預金が，ルポール・ロンバート貸付以外の他の短期資産に向けられることもありうる。例えば，手形の買入れやノストロ債権へと運用される場合である。だが，そのような場合も含めて，これら資産とルポール・ロンバート貸付の資産転換の容易さを考慮すると，問題となっている外銀預金がルポール・ロンバート貸付の資金的基盤をなした，としうるのである[33)]。

　かくして，ドイツの銀行の引受信用がドイツの輸入に際して与えられた場合，そのプロセスの結果とルポール・ロンバート貸付との間には，以上にみたような資金的関連を見出すことができるのであり，引受信用のプロセスのなかで必然的に生じる外国銀行の預金は，ルポール・ロンバート貸付を支える資金的基盤をなしていたのである。そして，ドイツの銀行の引受信用供与は，市中割引市場の十分な展開を条件とするものなのであった。

　ここで，諸関連について要点を摘記しておくと次のようになる。十分に機能する市中割引市場の存在は，ドイツの銀行の引受手形の流通を可能にする。このことが，ドイツの銀行の引受信用供与の条件をなしていた。ドイツの銀行の引受信用供与の結果，引受手形に対する支払いは外国銀行の預金としてドイツ国内に沈澱する。この預金は，その短期的性格のゆえに，ルポール・ロンバート貸付，手形，ノストロ債権へと運用される（後2者は，月末にはルポール・ロンバート貸付への運用も行われた）。結局，市中割引市場の十分な展開は，このような諸関連を通じて，ルポール・ロンバート貸付を支える重要な条件となっていた，といえるのである。ルポール・ロンバート貸付が貨幣市場（市中割引市場）の状況によって規制を受けるというのは，第1次大戦前では具体的にはこのような内容をもつものであった。

②　さて，上述の諸関連は，通貨安定後，決定的に変化する。既述のように，第1次大戦後，ドイツの市中割引市場は「もはや存在しなかった」といわれるほどに縮小し，漸次に再建されつつあったにしても全く小規模でしかなかった。そして，ドイツの輸入に際して海外の輸出者が振り出すドイツの銀行宛のマルク建て手形は著しく減少した。一般に通貨安定後では，国際的取引においてマルク建ての銀行引受手形はその意義を全く喪失し，アメリカ，オランダ，イギリスの銀行引受手形によってほぼ完全に取って代わられたのである[34]。

このような状況のなかでドイツの輸入者は，ドイツの銀行の引受手形を利用するのではなく，ドイツの銀行と取引関係を有する外国銀行に宛てた手形を輸出者に振り出させることになる。ただし，この外国銀行の引受信用は，ドイツの銀行に媒介されることによって与えられた。この場合の構造について要点を示すと次のようになる。外国の輸出者は，戦前と異なって外国銀行宛の手形を振り出し，引受を与えられる。そのためこの引受手形の満期には，外国銀行に支払い責任が生じる。かくして外国銀行は引受債務を負うが，それに対応する債権はドイツの銀行に対してもつ。この外国銀行の債権は，ドイツの銀行の側では「顧客のための第3者からの借入金」という負債項目で表れる。そしてドイツの銀行は，この債務に対応する債権を，商品担保前貸としてもつ。

さて，このような構造のもとでは事態の成り行きは次のようになる。外国銀行の引受手形は，もっぱら外国の割引市場で割り引かれ，流通する。満期にはこの外国引受銀行が手形支払いをなすが，そのためには，満期以前にドイツの銀行に対する債権を回収せねばならない。すなわち，ドイツの銀行は商品担保前貸回収と同時に外国銀行に対して「顧客のための第3者からの借入金」を返済し，外国銀行はこれを引受手形の満期支払いに用いる，というわけである。

ここに，第1次大戦前のケースと比べてきわめて大きな違いが生じることになる。それは，ドイツ国内に外国銀行の預金が形成されないという点である。というのは，利用されたのが外国銀行の引受手形であるからである。す

なわち，ドイツの銀行は商品担保前貸を回収して債務支払いをなさねばならないが，(この点では戦前の場合と変わるところがないが，ただし，戦前の場合は「引受手形」に対する支払いだが，通貨安定後は「顧客のための第3者からの借入金」の返済というように変わる)，他方で外国銀行は満期となった引受手形に支払わねばならず，そのためにドイツの銀行に対するこの債権を確実に回収するからである。外国銀行の債権は，預金としてドイツ国内にはもはや留まらないのである。このことは，ドイツに対する「外国現金信用」die ausländischen Barkredit の一形態である「即日払いライヒスマルク預金」die täglich fälligen Reichsmarkguthaben in laufender Rechnung が通貨安定後には後退した，ということに端的に現れていた[35]。

　このようにして，ドイツの輸入に際して外国銀行の引受手形が用いられるようになったことにより，以前のような外国銀行の預金はもはや形成されなくなるのだが，このことは結局，ルポール・ロンバート貸付を支えていた重要な資金的基盤が崩れたということを意味する。

　ところで，上記のように「即日払いライヒスマルク預金」は後退したとしても，通貨安定後では「外国現金信用」全体の流入は著しかった，ということは頻繁に指摘される。それは外貨建ての「期限付資金」die Gelder auf fest Termine の著しい増大によるものであった[36]。この外貨貸付は，ほとんどが1～3カ月の期限をもつものであるが，その金利は，ドイツと外国の当該銀行間におけるその時々の口頭での諒解によって決められた。ライヒスマルク預金が外国銀行のドイツ国内での業務(手形の現金回収など)によっていわば自動的に生じるのと比べると，この外貨建て信用の方は，ドイツの銀行が意識的に取入れを図らねばならないものであり，きわめて浮動的な性格を有するものであった[37]。通貨安定後，このような外貨建て信用が著しく流入し，ライヒスマルク預金の流入後退を埋め合わせていたのである。

　さて，ライヒスマルク預金の流入後退とは対照をなしてドイツに流入した外貨建て信用は，ルポール・ロンバート貸付を支える資金的基盤たる意義をライヒスマルク預金に代わって受け取ることになる。例えば1926年には，マルク釘付によってドイツの銀行は為替リスクなしに安価な外貨を取り入れ，

それをライヒスバンクへ差し出してマルクを調達し，月末金融[38]を行っていた。また，マルク釘付廃止以降でも，同様に外貨取入れによってライヒスバンクからマルクを調達し，月末金融を行う，という状況がみられた。27年後半の事態がそうである[39]。両時期ともライヒスバンク割引率は相対的に高く[40]，したがって月末金融のための資金を手形の再割によってライヒスバンクから調達するという道は避けられた。このように保有手形の利用によるマルク調達が避けられ，他方では外国銀行のライヒスマルク預金の流入は後退したのだから，この場合ドイツの銀行にとっては必然的に外貨建ての短期信用の取入れを図ってゆくことになった。同様のことが，29年にライヒスバンクが信用制限を行った際にみられた。この場合，やはり手形の再割によるマルク調達が困難となったので，ドイツの銀行は外貨取入れの必要性を強く認識した[41]。このようにして，取り入れられた外貨が月末金融に用いられていったのである。ただし，この外貨は，当面はノストロ債権として資産保有され，それが月末に取り崩されて，すなわちライヒスバンクへの外貨差出しによってマルクが調達され，月末金融が行われたのである。この点は，通貨安定後におけるノストロ債権の意義の増大という形で現れた[42]。ドイツの銀行は，ノストロ債権の積増しを積極的に行い，月末金融に備えたのである。

　以上のように，ドイツの銀行は，以前にはいわば自動的に形成されていた外銀のライヒスマルク預金が後退したことに対応して，それを埋め合わせるべく外貨建て信用の取入れ拡大を意識的に図り，それをもって月末貸を行ったわけである。外国銀行からの浮動的な外貨建て信用が，ライヒスマルク預金に代わってルポール・ロンバート貸付を支えていたということなのである。かくして，ルポール・ロンバート貸付は，支えられる資金的基盤に大きな変容を孕みつつ，通貨安定後，とりわけ26，27年におけるような積極的展開をみせていったのである。

## III 小　括

　本章では，ルポール・ロンバート貸付の動向，それの株価への影響，そして株式発行状況について，1926年を境に2つの時期に区切ってやや詳しく追った。26年以降は，ルポール・ロンバート貸付が株価動向を支配し，そして株式発行を支えるという関連がきわめて明瞭に観察される時期であった。

　そして，当該期，このように威力を発揮したルポール・ロンバート貸付も，銀行がこれを自在に操っていたようにみえても，やはりその動向は貨幣市場全体の状況によって影響や規制を受けていた。この規制関係の把握は，例えば，貨幣市場における市中割引率とロンバート貸付（月貸）の利率との連動性を指摘する，といった表面的なものでは十分でない。より構造的に貨幣市場における資金の流れに着目する必要があった。

　このような観点から分析したとき，通貨安定後における貨幣市場・市中割引市場の崩壊が，ルポール・ロンバート貸付の資金的基盤を大きく変容させた，という関連が見出せた。すなわち，通貨安定後のドイツの市中割引市場は「もはや存在しなかった」といわれるほどに縮小し，ドイツの銀行の引受信用はほぼ完全に外国銀行のそれに取って代わられ，その結果，外国銀行の預金は形成されず，この限りでルポール・ロンバート貸付はその重要な資金的基盤を失うことになったのである。そして，このような空隙を埋め合わせるためには，ドイツの銀行は，意識的・積極的にきわめて浮動的な外貨の取入れ（外貨建て信用の流入）拡大を図らざるをえなかったのである。結局，通貨安定後，市中割引市場の崩壊のもとで，ルポール・ロンバート貸付はその資金的基盤を，外国銀行からのより浮動的な信用取入れに求めることとなったのである。ルポール・ロンバート貸付が貨幣市場全体の状況によって規制を受けるということも，通貨安定後では，その関係は，第1次大戦前の時期と比べてこのように大きく変化していたのである。

　ところで，ルポール・ロンバート貸付というこの証券信用は，本章でみたような1920年代の短い時期に盛行をみせた後，1931年銀行恐慌とともにその機能を停止する。そして，その後，機能上からみてこれに連係・接続する

システムの登場は，1990年まで待たねばならなかった。この1990年代のシステムについては，次章で取りあげられる。ここでは，本章を閉じるに当たって，本章でみたような証券信用システムがその機能を停止していった状況を，すなわち，株の定期取引が禁止され，株式市場全般が大きな変化を余儀なくされてゆく30年代の状況を，ヘニングF. W. Henningによりつつ，以下にその概略をフォローしておくことにする[43]。

1931年7月13日にダナート・バンクDanat-Bankが破綻する。すでに7月11日に証券取引所の取引は完全に中止されていた。その後，取引は同年9月3日に再開されるが，すぐに9月21日にまた閉鎖される。そして，その後再開するのは，32年4月12日であった。この間，定期取引は，7月13日に禁止されて以降一貫して停止されたままであった[44]。したがって，上のように再開されたのは，現物取引だけであった。ただし，33年初めには定期取引の再開についても検討が行われたという。しかし，当時，ナチスにとっては，株式取引の投機的性格は根本的に受け入れられないものであり，株式定期取引はこのような考えに全く一致するものとして禁止され続けた。

このように定期取引は禁止され続けたが，再開された現物取引も，当時の政府の公債消化に向けた諸政策のため停滞していった。例えば，34年12月4日の公債基金法Anleihestockgesetzは株式会社の配当支払いを制限するものであり(その後，数次にわたる行政令によって補完・強化されてゆく)，株式会社そのものの存立に影響を与え，株式会社の数も減少していった(旧帝国領域では，30年代初めの約1万から41年の5000弱へと減少)。

30年代後半には，軍需品に対する政府の需要増のため，あらゆる産業部門が生産増を図り，株価も回復をみせるが，39年の第2次大戦の開始とともに，取引所取引はいっそうの規制を受けさらに自由を失っていった。

30年代には，以上のような経過をたどり，株式取引一般がその自由を失い，そして株式定期取引は禁止され続け，既述のような20年代の一時期に興隆をみせた証券信用システムは完全に停止するのであった。この後，証券信用システムが装いを新たにしてその機能を発揮するのは，上に触れたが，1990年代になってからである。

56　第1部　証券関連業務・活動の展開

1) 例えば，ベルリンにおける日貸の金利は，1923年10月には年720〜1800%であり，同年11月23日には年7920〜9000%に跳ね上がるという状態であった。また月貸の金利も，23年11月では年10000%を超えていた。Blum (1980), S. 73-74.

2) 1923年12月5日には日貸の金利(ベルリン)は年360%であり，他方月貸の金利は同日に年1200〜1600%であった。日貸はすでにみたようにその解約は延期されるのが常態であり，したがって日貸と月貸との間に金利の大幅な乖離をもたらすような決定的な差異を貸付期間の相違に求めることは通常の場合はできないであろう。普通，両金利は連動し，接近しているのである。ところが23年末頃までは月貸の金利が独立して異常に高かったのである。その理由は当時の通貨不安にあった。すなわち，23年11月，12月頃レンテンマルクの発行にもかかわらず通貨安定に対する信頼はなく，なおマルク切下げに対する恐れがきわめて強かった。マルク切下げにともなう貸し手にとってのリスクは，より長期の月貸の方が大きいわけであり，したがって月貸を強く手控えるという状況が生じたのである。月貸の供給は抑制され，金利は独立して高くなったのである。Blum (1980), S. 74-75を参照のこと。

3) 当時，産業の側での信用需要はきわめて強く，10%というライヒスバンク割引率のもとで，それはもっぱらライヒスバンクに対する信用請求へと集中した。1924年4月，ライヒスバンクは，このような状況を抑制しようとして信用割当政策を採用し，割引信用の制限を行った。Puhl (1933), S. 217.

4) Blum (1980), S. 189.

5) 1924年における貨幣市場の漸次的な緩慢化の要因として，公的金融機関による資金の供給増大が挙げられる。とりわけ，プロイセン州立銀行 Preussische Staatbank (Seehandlung)が，この時期，大規模な貸し手として登場した。Blum (1980), S. 77-78.

6) 短期外資の流入は，ドーズローンの実施，ライヒスバンクの改組以降，ドイツに対する国際的信頼が回復してくるにともなって目立ってくる。25年には，短期外資は8月までに毎月2億RMを超える高い水準で流入した。短期外資流入について詳しくは，大矢繁夫(1981)を参照。

7) Blum (1980), S. 87.

8) 24年夏頃からドイツ経済の再建の見通しも現実的なものとなりつつあり，工業の輸出増大による景気改善の見込み，外国からの資本輸入に対する期待，これらのことがこの時期の相場上昇を引き起こした要因であった。Blum (1980), S. 121.

9) ここでは株式市場だけを取りあげたが，確定利付証券の市場についても25年末までは同様に低迷状態にあった。表2-8により確定利付証券の利回りの動向をみると，25年中は利回りは相対的に高水準にあり(証券価格は低い)，はっきりした低下傾向(証券価格の上昇)は26年から始まっている。

10) *Vierteljahrshefte zur Konjunkturforschung*, 4. Jg., Heft 1 Teil A, 1929, S. 38を参照のこと。この時期ドイツと外国との間に金利水準の接近はみられたものの，なおドイツの方が高かった。しかし，ドイツの銀行は実際には公式の金利よりもかなり低

表 2-8　資本市場の金利水準[1]
(%)

|  | 1月 | 2月 | 3月 | 4月 | 5月 | 6月 | 7月 | 8月 | 9月 | 10月 | 11月 | 12月 |
|---|---|---|---|---|---|---|---|---|---|---|---|---|
| 1925 | 8.018 | 7.836 | 7.874 | 8.189 | 8.750 | 8.689 | 8.865 | 8.947 | 8.859 | 8.830 | 9.023 | 8.707 |
| 1926 | 8.097 | 7.563 | 7.291 | 6.910 | 6.951 | 6.987 | 6.853 | 6.774 | 6.746 | 6.797 | 6.818 | 6.446 |
| 1927 | 6.271 | 6.179 | 6.205 | 6.246 | 6.282 | 6.382 | 6.417 | 6.447 | 6.522 | 6.660 | 6.747 | 6.781 |
| 1928 | 6.790 | 6.844 | 6.887 | 6.920 | 6.968 | 7.006 | 7.068 | 7.107 | 7.132 | 7.156 | 7.174 | 7.191 |

(注) 1)　確定利付証券の利回り。1927年までの数値は，6％の一流抵当証券の利回り。1928年の数値は，6％抵当証券，6％自治体債，6％公債，6％工業債に関するライヒ統計局の利回り計算による。
(出所)　図2-1に同じ。S. 103による。

い金利で国内資金を調達することができたのであり，短期外資を取り入れるよりも安くついた。そのためドイツの銀行はこの資金を，ニューヨークやロンドンで貸し出したり返済に用いたのである。Blum (1980), S. 141-142.

11)　*Vierteljahrshefte zur Konjunkturforschung*, 4. Jg., Heft 1 Teil A, 1929, S. 38 を参照のこと。

12)　Blum (1980), S. 111. Ausschuß zur Untersuchung der Erzeugungs- und Absatzbedingungen der deutschen Wirtschaft (1930), S. 102 を参照のこと。

13)　Ausschuß zur Untersuchung der Erzeugungs- und Absatzbedingungen der deutschen Wirtschaft (1930), S. 102.

14)　1927年1月11日には，内外の金利差の縮小を目指して，ライヒスバンク割引率が当時としては最低の5％へと引き下げられた。また，26年夏以降，マルクの対USドル釘付(1 USドル＝4.2 RM)は廃止されていた。この措置によって，外資の取入れは為替リスクをともなうことになり，短期外資の導入も手控えざるをえなくなるのである。釘付廃止も明らかに外資の流入抑制を狙ったものであった。Ausschuß zur Untersuchung der Erzeugungs- und Absatzbedingungen der deutschen Wirtschaft (1929), S. 76-77.

15)　27年全体では，短期外資の流入総額は28億8900万RMに達している。*Vierteljahrshefte zur Konjunkturforschung*, 4. Jg., Heft 1 Teil A, 1929, S. 38.

16)　Ausschuß zur Untersuchung der Erzeugungs- und Absatzbedingungen der deutschen Wirtschaft (1930), S. 103, S. 149-150.

17)　Blum (1980), S. 146.

18)　3月，4月，5月の3カ月における増資額は4億7200万RMに達し，27年全体の46％を占めていた。Blum (1980), S. 204.

19)　この点については，Schacht (1953)，永川秀男訳(1954) 449-451ページ，工藤章(1977) 110ページを参照のこと。また，当時のライヒスバンクの金融政策については，小湊繁(1976)を参照のこと。

20) Blum (1980), S. 164 を参照のこと。
21) Prion (1929), S. 243 を参照のこと。
22) Prion (1929), S. 244-245. なお，株式投資の目的がこのように配当収入ではなく著しく投機利得に傾斜した根本的原因は，当時の経済秩序全体が賠償圧力のもとで不安定性を拭いきれなかった，という点にあったといえよう。経済秩序が不安定なもとでは株価の評価基礎(配当政策，金利の動向など)も揺らぎ，したがって投機の活躍する余地がより大きかったと考えられる。
23) *Vierteljahrshefte zur Konjunkturforschung*, Sonderheft 36, 1934, S. 26 を参照のこと。
24) なお，29年からのルポール・ロンバート貸付の減少は，短期外国信用の流入後退と深い関わりをもつ。短期外国信用の流入後退あるいは流出は，29年からの国際的な貨幣市場の逼迫，それにともなうドイツと外国の金利差の縮小によってもたらされた。Ausschuß zur Untersuchung der Erzeugungs- und Absatzbedingungen der deutschen Wirtschaft (1930), S. 104. このような短期外国信用の動向とルポール・ロンバート貸付との構造的関連についてはIIで述べる。
25) Hagemann (1931), S. 68.
26) 通常，ロンバート貸付の金利は，ライヒスバンク割引率より1～2%高いライヒスバンク・ロンバート金利に依存するのであり，他方で市中割引率がライヒスバンク割引率によって規制される限り，ロンバート貸付の金利と市中割引率は，第1章でも述べたが，連動を示す。しかし，通貨安定後ライヒスバンク・ロンバート貸付は，担保適格証券の制限により著しく縮小し，その金利のもつ意義も低下した，という事情があった。だが，それにもかかわらず，ロンバート貸付の金利と市中割引率との間には連動関係がみられたのである。なお，ルポール貸付の金利は，有力貸し手間の協定によってロンバート貸付の金利より若干高めに決められるのであり，後者の金利を基準にしていた。Blum (1980), S. 42. Ausschuß zur Untersuchung der Erzeugungs- und Absatzbedingungen der deutschen Wirtschaft (1930), S. 120, S. 126. 本書第1章参照。
27) Prion (1929), S. 140.
28) 『バンククレディット』における市中割引手形流通額についての記述と E. プールが掲げている表の引受手形流通額とはほぼ一致する。市中割引手形は，ほとんどが銀行引受手形であったといえよう。Ausschuß zur Untersuchung der Erzeugungs- und Absatzbedingungen der deutschen Wirtschaft (1930), S. 127. Puhl (1933), S. 221.
29) 市中割引手形の買い手について詳しくは，Ausschuß zur Untersuchung der Erzeugungs- und Absatzbedingungen der deutschen Wirtschaft (1930), S. 127-128 参照。
30) Ausschuß zur Untersuchung der Erzeugungs- und Absatzbedingungen der deutschen Wirtschaft (1930), S. 93-94.
31) Ausschuß zur Untersuchung der Erzeugungs- und Absatzbedingungen der

deutschen Wirtschaft (1930), S. 91-92. なお，当時の市中割引市場や引受信用の状況については，小湊繁(1970)も参照のこと．

32) これらの資産は，預金に対するその比率が「第1次流動性」，「第2次流動性」とよばれ(現金準備については「現金流動性」)，預金に対する支払準備の性格を与えられていた．なお，ここで商品担保前貸(「商品・商品船積への前貸」)を除いたのは，それが，流入した預金で新たに貸し付けるというものではないからである．これらの点については本書第1章を参照のこと．

33) 銀行は月末に割引手形を売却し，調達した資金で月末需要に応えた．月末には，銀行は手形からロンバート貸付(月貸)へと資産転換を行っていたのである．またノストロ債権は，内外の銀行に対する短期債権であり，内外の銀行から受け入れた短期信用の支払準備という性格をもつ．とくに，外国銀行から短期信用を取り入れた場合，貸し手である外国銀行によって，適度の水準でノストロ債権を維持するように求められた．この場合，流入した短期外国信用の一部がノストロ債権の積増しへと用いられるわけである．このようなノストロ債権もまたルポール・ロンバート貸付へと転換されることがあった．後述するように，ライヒスバンクの信用制限により手形の再割が制限されるとき，手形の代わりにノストロ債権を取り崩して資金調達し，月貸(ロンバート貸付)を行う，ということが通貨安定後に生じていた．Ausschuß zur Untersuchung der Erzeugungs- und Absatzbedingungen der deutschen Wirtschaft (1930), S. 129, S. 148. Whale (1930), pp. 147-148. Nordhoff (1933a), S. 488.

34) Ausschuß zur Untersuchung der Erzeugungs- und Absatzbedingungen der deutschen Wirtschaft (1930), S. 89.

35) 「外国現金信用」には，「即日払いライヒスマルク預金」と「期限付資金」という2形態があった．前者は，外銀のドイツ国内での業務によって，すなわち，手形や小切手の取立て，証券や外貨の売却，振替等によって生じるものであり，本文で問題とした外銀の手形債権現金化による預金形成もこれに包含される．後者は，外貨で取り入れられるもので，本文でも述べるが，通貨安定後は前者の後退とは対照的に優勢となった．Ausschuß zur Untersuchung der Erzeugungs- und Absatzbedingungen der deutschen Wirtschaft (1930), S. 83-85.

36) ドイツに流入した外国現金信用の，ライヒスマルクでの預金と外貨でのそれの構成比率は明らかとはならない．というのは，これらは，ドイツの銀行のバランスシートに，債権者勘定の「手数料不要勘定」と「その他の債権者勘定」という項目にドイツ国内の預金とともに無区別に記帳されるからである．だが，前注でも触れたが，通貨安定後における外国現金信用流入の主要構成要素をなしたのは外貨建ての期限付資金であったし，また，外国の貸付のかなりの部分が外貨での貸付であったことは確かである，といわれている．Ausschuß zur Untersuchung der Erzeugungs- und Absatzbedingungen der deutschen Wirtschaft (1930), S. 83, Whale (1930), p. 268 を参照のこと．

37) この外貨建て信用は，繰延べや回収が頻繁に行われ，また，国際間の金利差を目

的とする純粋に投機的な性格をもつものであった，といわれる。Ausschuß zur Untersuchung der Erzeugungs- und Absatzbedingungen der deutschen Wirtschaft (1930), S. 83, 生川栄治(1960) 66 ページ参照。
38) 月末金融もしくは月末貸とは，ロンバート貸付の月貸のことであり，強気投機に月末清算の繰延べを可能にするものであり，ルポール貸付と全く同じ意義を有した。この点については，本書第1章を参照のこと。
39) Ausschuß zur Untersuchung der Erzeugungs- und Absatzbedingungen der deutschen Wirtschaft (1930), S. 149-150 を参照のこと。
40) ライヒスバンク割引率は，27年前半が5%と最も低く，26年および27年後半は6〜7%であった。
41) Ausschuß zur Untersuchung der Erzeugungs- und Absatzbedingungen der deutschen Wirtschaft (1930), S. 145-146.
42) ノストロ債権は，戦前と異なって，他銀行に対する支払準備という役割に留まらず，保有手形残高の利用が困難な場合(ライヒスバンク割引率が高い，もしくはライヒスバンクの信用制限が実施される場合)，それに代わってライヒスバンクからマルクを調達する手段ともなった。このような事情を背景として，第1次大戦後，ノストロ債権が現金，手形とならんで第1次流動資産として認められるようになったのである。Ausschuß zur Untersuchung der Erzeugungs- und Absatzbedingungen der deutschen Wirtschaft (1930), S. 148.
43) 以下の概略は，Henning (1992), S. 260-281 による。なお，30年代のドイツの証券市場に関しては，戸原四郎(1968)，塚本健(1981) も参照のこと。
44) 1931年7月に取引所定期取引が停止された事情を，W. プリオンにもとづいて野中淳は次のように説明している。相場下落のとき，定期取引において弱気投機は買い戻す。かくして相場下落は緩和すると考えられがちだが，突発的な恐慌状態のときは，弱気投機は実際にはすぐに買い戻すようなことはなく，他日最低の相場で手仕舞うことを考えて，むしろ新規の空売りを行う。その結果，相場下落は激化する。このような事情のため，取引所も定期取引も即座に閉鎖・停止されたという。プリオン／野中(1941) 27-28 ページ。

# 第3章
# 株式市場とユニバーサルバンク
―― 1990 年代の構図 ――

　本章のテーマは，1990 年代のドイツ株式市場の動向に，ユニバーサルバンクとしてのドイツの銀行がどのような位置をもって関わり，どのような能力を発揮したか，を明らかにすることにある。その際，1931 年に途絶えた証券信用のシステムが，株式オプション取引という新たな装いをもって 1990 年代に大きな力を発揮した点に，注意が向けられる。

　以下では，まず株式市場の動向について，ブンデスバンクの分析やいくつかの計数を追いながら 80 年代および 90 年代の特徴を拾い出す。そして，株式市場をめぐる 90 年代的特徴を構成する要因として投資会社・投資ファンド，株式オプション取引を取りあげ，それらが織りなす全体的構図を明らかにする。最後に，ユニバーサルバンクとしてのドイツの銀行が，この構図のなかにどのように位置し，どのような能力を発揮したかを考察する。

## I　1980・90 年代の株式市場の動向

### 1　1980 年代

　ドイツの株式市場は，戦後の長い間にわたる低迷の後，1980 年代に入って，とりわけその後半以降新しい局面へと踏み出した。ドイツ・ブンデスバンクは，80 年代を振り返って，株式市場をめぐる変貌を次のように述べている。「株式，このリスクキャピタルを調達するための古典的手段は，ドイ

ツでは，長い間シンデレラの生活を送った後で，近年めざましい復活を経験している。」[1]

ブンデスバンクは，変貌の具体的姿を，以下のようないくつかの点で指摘している。まず株式発行額に関して，80年代央以降，ドイツ国内の株式会社は，市場価格で1000億DM以上を株式で調達した。この額は，過去35年間で調達された総額に匹敵する。その原因は，82年以降の景気上昇によるドイツ企業の収益改善とそれにともなう株価上昇であった，と[2]。

また，株式会社(株式合資会社 partnerships limited by shares を含む)の数については，80年初めの2139社から90年末の2682社へとこの間543社増加し，上場企業に限ってみれば，この10年間で42社増えて501社となった。そして上場株の株価もこの期間におよそ3倍化し，80年代は「株の10年」であったとブンデスバンクは特徴づけている。

そして，ドイツの企業が資本調達の源泉としての株式市場へ振り向いたのは，ドイツのユニバーサルバンクのアンダーライティング業務の強化によるものであり，銀行は，80年代に著しい規模で投資銀行業務を拡大したが，とりわけ取引所への上場のアシスト，増資のアレンジといったアンダーライティング業務に重きを置いたのである，とブンデスバンクはドイツの銀行の活動を重視している[3]。

## 2　1990年代

1990年代前半までの株式市場をめぐる状況について，ブンデスバンクは，97年1月のリポートで次の点を指摘している。

まず何よりも，国内の全上場株時価総額は，96年11月にはじめて1兆DMを超えた。しかしこの数字は，米の13兆4000億DM，日本の4兆9000億DM，英の2兆5000億DMに比べまだかなり低く，一般にアングロサクソン諸国と比べると，ドイツでは株式や株式市場の役割は小さく，そしてそれは，ドイツの企業形態において株式会社よりも個人所有や有限会社形態がより重要な役割を占めていることの表れでもある，と[4]。

表3-1は，株式保有の構造に関するものだが，これをみると，ドイツは日

表3-1　各国の株式保有構造(1995年末)
(%)

|  | 米国 | 日本 | ドイツ | フランス | 連合王国 |
|---|---|---|---|---|---|
| 家計 | 36.4 | 22.2 | 14.6 | 19.4 | 29.6 |
| 企業 | 15.0 | 31.2 | 42.1 | 58.0 | 4.1 |
| 公的セクター | 0.0 | 0.5 | 4.3 | 3.4 | 0.2 |
| 非金融セクター　計 | 51.4 | 53.9 | 61.0 | 80.8 | 33.9 |
| 銀行 | 0.2 | 13.3 | 10.3 | 4.0 | 2.3 |
| 保険企業・年金ファンド | 31.3 | 10.8 | 12.4 | 1.9 | 39.7 |
| 投資ファンド・その他金融機関 | 13.0 | 11.7 | 7.6 | 2.0 | 10.4 |
| 金融セクター　計 | 44.5 | 35.8 | 30.3 | 8.0 | 52.4 |
| その他 | 4.2 | 10.3 | 8.7 | 11.2 | 13.7 |
| 計 | 100 | 100 | 100 | 100 | 100 |

(出所)　Deutsche Bundesbank (1997a), p. 29.

本とならんで非金融部門企業と銀行による保有が目立ち，他方でアングロサクソン諸国の米英は，家計と機関投資家(保険・年金，投資ファンド等)の保有シェアが相対的に高いのがわかる。米英では，投資の大衆化と機関化が進んでいて，いわば市場がよりソフィスティケイティドされているといえる。この点，ブンデスバンクのリポートでは，米英とドイツの株式会社の性格の違いとして指摘されている[5]。90年代に入っても，ドイツの株式会社や株式市場は，米英のそれと同質なものとして論じることができないという点がまず述べられているのである。

　ブンデスバンクによる90年代前半の株式市場についての分析は，80年代についてのそれと比べるとやや醒めたものとなっていて，さらに次のような指摘が続く。

　例えば，製造業の株式発行は発行総額の70％を占めるが，製造業における株式による資本調達の比重は，95年末で27％であり，この数値は70年代初めのそれとほとんど変わらない。また，95年末における株式流通額をみても，それは，それまでの25年間，GDPと歩調を合わせて増大しただけであり，したがって株式のマクロ経済的な重要性は変化していない，と。

　このような，資本調達手段としての株式や株式市場のマクロ経済的意義の低迷は，94年の会社法の改正等による株式会社数の増大など若干の上昇機

運がみられたにしても，基本的には引き続いている。そしてこのことは何よりも，株式保有に占める家計のシェアが14.6%に留まり，またそれは家計のポートフォリオ全体の5%強にすぎないという事実に端的に表れている，というのである[6]。

以上が，90年代前半の株式市場をめぐる動向についてのブンデスバンクの基本的な認識であり，ドイツには全体としてアングロサクソン諸国とは異なった「金融文化」がなお強く存在することを踏まえたうえでの醒めた分析が行われているといえよう。

しかしながら，このような株式市場のいわば一般的な〝伸び悩み〟状態をブンデスバンクは指摘しているとしても，同じリポートの後段では，次のような新しい特徴に注意を向けている。それは，90年代に入って，家計による株式ファンド（日本の株式投信に相当）への投資が著増し，そして，この株式ファンド証券を供給する投資会社が株式投資を増大させているという点である[7]。

さて，そこで次に，この新しい特徴を数値で追うことが必要であるが，それに先立ってまず，ドイツの投資会社・投資ファンドについてその概要を得ておくことにする。

## II 投資会社・投資ファンドと株式投資

### 1 投資会社・投資ファンドの概要[8]

ドイツの投資会社 Kapitalanlagegesellschaften は日本の投資信託委託会社に相当するものであり，投資会社法 Gesetz über Kapitalanlagegesellschaften にもとづき，株式会社か有限会社形態で設立されている。また信用制度法 Kreditwesengesetz における信用機関でもあり，この法律の適用も受ける。この投資会社の業務は，第3者が投じる出資金を用い，リスク分散の原則にしたがって，上場証券や土地からなるファンドを形成する，ということにある[9]。

証券や土地から構成されるファンドは，特別財産 Sondervermögen を形

```
                        ┌ マネーマーケットファンド       ┌ 債券ファンド
             ┌ パブリックファンド ┤ 証券ファンド      ┤ 株式ファンド
             │          │                └ 混合ファンド
             │          └ 不動産ファンド
国内投資ファンド ┤
             │          ┌ マネーマーケットファンド       ┌ 債券ファンド
             └ スペシャルファンド ┤ 証券ファンド     ┤ 株式ファンド
                        │                └ 混合ファンド
                        └ 不動産ファンド
```

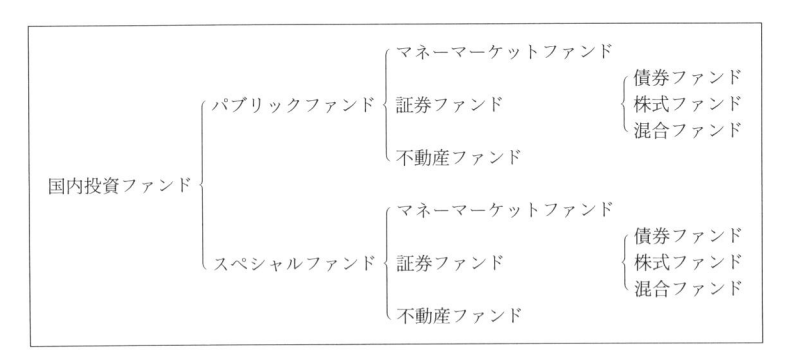

図 3-1　投資ファンドの分類

成するが，これは日本の信託財産に相当する。そしてそれは寄託銀行 Depotbank によって管理・保管される。他方，投資会社は出資者に対して持分証券 Anteilschein を発行する。なお，この証券の発行や出資者からの証券の返還の業務も寄託銀行に委託される。

さて投資ファンドは，どのような投資家層を対象にするかという点で大きく 2 つに分かれる。個人投資家向けのパブリックファンド Publikumsfonds と機関投資家向けのスペシャルファンド Spezialfonds である。

パブリックファンドとスペシャルファンドは，それぞれ，マネーマーケットファンド Geldmarktfonds, 証券ファンド Wertpapierfonds, 不動産ファンド Offene Immobilienfonds に分かれ，また証券ファンドはさらに債券ファンド Rentenfonds, 株式ファンド Aktienfonds, 混合ファンド Gemischte Fonds の 3 つに分類される[10]。これを図示しておけば図 3-1 のようになる。

なお，証券ファンドは上記のように 3 つに分かれるが，例えば債券ファンドや株式ファンドといっても，それぞれ債券のみ，株式のみに投資するというものでなく，債券ファンドは債券を中心に，株式ファンドは株式を中心に運用する，というものである。

表3-2 パブリックファンドとスペシャルファンド

| 年末 | パブリックファンド ||| スペシャルファンド |||
|---|---|---|---|---|---|---|
| | ファンド数 | 証券発行高<br>(100万枚) | ファンド資産<br>(100万DM) | ファンド数 | 証券発行高<br>(100万枚) | ファンド資産<br>(100万DM) |
| 1990 | 345 | 2,533.6 | 126,656 | 1,649 | 1,165.3 | 112,199 |
| 1991 | 411 | 2,732.9 | 144,422 | 1,815 | 1,415.2 | 139,992 |
| 1992 | 448 | 2,533.7 | 142,867 | 1,986 | 1,653.9 | 165,727 |
| 1993 | 485 | 2,758.3 | 181,991 | 2,207 | 2,082.6 | 235,038 |
| 1994 | 556 | 3,582.0 | 229,008 | 2,498 | 2,524.9 | 257,029 |
| 1995 | 609 | 3,751.2 | 254,166 | 2,624 | 2,897.7 | 310,780 |
| 1996 | 652 | 3,885.9 | 286,513 | 2,958 | 3,488.7 | 397,514 |
| 1997 | 732 | 4,257.6 | 345,180 | 3,508 | 4,426.7 | 555,121 |
| 1998 | 805 | 4,638.5 | 404,412 | 4,245 | 5,727.1 | 728,213 |
| 1998/1990<br>(倍) | 2.3 | 1.8 | 3.2 | 2.6 | 4.9 | 6.5 |

(出所) *Deutsche Bundesbank Kapitalmarktstatistik, Statistisches Beiheft zum Monatsbericht 2,* Jan. 1996, S. 52, Feb. 1999, S. 52-53 による。

## 2 投資ファンドと株式投資

表3-2をみると，パブリックファンドとスペシャルファンドはともに増勢を示している。1990年から98年まで，ファンド数，証券発行高，ファンド資産のいずれをみても，スペシャルファンドの増勢が目立つが(例えばファンド資産では，98年は90年の6.5倍)，パブリックファンドの方も，98年のファンド資産は90年のそれの3.2倍となっていて，一般に機関投資家も個人も活発に投資ファンドへの投資を行ったことがわかる。

表3-3と表3-4は，パブリックファンドとスペシャルファンドのそれぞれの証券ファンドのなかで，債券ファンドと株式ファンドの伸びの程度を比べてみようとしたものである。ただし計数が揃う93年からのものとなっている。パブリックファンドでは，93年から98年までに，債券ファンドの資産額は1.3倍となっているが株式ファンドの資産額は3.9倍となり，株式ファンドの伸びが顕著である。またスペシャルファンドでも，同様の比較で，債券ファンドは2.3倍であるが株式ファンドは4.3倍となっていて，ここでも株式ファンドの伸びが目立っている。個人も機関投資家も，株式ファンドの選好を際立たせて強めていったことがわかる。

ところで，株式ファンドは，すでに述べたように，資産の運用対象を株式

だけに限るものでない。また債券ファンドも同様にその運用を債券に限るものでない。そこで，株式ファンドと債券ファンドという区別を取り払い，またパブリックファンドとスペシャルファンドという区別も取り払って，投資会社の証券ファンドが全体として株式への投資をどの程度強めていったかをみることができるのが表3-5である。

これをみると，90年から98年までに，ファンド資産としての国内債券の価額は4.8倍となったが，国内株の価額は5.7倍となっている。また，証券合計に占めるシェアの変化をとると，国内債券／証券合計は90年の40.6％から98年の39.8％と若干の後退を示すが，国内株／証券合計は，90年の18.7％から98年の22.0％というようにシェア増大をみせている。証券ファンドは全体として，90年代に，資産として株式の比重を高めていったことがわかる。

以上，計数を追って確認できることをもう一度述べておくと次のようになる。まず，個人も機関投資家も投資ファンドへの投資を目立って増やしたこと。そして，個人も機関投資家も，債券ではなく株式を中心に運用する株式ファンドへの投資を強めていったこと。最後に，投資会社も，証券ファンドの運用対象として全体的に株式の比重を高めていったこと，である。これらのことを90年代の特徴として摑まえることができるであろう。

ところで，以上のようにして，投資会社の証券ファンドが90年代に株式投資の比重を高くしていったとしても，このことは株式市場にとってどの程度の重みをもつものであっただろうか。投資会社による株式投資の，株価形成への影響という問題である。

ブンデスバンクの数値によると，96年末で，投資ファンドによる株式保有の株式保有全体に占める割合は5.5％にすぎない。参考までにその他の投資主体についてみると，非金融企業37.5％，個人15.7％，公的当局10.9％，非居住者15.3％となっている[11]。

しかしブンデスバンクは，株式市場における投資会社の実際のウェイトについては，別の箇所で次のような指摘を行っている。すなわち，確かに長期的平均では，国内証券ファンドは，ドイツ国内株式の1/10以下を保有して

表 3-3　パブリックファンドの証券ファンド

| 年末 | 債券ファンド ファンド数 | 証券発行高 (100万枚) | ファンド資産 (100万DM) | 株式ファンド ファンド数 | 証券発行高 (100万枚) | ファンド資産 (100万DM) |
|---|---|---|---|---|---|---|
| 1993 | 207 | 1,802.0 | 95,785 | 156 | 448.4 | 33,655 |
| 1994 | 217 | 2,015.3 | 93,784 | 187 | 586.8 | 40,963 |
| 1995 | 242 | 2,058.7 | 101,985 | 192 | 593.6 | 43,203 |
| 1996 | 257 | 2,100.3 | 112,778 | 210 | 602.8 | 53,183 |
| 1997 | 269 | 2,149.0 | 123,212 | 257 | 887.0 | 94,579 |
| 1998 | 262 | 2,117.4 | 125,159 | 296 | 1,119.6 | 131,941 |
| 1998/1993(倍) | 1.3 | 1.2 | 1.3 | 1.9 | 2.5 | 3.9 |

（出所）　Deutsche Bundesbank Kapitalmarktstatistik, Statistisches Beiheft zum Monatsbericht 2,

表 3-4　スペシャルファンドの証券ファンド

| 年末 | 債券ファンド ファンド数 | 証券発行高 (100万枚) | ファンド資産 (100万DM) | 株式ファンド ファンド数 | 証券発行高 (100万枚) | ファンド資産 (100万DM) |
|---|---|---|---|---|---|---|
| 1993 | 662 | 816.5 | 88,157 | 141 | 145.9 | 17,882 |
| 1994 | 756 | 994.9 | 98,634 | 172 | 176.0 | 19,077 |
| 1995 | 792 | 1,114.5 | 119,059 | 178 | 195.4 | 21,142 |
| 1996 | 904 | 1,290.1 | 141,179 | 199 | 252.4 | 30,944 |
| 1997 | 1,049 | 1,500.6 | 167,708 | 250 | 373.0 | 56,871 |
| 1998 | 1,203 | 1,890.4 | 204,573 | 300 | 469.7 | 76,002 |
| 1998/1993(倍) | 1.8 | 2.3 | 2.3 | 2.1 | 3.2 | 4.3 |

（出所）　表 3-3 に同じ。

表 3-5　証券ファンドの資産構成

| 年末 | ファンド資産総額 | 証券 合計 | 株式 合計 | うち居住者発行分 | 債券 合計 | うち居住者発行分 |
|---|---|---|---|---|---|---|
| 1990 | 219,971 | 191,882 | 44,505 | 35,951 | 147,377 | 77,990 |
| 1991 | 262,245 | 235,812 | 54,155 | 42,095 | 181,657 | 104,948 |
| 1992 | 278,887 | 252,541 | 61,166 | 47,173 | 191,375 | 122,823 |
| 1993 | 369,952 | 340,248 | 102,328 | 75,558 | 235,357 | 158,182 |
| 1994 | 399,340 | 367,212 | 111,045 | 79,168 | 253,633 | 178,539 |
| 1995 | 462,108 | 425,663 | 124,797 | 90,732 | 298,034 | 224,941 |
| 1996 | 571,575 | 531,340 | 173,348 | 119,382 | 353,247 | 270,898 |
| 1997 | 785,215 | 730,341 | 297,289 | 187,959 | 427,288 | 315,133 |
| 1998 | 1,003,988 | 932,207 | 420,396 | 204,787 | 505,462 | 371,136 |
| 1998/1990(倍) | 4.6 | 4.9 | 9.4 | 5.7 | 3.4 | 4.8 |

（出所）　表 3-3 に同じ。S. 55 による。

第3章　株式市場とユニバーサルバンク　69

| | 混合ファンド | |
|---|---|---|
| ファンド数 | 証券発行高<br>(100万枚) | ファンド資産<br>(100万DM) |
| 107 | 103.7 | 8,297 |
| 112 | 152.9 | 10,952 |
| 130 | 141.5 | 10,878 |
| 135 | 143.5 | 12,400 |
| 153 | 168.2 | 17,038 |
| 160 | 223.2 | 24,678 |
| 1.5 | 2.2 | 3.0 |

Feb. 1999, S. 52 による。

| | 混合ファンド | |
|---|---|---|
| ファンド数 | 証券発行高<br>(100万枚) | ファンド資産<br>(100万DM) |
| 1,395 | 1,092.7 | 123,176 |
| 1,560 | 1,321.5 | 135,931 |
| 1,642 | 1,543.0 | 165,841 |
| 1,840 | 1,905.7 | 221,091 |
| 2,190 | 2,509.6 | 325,809 |
| 2,719 | 3,314.7 | 441,635 |
| 1.9 | 3.0 | 3.6 |

(百万DM)

| 金融市場証券 | | その他<br>証券 | 銀行預金 | 債務証書貸付<br>・その他資産 | 負債 |
|---|---|---|---|---|---|
| 合計 | うち<br>CP | | | | |
| ・ | ・ | ・ | ・ | ・ | ・ |
| ・ | ・ | ・ | ・ | ・ | ・ |
| ・ | ・ | ・ | ・ | ・ | ・ |
| 931 | 344 | 1,632 | 23,339 | 7,698 | 1,333 |
| 728 | 165 | 1,807 | 24,117 | 9,323 | 1,312 |
| 613 | 191 | 2,220 | 28,488 | 9,200 | 1,244 |
| 1,482 | 324 | 3,261 | 30,812 | 11,658 | 2,235 |
| 2,178 | 684 | 3,586 | 44,483 | 12,912 | 2,521 |
| 1,990 | 779 | 4,359 | 60,807 | 14,582 | 3,608 |
| ・ | ・ | ・ | ・ | ・ | ・ |

いるにすぎないし，この数値は，債券総額に占めるそのシェアより大きくない，だが，このような評価に際し注意しなければならないのは，ファンドの運用対象がそれに限定されているところの上場株を取りあげねばならないということ，また通常は流通に出回らない，長期的参加目的で保有されている株式を排除して考えるべきであり，つまり「浮動株」を問題とすべきなのである，と。そして，この「浮動株」保有における投資会社のシェアは，80年代央では 1/5 を少し下回るまでになり，94年央までには大体 1/4 に達した，というのである[12]。ブンデスバンクは，国内株式投資における投資会社の実質的な重みをこのように評価しているのである。投資会社による株価形成への影響はきわめて大きい，とみることができる。

## III　ドイツ先物・オプション取引所の開設と株式オプション取引

### 1　ドイツ先物・オプション取引所の開設

　前述のように，1990年代，投資会社は個人や機関投資家を，いわば自らを通じて株式市場へと導き，そして投資会社は，その株式保有の実勢からみて市場に対する大きな影響力をもつ存在となった。このように投資会社が個人や機関投資家から株式市場向けの資金を吸収しえたのは，もちろん実体経済の状況も含めた種々の要因によるものだが，ここでは何よりも90年代に入っての株式市場に関わる制度改革に着目したい。

　ビュシュゲン H. E. Büschgen は，投資会社の既述のような活躍をもたらした重要な要因として，伝統的に株式投資にともなうリスクのうち投資家にとって引き受けられる部分を明らかにしておくような投資オルタナティブが創り出されたということを指摘する。それは，具体的には，投資会社のファンドが，株式オプション等のデリバティブを利用してリスク制限的な特質を新たに得たということである[13]。

　ドイツでは，このような証券デリバティブ取引は，90年代になって制度的に整えられてゆく。ドイツ先物・オプション取引所 Deutsche Termin-

表 3-6　ドイツ先物・オプション取引所の変遷

| 1987 | 創案段階 |
|---|---|
| 1988 | 設計段階 |
| 1988. 7 | ドイツ先物・オプション取引所(DTB)の設立 |
| 1989 | 設置段階 |
| 1990. 1/26 | DTB 正式開始 |
| 1990. 11/23 | BUND 先物の取引開始 |
| 1991. 1/26 | DTB 営業 2 年目に入る |
| 1991. 8/16 | DAX オプション，BUND 先物オプションの取引開始 |
| 1991. 10/ 4 | BOBL 先物の取引開始 |
| 1992. 1/20 | 期限 9 カ月までのストックオプションの取引開始 |
| 1992. 1/24 | DAX 先物オプションの取引開始 |
| 1992. 1/26 | DTB 営業 3 年目に入る |
| 1993. 1/15 | BOBL 先物オプションの取引開始 |
| 1993. 5/10 | アムステルダムにおけるユーロターミナルズの連結 |
| 1993. 12/17 | MATIF と協力協定の調印 |
| 1994. 1/ 1 | ドイツ取引所が DTB を合併 |
| 1994. 1/24 | バイエリッシェ・ヒポテーケン・ウント・ヴェークゼルバンク株のオプション取引開始 |
| 1994. 1/26 | DTB は 4 年目を迎え，ヨーロッパで第 3 位，世界で第 7 位のデリバティブ取引所となる |
| 1994. 3/18 | FIBOR 先物の取引開始 |
| 1994. 9 | MATIF メンバーは，フランスで端末をとおして DTB 商品の取引が可能となる |
| 1995. 1/23 | プロイサク，ルフトハンザ，バイエリッシェ・フェラインバンク，フィアク株のオプション取引開始 |
| 1995. 11/24 | BUND 先物および BOBL 先物の連続的なオプションの取引開始 |
| 1996. 3 | 米国における DTB 取引に対する CFTC の認可 |
| 1996. 3/11 | ドイツ取引所の取引設備をエントリー・スクリーンをとおして DTB システムへ統合 |
| 1996. 3/18 | DAX 長期オプションの取引開始 |
| 1996. 3/22 | ドイツ取引所はロンドンに DTB システムへのアクセスポイントを開設 |

(出所)　http://www.exchange.de/

börse(DTB)がスタートしたのは 90 年 1 月であった。なお，この DTB は，1998 年 9 月におけるスイス・デリバティブ市場 SOFFEX との合併のため，ユーレックス・ドイツ Eurex Germany と名称を変更している[14]。表 3-6 は，98 年秋までドイツ取引所のインターネット・ホームページに載っていた DTB の「変遷」であり，DTB 時代の商品導入等の歩みを示している。

さて，DTB は，完全にコンピュータ化された取引システムをもってスタートした。DTB は，ドイツの大手銀行 17 行の共同出資による有限会社であり，その会員数は 53 であった。そして 90 年 1 月から，国内優良企業 14

社の株式のオプション取引を開始した[15]。このオプション取引の出足は好調であり，91年3月には，毎日，平均して4000コントラクト以上が取引された。ブンデスバンクは「オプションに関する限り，DTBは今やヨーロッパ最大の取引高をもつ取引所なのである」と指摘している[16]。

　ドイツの大銀行は，この新しい取引分野に次のような陣容をもって臨んだ。ドイチェ・バンク Deutsche Bank は50人，ドレスナー・バンク Dresdner Bank は40人以上，コメルツバンク Commerzbank は70人を配置し，ドイチェ・バンクとドレスナー・バンクは14銘柄のすべてのオプションのマーケットメークに参加し，コメルツバンクは10銘柄のオプションのマーケットメークに参加した[17]。

　ドイツでは，株式オプション取引それ自体は，すでに1970年7月に導入されていたが，90年に改めて上記のようなDTBが設立された狙いは次の点にあった[18]。すなわち，それは，株式投資リスクの管理・リスクからの保護の必要性，そして投資家の多様な商品需要への対応という2点である。今やこのことが充たされなければ外国への業務流出が生じ，ロンドンとの競争に負ける，要するに，金融資本市場としては，もはや現物市場だけでは当然ながら不十分であるという認識が一般的となったのである[19]。

## 2　リスクヘッジ手段としての株式オプション取引

　上記のように，ドイツでは，1990年以降に先物・オプション取引が行われてゆく。そしてこのような新たな取引・制度に支えられることによって，現物株市場も活況を呈してゆくことになる。投資会社が個人・機関投資家の資金を株式市場へと導いていったのである。すなわち，ビュシュゲンのいうように，投資会社のファンドが株式オプション取引を利用してリスク制限的な投資オルタナティブを提供することができるようになり，かくして個人・機関投資家が投資会社を通じて株式市場へと導かれるようになった，ということである。

　さて，投資会社が提供するリスク制限的な投資オルタナティブとは，ビュシュゲンが示している具体例では，株式プットオプションの買いによって現

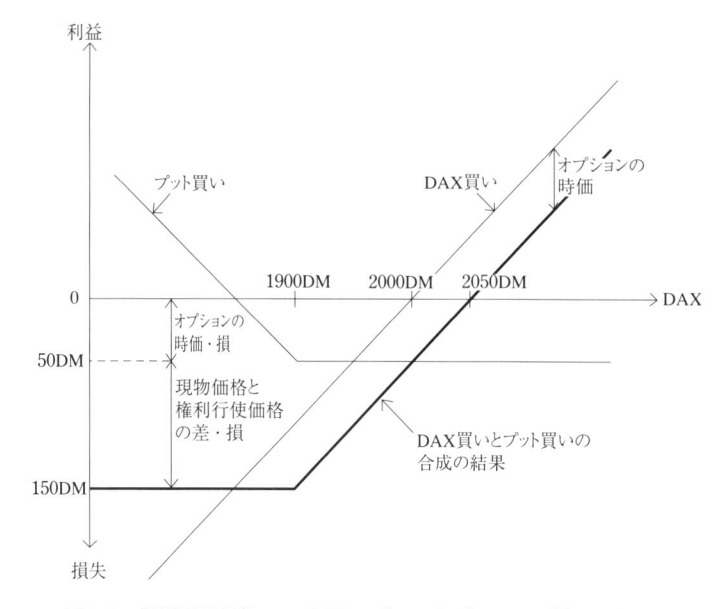

図3-2 権利行使価格1900 DMのプットオプションの買いによって
ヘッジされる株式投資の損益状態
(出所) Büschgen (1996), S. 268.

物の株価変動リスクをヘッジするというよく知られた代表的パターンである。以下，ビュシュゲンの示す事例の要点を追うと次のようになる[20]。

- 現物は，ドイツ株価指数 Deutsche Aktienindex(DAX)の動きに照応する株式ポートフォリオとする[21]。
- 今，この現物相場(DAX)が2000 DMのとき，ファンドはこれを購入する(以下，図3-2参照)。そして，この現物の価格変動リスクをヘッジするために，現物より5％下方にある，すなわち1900 DMの権利行使価格をもつプットオプションを，ファンドは同時に買う。オプション価格は50 DMとする。
- DAXが1900 DMの権利行使価格よりも下がったとき，ファンド(または投資家)は，この権利行使価格1900 DMと元の現物相場2000

- DM の差である 100 DM にオプション代金 50 DM を加えた合計 150 DM の損となる。もちろん図 3-2 にみられるように，どれほど DAX が下がろうとも，損失はこの 150 DM に限定される。
- これとは逆に DAX が上昇したときは，オプション代金 50 DM を差し引いた額で，この価格上昇による利益に与ることができる。
- 結局この例では，オプション代金は，現物の相場下落による損失を 5％で止めておくための保険料とみなされるのである。
- なお，オプション代金も含めた場合の損失は，最大で 7.3％（[2050－1900]/2050）と計算される。
- ただし実際には，投資家にとっての損失は，さらに年 1.5％の管理費，ファンドの第 1 次発行に際しての経費 2％，および追加経費 5％を考慮すると，投入された資産の 15.8％（7.3＋1.5＋2＋5）になることがある。
- 以上の例は，プットオプションの権利行使価格 1900 DM が現物相場 2000 DM の下方にある場合であり，この戦略は一般に「アグレッシブ」とみなされる。
- これに対して「ディフェンシブ」とよばれるのは，プットの権利行使価格が現物相場の上方にある場合である（図 3-3 参照。現物を 2000 DM で購入，権利行使価格 2100 DM のプットの買い，オプション代金 150 DM [時価 50 DM＋〈権利行使価格 2100 DM－現物価格 2000 DM〉]）。
- この場合，合成ポジションの損失は，最大でも 50 DM に限定される。
- しかし当然ながら，投資家が利益ゾーンに達するのは 2150 DM のときであり，最初の例の 2050 DM（図 3-2）と比べると遅れるのである。
- この場合の損失は，最大のときでも，投入資産の 2.3％（[2150－2100]/2150）に限定される。
- そして結局，この 2 つ目の例の「ディフェンシブ」な戦略の方が，リスク制限という目的からみたときは「アグレッシブ」よりも選好されるのである。

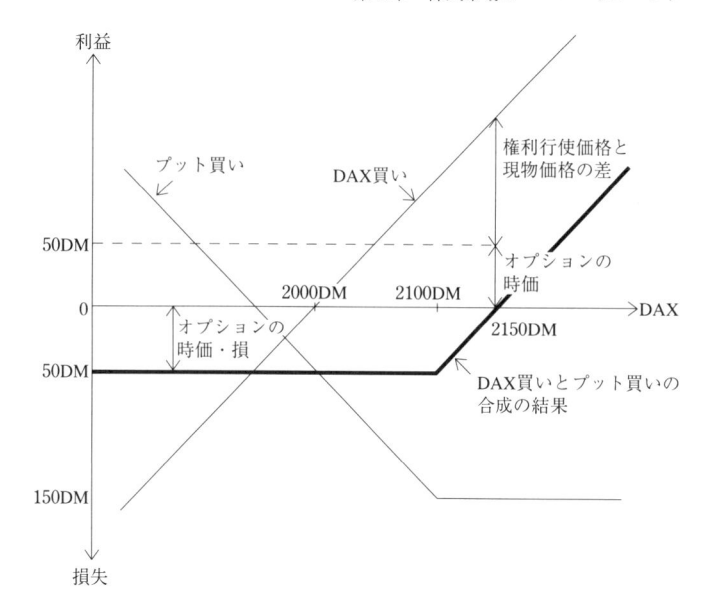

図 3-3 権利行使価格 2100 DM のプットオプションの買いによって
ヘッジされる株式投資の損益状態

(出所) 図 3-2 に同じ。

さて、ビュシュゲンは、事例説明の後、これを次のように総括している。まず、リスク制限的な株式ファンドは、伝統的にリスクを嫌うドイツの投資家を、原理的に株式投資へと向かわせる可能性を示すものである。これの前提はもちろん、デリバティブという金融手段がファンドによって実際上もリスク制限的に導入されること。とくにこれに当てはまるのは、プットオプションの買いに際して、選択される権利行使価格が、ヘッジされるべき金融資産の現物価格よりできるだけ上方にあるとき、すなわち、上例の第2の場合である、と。

以上がビュシュゲンの示す事例であるが、要するに、株式オプション取引(事例ではもっぱらプットオプションの買い)を現物株投資と併せて行い、相場下落の際の現物の損を、プットオプションの権利行使による利益によって埋め合わせる、という通常のリスクヘッジの手法を2つ(「アグレッシブ」と

(百万)

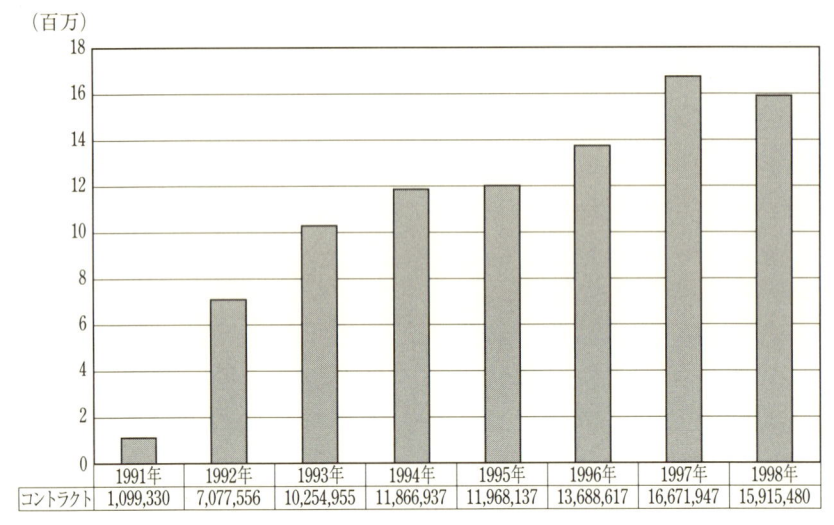

| 年 | 1991年 | 1992年 | 1993年 | 1994年 | 1995年 | 1996年 | 1997年 | 1998年 |
|---|---|---|---|---|---|---|---|---|
| コントラクト | 1,099,330 | 7,077,556 | 10,254,955 | 11,866,937 | 11,968,137 | 13,688,617 | 16,671,947 | 15,915,480 |

図 3-4　DAX オプション（プット）の取引高（コントラクト）[1]

(注) 1) 1991 年 8 月 16 日取引開始。
(出所) *Deutsche Bundesbank Kapitalmarktstatistik, Statistisches Beiheft zum Monatsbericht 2*, Feb. 1999, S. 50 により作成。

「ディフェンシブ」)説明しているのである。そして，これによって投資ファンドは，リスク嫌いのドイツの投資家を新たに株式市場へと向かわせることができるようになった，というのである。

図 3-4 は，DAX オプションのプットの取引高の推移を示している。順調な増勢が確認できるが，この取引に支えられて，現物株市場へも資金が流入し，株価も押し上げられていった，ということができる(図 3-5 参照)。

## IV　ユニバーサルバンクの位置

前節まででみてきたことの要点は，1990 年代，株式オプション取引という新たな手段を得た投資ファンドによって，ドイツの投資家は株式市場へと導かれるようになった，ということである。そこで次に問題とすべきことは，投資家・投資会社・株式市場という，この資金が流れてゆく全体の構図のな

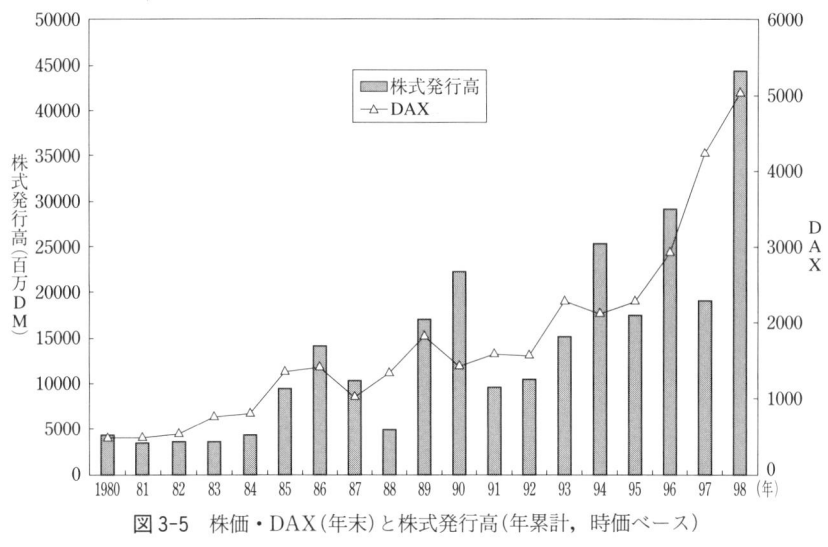

第3章　株式市場とユニバーサルバンク　77

図3-5　株価・DAX(年末)と株式発行高(年累計, 時価ベース)

(出所)　図3-4に同じ。S. 7, S. 44により作成。

　かで，ドイツの銀行はいかなる位置を占めるか，ということである。ユニバーサルバンクとしてのドイツの銀行は，この構図のなかでどのような働きをなすか，という問題でもある。

　まず投資会社と銀行との関係は次のようになる。

　ドイツの投資会社は日本の投資信託委託会社に相当するものであった。この投資会社は，投資家からの出資金を用いて，上場証券等からなるファンドを形成する。投資会社は，投資家への持分証券の発行を，そしてファンドを構成する証券の保管を，他の信用機関(寄託銀行)に委託する。投資会社と寄託銀行の間では契約が結ばれ，寄託銀行はファンドに属する証券の保管・管理の義務を負うのである。そしてこの寄託銀行たる銀行は，通常，投資会社の設立に決定的に参加している。銀行が投資会社の設立母体なのである[22]。

　さて，このようなドイツの投資信託の仕組みのなかで，注意に値するのは，上のように投資会社の設立母体が銀行であり，そしてこの銀行が投資家に対

して投資ファンドの持分証券を発行・販売するという点である。さらにこの銀行は，寄託銀行として，ファンドを構成する証券の保管・管理をも併せて行っている，つまり受託者でもあるという点である。

　かくしてユニバーサルバンクとしてのドイツの銀行は，投資信託の仕組み全体のなかで，持分証券を発行して資金を集め，他方で受託者として信託財産を管理しているのであり，いわば投資資金の入口と出口でその運営に携わっているのである。そして何よりも，この銀行は，委託者である投資会社を自らが設立しているのである。要するにドイツの銀行は，投資信託の仕組み全体をいわば管轄・所掌し，そこに強い利害関係をもつのである。このことに関して，例えばブンデスバンクも次のように述べている。

　ドイツの銀行は90年代になって，実際に，小口投資家に対して投資ファンド証券の購入をますますはっきりと勧めようとしたし，そしてそれは，保管勘定の代価や売買手数料という観点からの政策的なものだった。そして銀行のこの努力は，中・大規模投資家へも向けられていった，と[23]。

　ここには，ドイツの銀行が，投資ファンドの持分証券の販売者として，また資産の保管・管理を担う寄託銀行として，投資ファンドの拡大に傾注していったことが指摘されているのである。

　さて，以上のような銀行と投資会社の関係に着目すれば，前節でみた，投資ファンドが株式オプション取引という新たな手段を得て投資家を株式市場へと導いたということも，それはユニバーサルバンクとしてのドイツの銀行が自らの機能を十分発揮してなしたこと，とみることができる。ブンデスバンクが特徴づけたような90年代の株式市場の動向は，やはりユニバーサルバンクの機能と能力によって導かれたとしうるのである。

　ところでドイツの銀行が，投資家・投資会社・株式市場という資金の流れの全構図のなかで上のような位置と能力をもつとしたとき，このことは最終的に株価動向への影響という点にも表れる。そして銀行がこの影響力を発揮して，株価上昇がもたらされるとしたら，株価上昇は他方では一般に好ましい増資環境を意味するわけだから，企業の発行活動も刺激されて発行は増大する。企業の株式発行は，やはりユニバーサルバンクとしてのドイツの銀行

が引き受けるわけであり，この場面でもドイツの銀行は強い利害関係をもつことになる。図 3-5 は，このような観点から，株価と発行活動の動きの関連をみようとしたものである。

かくして，90 年代について，投資会社による株式オプション取引の導入，それに支えられての現物株市場への投資増大，それによる株価上昇傾向の形成，そして株式発行の盛行という構図が描かれることになるが，この構図全体は，ドイツの銀行がいわば管轄・所掌する事柄なのであり，ユニバーサルバンクとしてのドイツの銀行の位置と能力ということも，この全体にわたるものとして捉えることができるのである。

## V 小　括

本章は，1990 年代のドイツの株式市場の活性化に関わるいくつかの新しい要因を拾い出そうとした。それは，つまるところ，投資会社・投資ファンドの活躍，そしてドイツ先物・オプション取引所の開設による株式オプション取引の開始ということであった。とりわけ，後者は，ドイツにおける証券信用システムの本格的復活を意味し，90 年代の株式市場をめぐる全体的構図のなかで最も注目されてよい。実際に，90 年代の株価上昇は，投資ファンドが投資家の資金を吸収し株式市場へ投入するということが大きな要因として摑まえられたが，そのことを可能にしたのが，株式オプション取引という株価変動リスクをヘッジする手段の導入なのであった。また，90 年代の株価上昇は，企業の発行活動を活発にもした。

そして，このような 90 年代の株式市場をめぐる構図全体のなかで，ユニバーサルバンクとしてのドイツの銀行は，この構図全体をいわば管轄・所掌するような位置にあったのである。この点に，ドイツの銀行の能力をみることができたのである。

ユニバーサルバンクの，全体を管轄するという能力については，例えばわが国でも，都市銀行大手が持株会社を形成し，その傘下に商業銀行，証券会社，投信会社，信託銀行等を配置するケースを考えるとき，実質はそのまま

当てはまってくるといえるだろう。ユニバーサルバンクの力と意義の増大は，種々の形態的違いを残しながらも各国の金融機関大手が等しく追求する道であろう。

ところで，90年代のドイツにおける上記のような構図は，99年からのEU共通通貨ユーロの導入とそれにともなう株式市場のヨーロッパ規模での統合という新局面を迎えて，今後どのような姿をとってゆくのだろうか。

最終的に15カ国すべての証券取引所によるヨーロッパ規模での株式市場統合が達成されたとき[24]，本章でみたような構図のなかで今後最も大きく変わってくる事柄は，ドイツの投資会社がもつ株価への影響力（浮動株投資の1/4を占めることによる）という点であろう。投資会社が株式オプション取引を利用しつつ現物株市場へと投資家を誘導し，そしてこの全体をユニバーサルバンクが管轄するという90年代のドイツでみられた構図は，今後もヨーロッパ規模で展開するとしても，投資会社・銀行がもっていた株価への影響力や，したがって株式発行への刺激という点での効果は大きく削減されるであろう。市場の拡大とともに，市場のプレーヤーとしての投資会社や銀行が，以前と同じ能力を発揮するためには，この拡大した市場に見合った新たな優勢的・寡占的な力をもつことを要請されるのは当然事である。

1） Deutsche Bundesbank (1991b), p. 21.
2） 「株式市場の変貌」についての具体的指摘は，以下の本文の数値も含めて，Deutsche Bundesbank (1991b), pp. 21-27 を参照。
3） ただし，このような株式ブームも国際的比較ではまだ劣位であり，90年末では，国内上場企業の株式の時価総額は西ドイツでGNPの25％，米では50％，英や日本では75％であった。ブンデスバンクはこの時点では，90年以降東ドイツでの投資機会利用のためドイツ企業の株式による資本調達が増えるだろうとみていた。*Report of the Deutsche Bundesbank for the Year 1990*, April 1991, p. 58.
4） Deutsche Bundesbank (1997a), pp. 27-29.
5） 端的にいえば，株主を重視するか利害関係者(stakeholder)を重視するか，という違いだという。Deutsche Bundesbank (1997a), p. 30.
6） Deutsche Bundesbank (1997a), pp. 31-36.
7） Deutsche Bundesbank (1997a), pp. 37-39.

8) 以下の投資会社・投資ファンドの概要は，Albers, Born, et al. (Hrsg.) (1988), S. 417, Deutsche Bundesbank (1994), pp. 49-61，相沢幸悦(1993)144-154ページ，日本証券経済研究所(1997)156-163ページによる。
9) 「リスク分散」は，例えば証券の場合，「同一発行者もしくはこれとコンツェルン的に結びついている企業の証券の取得は，ファンド総額の5％に制限される」ということによって確保される。Albers, Born, et al. (Hrsg.) (1988), S. 417.
10) なお，スペシャルファンドは，最初から，債券向けのファンドとして計画されたものであり，このため債券ファンドの比率が大きい。Deutsche Bundesbank (1994), p. 59.
11) *Deutsche Bundesbank Securities deposits Special Statistical Publication 9*, Aug. 1998, p. 32.
12) Deutsche Bundesbank (1994), p. 61.
13) Büschgen (1996), S. 265.
14) ユーレックス・ドイツ(DTB)の持株会社であるドイツ取引所 Deutsche Börse は，インターネットのホームページ(1998年10月)に次のように記している。「1998年秋には，スイス・デリバティブ市場であるユーレックス・チューリヒ(以前のSOFFEX)と公式に合併し，真のヨーロッパ先物・オプション市場を創り出す。新しいユーレックス取引所は，統合された電子取引システムで動き，統一的な取引方法や参加方式，そして共通の清算会社を用いる。ユーレックスは，米国のデリバティブ取引所であるシカゴ商品取引所と共同して，広範な欧米同盟を創り出し，両取引所のすべての参加者のために新たなグローバルな取引の可能性を開くべく計画している。(一部略)さらにユーレックスは，ヨーロッパレベルでは，ユーロ同盟という名称でフランス市場とも協力する。1998年1～7月までで，ユーレックス・ドイツとユーレックス・チューリヒは，およそ1億2900万コントラクトの売り上げを記録した。この営業規模は，ユーレックス統合デリバティブ市場が今やヨーロッパ最大の，そして世界でシカゴ商品取引所に次いで2番目のデリバティブ取引所であることを表している。」
15) Wilson (1993), p. 183. 相沢幸悦(1993)154-157ページ，日本証券経済研究所(1997)146-155ページを参照のこと。
16) *Report of the Deutsche Bundesbank for the Year 1990*, April 1991, p. 59, *Report of the Deutsche Bundesbank for the Year 1991*, April 1992, p. 58.
17) Wilson (1993), p. 184. DTBでは，例えば公認仲立ち人 Kursmakler のように需給をつなぐ者は必要なく，完全にコンピュータ化したシステムが注文を直接に関係づけて相場を決定する。ただしマーケットメーカーは，他の取引参加者の請求にもとづいて相場を立てる義務を負い，DTBはまず最初にこのマーケットメーカーと取引するのである。マーケットメーカーは，市場にとって必要な流動性を確保する者と期待されているのである。Franke (1990a), S. 64-66.
18) 1970年に導入された株式オプション取引は，主にフランクフルトで，部分的には

デュッセルドルフでも行われていたが、それは全く必要を充たすものではなく、競争力もなかった。DTB を競走馬としたら、それは耕作馬にたとえられるようなもので、国際的基準に欠け、よけいな基礎証券が多く、オプションの売り手は事実上支払い猶予を運命づけられ、また決済システムもなかった。Franke (1990a), S. 62.
19) Franke (1990a), S. 61-62.
20) 投資しようとする現物株の価格下落リスクをヘッジしようとするとき、いうまでもなく株式先物取引も有効である。しかし、先物取引の場合、現物取引と反対のポジションをとって現物取引と組み合わせるのであり、この場合、相場の動向にかかわらず、合成のポジションでは、基本的には損も出さないが益も出さないという性格をもつ。これに対しオプション取引の場合、本文でみるように、ビュシュゲンが挙げるプットオプションの買いによる現物株下落リスクのヘッジは、相場下落のときの現物の損をオプション取引による利益で埋めるというように損失を制限しつつ、他方で相場上昇のときの現物からの利益チャンスを併せて保持しておく、というものである。この点で、投資家のリスクヘッジ手段としては、オプション取引の方が先物取引より洗練されている、といえる。
21) 以下の事例について詳しくは、Büschgen (1996), S. 266-270 を参照のこと。
22) Albers, Born, et al. (Hrsg.) (1988), S. 417、日本証券経済研究所(1997) 156-159 ページ参照。
23) Deutsche Bundesbank (1994), p. 58.
24) これを目指す動きについては、しばしば報じられている(『日本経済新聞』1998 年 11 月 20 日、『日経金融新聞』1999 年 3 月 11 日参照)。ただし、その後、各国証券取引所間のシステム提携や証券取引所自体の合併をめぐり、2000 年 8 月現在まで紆余曲折を経ている。

# 第4章
## ユニバーサルバンクの証券関連業務

　ユニバーサルバンクが行う証券関連業務は種々ありうるが，金融・資本市場全体の構造やシステムのなかで重要な位置をもつものとして，証券信用と証券引受・発行業務を挙げることができる。これらの業務あるいは活動は，これを行う銀行自身に，市場や企業に対する大きな影響力・支配力をもたらすのである。このような視点から，本書の第1章以降で，証券信用業務や株式オプション取引に焦点が当てられ，そして株式引受・発行活動に触れられてきたのである。

　本章では，これら2つの証券関連業務について，改めて整理を施し，その内容がどのような拡がりと本質をもつのか総括しておくことが課題となる。まず，証券信用から取りあげる。

## I　証券信用

### 1　証券信用のシステム

　ドイツの銀行の証券信用業務は，ルポール・ロンバート貸付とよばれるものであった。これは，1931年に証券定期取引の禁止とともに終わりを迎えることとなるが，第1次大戦前および1920年代のドイツ経済の復興期には，第1章・第2章でみたごとく，大いにその機能を発揮した。

　このルポール・ロンバート貸付という証券信用業務の働きは，再度摘記し

ておくと次のことだった。すなわち，この貸付は，株式定期取引における投機の清算・決済の繰延べを可能にするものであり，したがって不確かな思惑をもったまま投機が市場参加することを容易にし，この点で投機の市場参加を支持し，鼓舞する働きをもつということ。そして，投機の市場参加が促されると，市場での株式需給が増幅され，株価も一般に上昇傾向をもたらされるということであった。

このようにして，ドイツの銀行のルポール・ロンバート貸付は，株価の動向に対して，時には支配的ともいいうるほどの大きな影響力をもつものであった。ドイツの銀行の証券信用業務は，1930年代以前に，このような意義を十分に発揮したのである。

ところで，上のような証券信用が供給される場である定期取引それ自体もまた，証券信用のシステムとみることができる。

ルポール・ロンバート貸付が供給された1930年代以前のドイツの定期取引は次のようなものだった。それは，月末取引とよばれ，証券の買い手と売り手は取引の決済を月末の清算期日に行うのであり，それまでは相互に現金支払いと証券引渡しを猶予しあうのである。このような取引では，取引当事者が相互に信用を与えあっている，とみることができるのである。取引当事者は，この取引において，証券買入れのための資金や売渡しのための証券を全額あらかじめ用意する必要はないのである。そしてまた，この取引の決済は，通常，清算期日以前に思惑どおりの相場が到来したときに反対取引を行い，清算期日に買いと売りを相殺し売買差益を取得する，というように行われる。このようにして，定期取引は，取引当事者相互が信用を与えあい，そして決済を反対取引との清算により行うという証券信用システムなのであり，ここにおいてすでに，投機の市場参加が容易となるように道がつけられているのである。かくして，証券信用とは，それを担う銀行業務を指すばかりでなく，定期取引という証券取引の方法そのものも包括したものとして捉えうるのである[1]。

既述のルポール・ロンバート貸付という銀行の証券信用業務は，上記のような定期取引に対し外部から信用供給を行って清算期日を実質的に延期する

働きをもつのであり，定期取引という証券信用システムにさらにその機能の拡張をもたらす，というように整理することができるだろう。

さて，証券信用は，上述のように，取引に対して外部から信用が供給される場合と取引そのものが信用関係を内部に包摂している場合に分かれる。証券信用ないし証券金融についてのこのような分類は，ドイツの場合ばかりでなく一般的に妥当する。そこで次に，証券信用のこのような把握を確かなものとするために，ドイツ以外の国の事例として日本と米国のケースを追っておくことにする。

### 2　日本・米国の証券信用
#### (1)　日　　本

日本における証券信用の制度は，取引当事者が相互に信用を与えあう清算取引として発展した[2]。このような清算取引は，短期清算取引と長期清算取引とに分かれていた。短期清算取引は，1922年から制度的に認められ，昭和期に入って盛んとなってゆく。昭和2年から16年までの15年間(1927-41年)では，全国の株式取引所の売買合計額の76.5％をこの短期清算取引が占めていたという。この時期，短期清算取引が株式取引の大宗であった。

短期清算取引とは，7日以内の期限をもって履行期とする取引であるが，実際には翌日決済が行われていた。しかし，決済は，1カ月を限度として繰り延べることができ，そしてそれは転売・買戻しによる差金決済が可能であった。

ところで，このような決済の繰延べは，通常，買い方と売り方の間でその株数は一致しない。そこで，第3者が介在して決済分と繰延べ分における過不足を調整したのであった。具体的には，次のような仕組みであった。

例えば，1万株の買い方が，受渡しを1000株，繰延べを9000株というように希望しているとする。他方，売り方は，受渡しを3000株，繰延べを7000株というように希望する。通常，このように不均衡が生じるが，それを埋め合わせるために，代行機関(東株代行株式会社，大株代行株式会社)は，買い方の不足分である2000株を代行して引き取るのである。そして同時に，

表 4-1 短期清算取引における決済繰延べの調整

| 買 い 方 | | 売 り 方 | |
|---|---|---|---|
| 繰延べ | 9,000 株 | 繰延べ | 7,000 株 |
| 受渡し | 1,000 株 | 受渡し | 3,000 株 |
| 代行機関受渡し | 2,000 株 | 代行機関繰延べ | 2,000 株 |
| 計 | 12,000 株 | 計 | 12,000 株 |

(出所) 向井鹿松(1934)183-189ページによる。

この代行機関は，この2000株の売りを行うのだが，その受渡しを繰り延べるわけである。結果は，表4-1のようになり，決済と繰延べの株数の不均衡は埋め合わされるのである。

短期清算取引は，このようにして繰り延べられ，実質的には1カ月の期間をもつ清算取引として投機に活動の場を与えるものとなった。なお，一般的に，この取引では，買い方の繰延べ希望の方が売り方のそれよりも多いのが常態であった。そのため，代行機関の資金不足が生じることになるが，その場合には，代行機関は金融業者へ依存することとなった。

以上のようにして，短期清算取引では，代行機関の介在が投機の決済繰延べを援護していたのであり，投機の活動を支えていたのである。この点は，先にみたドイツの銀行が，投機に対して外部から信用を供与して関わるという事態と，形式的には類似していた。

日本における清算取引のもう一方をなすのは，長期清算取引であった。この制度は，当月末日を受渡期日とする当限，翌月末日を受渡期日とする中限，翌々月末日を受渡期日とする先限という3つの取引が並行して行われる3カ月3限月制であった(1925年から29年までは2カ月3限月制)。決済の方法は，受渡期日以前に反対売買(転売，買戻し)を行って売買損益を取引所との間で授受する差金決済か，もしくは，受渡期日に現物によってなす方法があったが，主流は前者であった。

なお，この長期清算取引には，早受渡制度というものが存在した。それは，売り方が受渡期日以前に株式を取引所に差し出し，それに対して取引所が受渡期日の翌日を支払日とする約束手形を振り出し，売り方がこれを受け取る，というものであった(早渡し)。そして，この手形を得た売り方は，銀行でそ

れを割り引いてもらい株式売却代金を入手するのである。他方で，買い方が受渡期日以前に買付代金を提供すれば，取引所は，「早渡し」で保管している株数の範囲で現株を引き渡すのである(早受け)。このように早受渡制度は，当初の受渡期日までの期間を短期化するものであり，長期清算取引を実物取引に近づけるものであった，といえよう。

ところで，この早受渡制度では，上記のように，売り方が株式売却代金を入手する際に銀行の信用(手形割引)が介在することとなる。この点，清算取引の制度に外部から信用が加えられるということになるが，しかしこの場合，投機に対して株の買付代金や売付株が貸し出されるわけではなく，また，相場が不利に動いているときに投機を続行せしめる，というような関わり方をするのでもない。したがって，早受渡制度に関わる銀行信用は，清算取引に対して外部から関わる信用であるとしても，先にみたドイツの銀行の証券信用とは大きく異なるし，また，前述の日本の短期清算取引における繰延べシステムの，投機を援護するという証券信用の態様とも異なるものであった。それは単に，取引当事者に対して，受渡期日を実質的に早めるものにすぎなかった。かくして，長期清算取引における証券信用は，取引当事者が相互に信用を与えあうという清算取引制度それ自体のなかにのみ見出される。

日本における証券信用は，以上でみてきたように，短期および長期の清算取引の制度として展開した。このような証券信用のシステムは，まず，それ自体が投機の制度なのであった。そして，さらに，短期清算取引においては繰延べのための代行機関の介在がみられたが，ここには，投機取引の外部に位置してそれを支えるという証券信用のもう1つの形が見出されるのである。

(2) 米　　国

米国における証券信用は，証券業者が顧客に与える信用と，銀行等が証券業者へ与える信用が結びついて展開した。前者の信用供与は証拠金取引 margin trading を成り立たせるものであり，後者の信用はブローカーズ・ローンであった[3]。

証拠金取引は，顧客が証券業者から買付代金を借りて買付を行う証拠金買付と，反対に，顧客が証券業者から売付証券を借りて売付を行う空売りとい

う2つの取引を含む。

　これらの取引は，具体的には次のようなものであった。証拠金買付の場合，証券業者は，買付を行う顧客に一定額の証拠金を預託させ，証券価格（買付価格）と証拠金の差額を貸し付けて証券を購入させるのである。そして，買い付けられた証券は証券業者へ担保として差し出される。空売りの場合，証券業者は，売付を行う顧客に，やはり一定額の証拠金を預託させ，証券を貸し付けてそれを売却させるのである。そして，証券の売却代金が証券業者に担保として差し出されるのである。

　このような証拠金取引は，取引所での決済については実物取引と同じである。ただ，顧客と証券業者との間で貸借関係が形成されるのである。さて，上記のような取引の後，証拠金買付を行った顧客は，反対取引である売りを行い，その売却代金で証券業者からの借入れを返済する。空売りを行った顧客は，反対取引である買いを行い，その買付証券で，証券業者から借り入れた証券を返済するのである。このようにして顧客と証券業者の貸借関係は終了し，顧客の手許には，これらの取引から生じた証券の売買差損益が残るのである。証拠金取引とは，かくして，顧客に，彼が買付資金や売付証券を十分保有していなくとも売買差益獲得を目指した取引を行わしめるものであり，したがってそれは，投機に活動の場を提供するものであった，といえる。

　証拠金取引とは以上のようなものであったが，実際には，この取引の大部分は証拠金買付であり，空売りの方はわずかであった。また，証拠金取引の規模が最も大きかったのは1929年であり，ニューヨーク株式取引所では，証券業者と取引する顧客の40％が証拠金顧客であった。なお，証拠金の比率は，第1次大戦前ではおよそ10％，1920年代では20％ほどであった。

　さて，上にみたような証拠金取引・買付は，他方で，証券業者に対する銀行等の貸付，すなわち，ブローカーズ・ローンによって支えられていた。証券業者は，証拠金買付を行う顧客に対して，自己の資金や他の顧客の貸越残高を用いて貸付を行うが，それで賄いきれない場合は，ブローカーズ・ローンに頼ることになるのである。ニューヨーク株式取引所会員によるこのローンの取入れが最大規模を示したのは，1929年10月1日であり，その額は85

億4900万ドルに達した。この額は，当日の上場株式時価総額の9.8％に相当した。

このようにして，米国では，証拠金取引とそれを支えるブローカーズ・ローンが証券信用のシステムなのであり，それは，取引当事者に対して，取引の外部から信用を与える形をとるものであった[4]。

以上では，ドイツ以外のケースとして，日本，米国における証券信用について，その仕組みの概要を追った。それは，それ自体が投機取引の制度であったり，また，投機取引の外部から信用を与えて投機を支える，という制度であった。証券信用は，かくして，このような視点からみたとき内部信用と外部信用というように分けられる。「内部信用は，投機取引過程そのもののうちに信用過程が包摂されている形態であり，外部信用は，投機取引過程の外部にそれに接触して信用過程があるという形態である」[5]ということになる。

### 3　証券信用の意義

証券信用は，投機取引の内部に包摂されたり，外部に位置して投機取引を支えるという形態をもつものであった。証券信用をこのように捉えるとき，現代の証券先物・オプション取引もまた，すでにみた定期取引や清算取引の延長上にあるものとして，証券信用システムのなかに位置づけられる。例えば，株式先物取引は，当然ながら，既述の定期取引や清算取引と同様に決済を後日行うものである。なお，この決済が，反対取引による差金決済という形をとるのは，現代の株式先物取引が主に株価指数先物取引（実際に受け渡すことのできない株価指数の売買）という形態をとる限り，必然である。このようにして現代の株式先物取引は，やはりその内部に取引当事者の信用供与を包摂し，取引それ自体の性格についてみれば投機の活動の場をなす，といえるだろう。

また，株式オプション取引も，機能の面からみれば，このような先物取引と原理的には同じといってよい。この取引は，原資産・基礎証券の売買において能動的立場にあるオプションの買い手の側に即してみれば，相場が思惑

どおりに動いたときにオプションの権利行使によって，権利行使価格と実際の相場価格の差を取得することを可能にするのである。オプション取引は，オプションの権利放棄も可能だという一事を除けば，結局上記の先物取引と同様に，取引当事者に決済までの内部信用を利用せしめ，そして差金決済によって価格差を掬わせる，という機能をもつのである。

さて，以上のようにして，証券信用のシステムとは，銀行等の証券信用業務，定期取引や清算取引という投機取引の制度，そして現代の証券先物・オプション取引を包括するものである。そして，これらの役割は，証券投機の市場参加を支え，促すということ，もしくはそれ自体が投機の制度である，という点に見出された。

このような証券信用のシステムは，一面では，これによって投機という不安定で無秩序な動きに市場を晒すことになる，という点からみればネガティブなものとして評価される。しかしながら，他方では，投機を市場に導入し，取引を活発にさせて株価動向へも大きな影響を与えるという働きももつのであった。このことは，前章まで，ドイツの実態に即して詳しくみてきた。すなわち，銀行の証券信用業務が，株式定期取引への投機の参加を支持し，需給を増幅させて株価動向へ支配的ともいいうるほどの影響を及ぼしたのである。また，現代の株式オプション取引は，投機の市場参加を促すという面ばかりではなく，現物株投資の価格下落リスクをヘッジするという機能によって，投資を現物株市場へと導き，そしてやはり株価動向に影響を及ぼしえる，というものであった。

このようにみれば，証券信用のシステムは，上記のようなネガティブな面をもつことは否定できないとしても，他方で市場や株価動向へ大きな影響力を発揮し，そしてその影響力の強さ如何によっては，市場や株価の動向を意図的に規制・管理さえしうる，ということなのである。証券信用のポジティブな面が，この点に見出されるのである。

一般に，株式市場が無秩序で容認できない暴走をみせたとき，これを規制し，管理する手段は，通常，市場の外部からの直接的な公的介入（法的規制・管理，公的資金による介入等）ということになる。このような市場の外

部からの直接的な介入の場合と比べると，上述のような証券信用システムによる市場への影響力行使は，いわば市場に内部化された仕組みによるものということができるのであり，この点で，より洗練されたものとみることができる。しかし，それだけに，外部からの直接的介入ほどの裁量性はなく，市場に対するコントロールの機能も弱いといえる。証券信用は，このような特徴をもって，市場や株価の動向へその影響力を及ぼすのである[6]。

なお，以上のような意義を有する証券信用システムに，ユニバーサルバンクが実際にどのように関わり，これをどのように利用するか，ということについては，前章までで追われたが，ルポール・ロンバート貸付のごとく銀行が自身で信用を供与するケースや，そして自らの子会社である投資会社を通じて株式オプション取引という証券信用システムを顧客に利用させる，というケースがみられたのである。

## II 株式引受・発行業務

銀行による産業株の引受・発行業務は，未売却分を自ら引き受けねばならないという点で，いわば大きな流動性リスクをともなう。しかし他面で，このことがもたらす銀行の産業株保有は，当該産業企業に対する大きな影響力を銀行にもたらすことにもなる。銀行による産業支配という論点である。株式引受・発行業務がもつこのような内容は，いわば自明であり，これ以上立ち入らない。

ここでは，この業務・活動の本質理解について整理を行いつつ，証券関連業務としてのその独自的位置を摑まえようとする。この業務・活動は，ドイツでは19世紀末葉にクローズアップされてくることになるが，問題は，ドイツの銀行のこの業務・活動が当該企業への長期信用と結びついて展開した事態をどのように理解するか，ということに関わる。問題を極端な形で述べると，株式引受・発行業務を銀行の長期信用の一環として捉えるか，それとも，それとは区別される証券関連業務として把握するか，ということになる。ここでは，このような問題を考察し，株式引受・発行業務の本質を明らかに

しようというのである。

ドイツの銀行の株式引受・発行業務のいわばプロトタイプをめぐっては，わが国においてすでに多くの研究が蓄積されてきた[7]。また，近年の金融自由化を背景として，この業務・活動の一般的な性格づけに関して新たな検討も加えられている[8]。以下，これらの研究を踏まえながら，この業務・活動の本質を検討するが，まず，1880年代以降のドイツの銀行の，この問題に関わる業態から追ってゆく。

### 1　19世紀末葉のベルリン大銀行と地方銀行

1880年代におけるドイツの銀行は，業態上からは2つの銀行群に分けることができ，それぞれの特徴を際立たせていた。すなわち，外債等を中心とした証券の発行業務に力点を置くベルリン大銀行と，産業に対する交互計算信用を拡大していた地方銀行という2つの類型の存在である。この時期，ベルリン大銀行は，産業，例えば地方の炭鉄産業とは深い関係をもたず，他方で地方銀行が，交互計算業務を通じて対産業設備信用を拡大し，産業との密接な結びつきを示していた。なお，このような，業態上からみての，ベルリン大銀行と地方銀行という2つの銀行群についての指摘は，従来の研究にほぼ共通している[9]。

1880年代後半からは銀行集中が展開する。とりわけ，90年代後半以降の集中は，ベルリン大銀行による地方銀行の集中・系列化を主たる内容としていた。そして，その形態としては利益協同体 Interessengemeinschaft の形成が主要であり，それは吸収・合併 Fusion とは区別されるものであった[10]。

この時期，すなわち90年代後半以降，ベルリン取引所では産業株の取引が増大し，ベルリン大銀行は産業株の引受・発行に強い利害関係をもつようになった。そして，産業株の引受・発行をなすためには当該産業企業の状況について熟知する必要があり，このためベルリン大銀行は，当時すでに産業企業，とりわけルール地方等の炭鉄企業と交互計算業務を通じて密接な関係を有していた地方銀行と結びつくことが必要となった。ベルリン大銀行の側

における集中要因である。

　他方で地方銀行の方は，塚本健氏の分析によれば，1895-1900年の好況期にはなお手形業務，交互計算業務を拡大しつつベルリン大銀行とは相対的に独立して発展を遂げていた。しかしながら，1901年以降の不況期に入ると，地方銀行は，好況期に拡大した交互計算信用を流動化・回収するために当該企業の証券発行を推進する必要に迫られてくる。だが，資本力で大銀行に劣り，ベルリン取引所からも離れている地方銀行にとっては，独力では発行活動を行いえず，そのためベルリン大銀行の系列下に入って大銀行の主導による発行活動に頼る以外に道はなかった。地方銀行の側における集中(ベルリン大銀行による系列化)要因である。

　以上のような，1890年代後半以降の銀行集中における大銀行と地方銀行のそれぞれの側の要因についての把握も，塚本氏に限らず他の研究にほぼ共通している[11]。

　だが，この銀行集中がもたらしたその結果，意義についての総括的把握は，必ずしもどの研究も同じというわけではなく，アクセントに若干の違いがみられる。

　例えば，ベルリン大銀行による地方銀行の集中・系列化は，大銀行自体の対産業交互計算信用の拡大をもたらし，そして自ら主導する発行活動を通じてこの信用固定を流動化した，とする見地がある[12]。この見地と同じものとして，銀行集中によって大銀行は「設備信用の授与と発行活動という2つの契機」を統合させつつ産業との密接な関係を深化させていった，という把握がある[13]。これらは，いずれも，大銀行による地方銀行の集中・系列化を，地方銀行の実質的吸収・支店化として捉え，地方銀行の対産業交互計算信用を大銀行自身のものとして引き取った，という理解になろう。

　このような理解とは若干異なって，銀行集中の結果，地方銀行にとっては大銀行の組織する証券引受シンジケートへの参加が可能となり，地方銀行自らがある程度の引受・発行活動を行って信用固定を流動化しえた，という把握がある[14]。しかし，この場合も，やはり，大銀行が地方銀行を集中することによって「証券業務と交互計算業務を有機的に結合」し信用固定を流動

化する，という事態が大銀行サイドに収斂されて捉えられてゆくことになる[15]。

　上のような見地とは異なって，銀行集中以後においても地方銀行の対産業長期信用の独自性を重視することになる分析がある。塚本氏は，1895-1904年の景気循環においては，「好況期に地方銀行が交互計算信用を拡大して設備拡張資金を供給し，それが固定化し不況局面に入ったときにはベルリン大銀行を主導者とする共同引受団が株式・社債の引受発行を行ない，固定した債務を流動化する関係」であった，と説く[16]。この分析からは，銀行集中が進展しても，地方銀行の対産業信用は大銀行自体の業務として引き取られたわけではなく，なお地方銀行が自らの業務として展開していた，という構造が浮かび上がってくる。

　このように，産業に対する交互計算信用の供与は依然として主に地方銀行によって担われていた，という構造は，戸原四郎氏の分析からもまた窺い知れる。戸原氏は，1890-1904年の銀行のバランスシート分析で，当座貸越は地方銀行で相対的に大きく，他面で証券保有高は大銀行でとくに大きかったことを示している。また，交互計算業務からの収益は，大銀行では収益全体の1/3を，ルール地方の銀行では2/3を占めていた，と推定している[17]。結局，銀行集中が進展しても，産業に対する交互計算信用の主要な担い手は依然として地方銀行であった，というようにみることができるのである。

### 2　「資本信用」と株式引受・発行

　さて，以上のような整理を踏まえて，改めて，長期信用と株式引受・発行による銀行と産業企業との関係を総括しておくと図4-1のようになり，そのプロセスは次のようになる。

　①取引地方銀行による対産業交互計算信用の拡大と長期化（$G_1$）。なお，ベルリン大銀行の対産業交互計算信用供与は相対的に低い。②当該産業企業はその後に増資する。この新株は，ベルリン大銀行主導の引受シンジケートによって引受・発行される（$G_2$, $A_k$）。③企業はこの株式発行による手取り資金 $G_2$ で信用 $G_1$ を返済する（$G_3$）。④ベルリン大銀行を中心とするシンジ

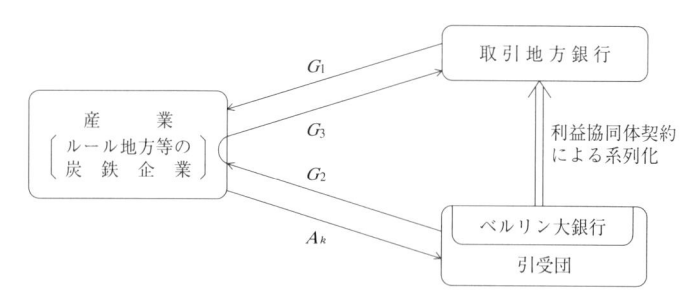

```
                          取 引 地 方 銀 行
              G₁ ↗      ↑
  産   業          G₃       利益協同体契約
 ⎡ルール地方等の⎤  ──      による系列化
 ⎣ 炭 鉄 企 業 ⎦   G₂       
              ↘       ベルリン大銀行
              Aₖ       引　受　団
```

図 4-1 銀行と産業企業の資金的関係

ケートメンバーは，引き受けた株の一部を売却し，一部を半ば永続的に保有する，という事態となる。

　事態の成り行きが以上のようなものだとすると，ここからは少なくとも次のことをいいうるであろう。対産業「資本信用」供与の主要な担い手は地方銀行であり，したがって信用固定という問題は主として地方銀行の側に生じていた，ということ。そして，企業の増資が大銀行主導の引受シンジケートの引受・発行活動によって達成され，そのことによって，上記の信用固定が流動化されたこと，つまり，企業の増資によって地方銀行への信用返済が可能とされた，ということ。すなわち，地方銀行の「資本信用」固定が，主として大銀行の引受・発行活動の介在によって流動化・解消された，という事態である。いわゆる「資本信用」固定→発行活動による流動化という構図は，大銀行の介在という条件を入れて，地方銀行に即した場合に当てはまる，といえるのである。

　しかしながら他面で，大銀行に即してみた場合，大銀行自身が「固定資本信用」を供与し，そして当該企業の増資の引受・発行を行い，その資金をもって自行への信用返済を行わせる，というのではなかった。大銀行自身にとっては，産業株の引受と払い込み，そしてその株の一部所有と一部売却という事態がすべてであった，といえよう。大銀行の側ではこのような事態であったとすると，大銀行による産業株の引受・発行活動は，大銀行の信用回収の手立てとして，つまり，返済が長期化するという意味でそれ自体では信用

として完結することが困難な「資本信用」を，信用たらしめるものとして位置づく，というわけにはいかないであろう。株式引受・発行業務は，かくして，信用ということからは区別して，自立した証券業務として明確な位置が与えられるべきなのである[18]。

以上で検討してきたことの結論は，上に述べたように，銀行の株式引受・発行業務は自立した証券業務である，ということにつきる。このことを強調するのは，ドイツの銀行と産業の資金的関係を捉える際，長期信用と株式引受・発行が結びついていた点に着目し，この関係を「『資本信用』固定→株式発行活動による流動化」というシェーマで押さえ，結局は，銀行の株式引受・発行業務が「資本信用」に包摂されて理解されることになり，この業務の証券業務としての自立性を主張しえなくなっている，と考えられたからである[19]。

繰り返しになるが，私見では，銀行の株式引受・発行業務は自立した証券業務であり，これがいかに「資本信用」・長期信用と結びついていたにしても，この業務・活動による資金供給は信用ということからはまずは区別して捉えるべき，というのである[20]。

## Ⅲ 小　括

本章では，2つの証券関連業務がそれぞれどのような拡がりと本質をもつか，ということを総括しておくことが目的であった。株式引受・発行業務の本質については，従来の研究から浮かび上がってくる論点を踏まえて検討を進めると，この業務・活動は自立した証券業務である，ということを強調することとなった。このような結論それ自体については，異論は生じないと思われるが，しかし他方で，このことと関わって，「資本信用」・長期信用をどのように規定するかということが，依然，一般的に問題として残っているといえる。

株式引受・発行という銀行の業務・活動は，信用ということからは区別された，自立した証券業務であるというのであるが，他方で，証券信用につい

ては，このような問題はどのように考えられるべきか。

　証券信用は，銀行等の証券信用業務，定期取引や清算取引という制度，そして現代の証券先物・オプション取引を包括するものであった。このような証券信用システムは，個々にみれば，そのなかには銀行の信用業務が含まれていても[21]，全体として，投機や投資を市場へ導いて株価動向へ影響を及ぼすというその働きに着目したとき，これを証券関連業務として総括するのが妥当と思われるのである。


1) 証券信用をこのように包括的に捉え，後にみるように「内部信用」，「外部信用」として把握する研究として，浜田博男(1978)，川合一郎(1981)第3章，田坂元(1984)第6章を参照のこと。
2) 以下の日本の証券信用については，次の文献によった。参照のこと。向井鹿松(1934)第6章，志村嘉一(1969)第6章，日本証券経済研究所(編，1971)559ページ以下，有沢広巳(監修，1978)81-85ページ，浜田博男(1978)，住ノ江佐一郎(1979)第8章，川合一郎(1981)第3章，日本証券経済研究所(編，1981)394ページ以下，田坂元(1984)第6章。
3) 以下の米国の証券信用については，次の文献によった。参照のこと。Leffler (1951), Chap. 16, 17, 18, 小竹豊治監訳(1956)第16，17，18章，Bogen, Krooss (1960), Chap. 1, 3, 6, 7, 日本証券経済研究所訳(1965)第1，3，6，7章，日本証券経済研究所(編，1971)559ページ以下，日本証券経済研究所(1995)第14章。
4) 現在の日本における株式の信用取引も，米国のこの証券信用システムと類似のものである。株式の信用取引とは，周知のように，株の売買を行う顧客に対して証券会社が株の買付資金または売付株券を貸し付けて行わしめる取引である。顧客は一定の委託保証金を所持するだけで取引することができる制度なのである。そして，貸し付けられた資金や株の返済は，反対売買(転売・買戻し)によって行われる。信用取引について詳しくは，東京証券取引所調査部(編，1976)152ページ以下，鈴木芳徳(1979)151ページ以下，大蔵省証券局総務課長　林正和(編，1993)178ページ以下，264ページ以下を参照せよ。
5) 田坂元(1984)186ページ。なお，投機信用，内部信用，外部信用という規定については，ほかに，浜田博男(1978)，川合一郎(1981)第3章も参照せよ。
6) 要するに，証券信用システムは，市場を適切に管理する「道具」たりうる，ということである。しかし実際には，そのように活用されることは難しい。例えば，ルポール・ロンバート貸付は，第1次大戦前において，大きな力を発揮したにしても，それはもっぱら，この信用を供給する大銀行の個別的利害のための相場支配を目的とす

98　第1部　証券関連業務・活動の展開

るものであった。この点については，Hilferding (1955), Kap. 8, 林要訳(1961)第8章を参照せよ。また，ドイツの定期取引や日本の清算取引は，それ自体が投機の活動の場であり，これによって投機取引の分だけ需給の増大がもたらされるとしても，相場の適切な維持・管理ということからは程遠いものである。なお，相場への影響力行使の態様の成熟度という観点からこれらの証券信用システムを眺めると，定期取引や清算取引は最もプリミティブなものといえるし，その次にルポール・ロンバート貸付のような外部からの証券信用が位置づき，そして最後に，現代の株式先物・オプション取引が位置づく。現代の株式先物取引やオプション取引(の基礎証券の売買)は，主に指数取引という形をとり，その市場は現物市場とは別途に設定されているが，この点は，上記の定期取引や清算取引において投機の活動が現物相場へ直接に影響を与える場合と異なってくる。

7) 代表的なものだけを挙げれば，次のものがある。大野英二(1956)，長坂聰(1961)，戸原四郎(1963)，塚本健(1964b)。さらに，これらの研究が依拠してもいる Jeidels (1905) が長坂聰氏によって翻訳されている。

8) 熊野剛雄(1986)，(1987a)，(1987b) や坂本正(1997)等がある。なお，この両者の見解については，注19)を参照のこと。

9) 大野英二(1956) 50ページ，長坂聰(1961) 129-133ページ，戸原四郎(1963) 314ページ，塚本健(1964b) 449-450ページ，469ページ参照。

10) ベルリン大銀行による地方銀行の集中・系列化が利益協同体の形成という形態をとったことは，注7)で挙げた諸研究のなかで共通に指摘されている。しかし，この形態は合併とは異なる，という点がもっと強調されるべきと思われる。この点は後の論点と関わる。なお，M. ポールによれば，ベルリン大銀行による地方銀行の完全な引取り，支店化は，1914年以降における集中の特徴であった。Pohl (1982b), S. 272.

11) 長坂聰(1961) 145ページ，148ページ，戸原四郎(1963) 333-334ページ，塚本健(1964b) 469ページ，472-473ページ参照。

12) 大野英二(1956) 50-57ページ。

13) 長坂聰(1961) 140ページ。

14) 戸原四郎(1963) 332ページ。

15) 戸原四郎(1963) 365ページ。

16) 塚本健(1964b) 474ページ。

17) 戸原四郎(1963) 323ページ，326ページ。

18) このような把握は，対産業「資本信用」の主要な担い手であった地方銀行が大銀行によって集中・系列化されたとしても，地方銀行はなお独立した存在である，という面を重視した場合に可能となろう。他方，利益協同体契約にもとづく地方銀行系列化を，形式的にはともかく，実質的には大銀行による地方銀行の吸収・支店化と捉えるならば，その場合は，大銀行の対産業「固定資本信用」供与→産業株の引受・発行による信用流動化という周知の構図が成り立つ。しかしその場合，この「資本信用」は，流動化・回収のための発行活動を事後に欠いては信用としては成り立たないとい

うことにもなり，そのような「資本信用」を信用としていかに捉えるかが問題となってくる。この点に関して注19)を参照のこと。

19)「資本信用」・長期信用を株式引受・発行と結びつけて捉える見地には，本文で述べた見地とは反対に，「資本信用」・長期信用の方を株式引受・発行に引き寄せて，これをむしろ証券業務に括って捉える見地がある(熊野剛雄[1986]，[1987a]，[1987b])。この場合，株式引受・発行業務の証券業務としてのその位置は確かであるが，他面で「資本信用」・長期信用の信用からの区別性が浮き上がってくるのであり，「資本信用」・長期信用の規定性が問題となる。他方，同じく「資本信用」・長期信用を証券引受・発行という流動化機構と結びつけ，これを前提するものと捉えながら，したがって「資本信用」・長期信用を証券引受・発行業務に引き寄せて捉えながら，他面でなおこれを「銀行信用の領域拡大」として把握しようとする見地がある(坂本正[1997]第Ⅱ部)。この見地では，「資本信用」・長期信用のいわば両義性が示されることになる。

20) このような私見は，理論的に，「資本信用」・長期信用を株式引受・発行から切断して捉えることを意味する。この場合，一方では，「資本信用」・長期信用をどのようにして信用といいうるか，ということが問われてくることになる。この点に関し，川合一郎氏は，貸付取引について，それは，「元本の返済についての金額，期日は確約され，収益についても利子の大きさが契約によって確約される」ことを，すなわち「元本保証，確定日払，確定利付という契約」を不可欠なものとする，と規定する。「無政府性したがって変動を本質とする市場でおこる一切の危険から自分だけは免れて，ただ所有そのことによって貨幣を増殖しよう」とする貸付者にとっては，上の契約は不可欠だとするのである。もちろん，これらの契約があっても，相手が破産すれば回収は事実上できなくなるが，それでも，返済の「請求の権利だけは留保することができる」のであり，「市場の危険と自分との間には責任を負うものを介在」させ，「契約によって市場の危険との間に一線を劃しえている」と説く(川合一郎[1981]43-45ページ)。私見では，「資本信用」・長期信用による資金供給の本質を，この川合説のようにして信用といいうる，と考えるのである。この場合の信用は，株式引受・発行による資金供給，したがって株式擬制資本への資金投下とは，上記の点で本質的に区別されることになる。なお，「資本信用」・長期信用の「信用たる所以」を上記のように押さえておくと，「資本信用」・長期信用は，銀行の債券投資ということと容易につながってくる。債券をとおした資金供給は，株式をとおしたそれと異なり，上記の3つの契約を通常は備えているからである。債券と株式は，同類の証券形態として，擬制資本のとる形態として一括りで理解されることが多いが，私見では，この両者の区別を強調することになる。この点の詳しい検討は他の機会に譲るが，債券擬制資本のこのような性格を基本的に重視する見地は，村岡俊三氏にみられる(村岡俊三[1998]第3章)。

21) ルポール・ロンバート貸付がこれに当てはまる。この貸付は，実体としては，主に1カ月の短期信用であり，前注で記した貸付取引の3つの契約を備えている。ただ

し，ルポール貸付の場合は，第1章でみたごとく，株式の買取りという形式をとるのであり，このこと等を考慮すると，その性格もやや灰色を帯びてくる。

# 第 2 部
マルク建て決済システムの拡張

# 第5章
# 銀行集中と国内支店網・決済網の拡充
――1920年代を中心に――

　ドイツの大銀行は，第1次大戦後，とりわけ1920年代に，集中運動を活発に展開して地方へと拡がる支店網を構築し，支店制大銀行としての実を備える。これによって預金・貸出の充実が図られたとすると，この集中は，自行の振替・決済網を地方へと拡げ，そのネットワークのなかに顧客を捉え，そのネットワークを用いて決済を処理する，という点にその重要課題があったとすることができる。銀行は，このような決済の網の目を充実させることによって，信用創造・預金創造をよりよくなしえ，商業銀行機能を十分に発揮する，ということができるのである。

　本章は，このような視点から，ドイツの大銀行が充実した支店網を築きあげた1920年代の銀行集中に焦点を当てる。そして，この集中運動の基本的要因を分析する。ただし，この20年代の集中の特質を際立たせるために，比較する意味で，まず，第1次大戦前の銀行集中の概要と意義を明らかにすることから始める。また，最後に，29年の銀行の大型合併についてもその特徴を追い，これが同じ20年代の銀行集中に括られるにしても，上記のような意味をもつ支店拡張を目指した28年までの銀行集中とはかなり趣を異にしていた点を明らかにする。

## I 第1次大戦前の銀行集中の概要

第1次大戦前のドイツの銀行集中が問題とされる場合，通常，1880年代以降のそれが主に取りあげられる[1]。この時期の銀行集中の要因については，すでに，第4章で追った。その要点を記すと，次のようになる。

1880年代，ドイツの銀行は，業態上2つの類型に分けることができる。外債等の発行に力点を置いていたベルリン大銀行と，対産業信用を拡大していた地方銀行という区分である[2]。80年代後半以降，この2つの銀行群の間で銀行集中が展開してゆくが，とりわけ90年代後半からの集中は，ベルリン大銀行による地方銀行の系列化を主内容としつつ，その形態は吸収・合併 Fusion ではなく，前者による後者への資本参加を通じた利益協同体 Interessengemeinschaft の形成であった[3]。

このように両者が結びついていった理由は次のことであった。すなわち，ベルリン大銀行の側では，炭鉄等の産業株の発行引受に強い利害関係をもちはじめ，当該産業企業とすでに密接な関係を築いていた地方銀行と結びつく必要性が増大したということ。他方で，地方銀行の側は，不況期に入って，それまでの対産業信用を流動化するための当該企業株発行を促す必要に迫られ，そのためにベルリン大銀行の発行活動に頼ることになってゆく，ということ。このようにして，両銀行群の間に，集中・系列化の要因が醸成されていったのである[4]。

さて，以上のような事情をみるならば，この時期の銀行集中の意義は，大銀行サイドでみた場合，次のようにいいうるであろう。すなわち，大銀行は，系列下に収めた地方銀行を通じて，当時重要性を増しつつあった地方産業，例えばルール地方の重工業と間接的ながらも結びつき，当該企業株の発行引受活動を行いうるようになったのであり，銀行集中は何よりもこのような事態を可能とするものであった，と[5]。

ところで，この時期の銀行集中を上記のように把握するとしても，この時期，ドイツの大銀行はもっぱら発行銀行として完成の道を歩んだ，とするわけにはゆかない。この時期に大銀行は，他人資金の拡大等により「正則業

第5章 銀行集中と国内支店網・決済網の拡充　105

**表 5-1　大銀行の自己資本と他人資本**

(百万M)

| | | 1877年 | 1887年 | 1897年 | 1907年 | 1913年 |
|---|---|---|---|---|---|---|
| Deutsche Bank | 自己資本 | 51.- | 80.- | 195.2 | 300.- | 312.5 |
| | 他人資本 | 41.5 | 159.- | 360.3 | 1,264.4 | 1,880.7 |
| Disconto-Gesellschaft | 自己資本 | 66.7 | 73.3 | 134.7 | 227.6 | 281.3 |
| | 他人資本 | 36.7 | 101.2 | 154.2 | 400.8 | 924.9 |
| Dresdner Bank | 自己資本 | 10.- | 51.- | 137.5 | 231.5 | 261.0 |
| | 他人資本 | 10.7 | 45.6 | 173.8 | 548.5 | 1,145.8 |
| Darmstädter Bank | 自己資本 | 69.7 | 71.8 | 98.3 | 183.5 | 192.0 |
| | 他人資本 | 22.6 | 55.8 | 44.6 | 337.4 | 744.1 |
| Berliner Handels-Gesellschaft | 自己資本 | 38.2 | 50.1 | 102.- | 130.- | 144.5 |
| | 他人資本 | 24.- | 48.- | 65.2 | 212.9 | 393.6 |

(出所)　Pohl (1982b), S. 289.

**表 5-2　大銀行の主要資産と負債の発展**

(百万M)

| | | Deutsche Bank | Disconto-Gesellschaft | Dresdner Bank | Commerz- und Disconto-Bank | Bank für Handel und Industrie | Berliner Handels-Gesellschaft |
|---|---|---|---|---|---|---|---|
| B／S総額 | 1890年 | 423.3 | 266.1 | 194.7 | 66.9 | 181.0 | 51.1[2] |
| | 1913年 | 2,245.7 | 1,238.3 | 1,538.1 | 507.8 | 978.1 | 551.0 |
| 手　形 | 1890年 | 126.7 | 67.5 | 33.5 | 7.9 | 17.9 | 8.5[2] |
| | 1913年 | 639.4 | 257.5 | 375.9 | 75.7 | 185.0 | 103.9 |
| 債務者勘定 | 1890年 | 143.8 | 82.4 | 76.9 | 30.4 | 69.2 | 14.1[2] |
| | 1913年 | 638.5 | 391.3 | 624.9 | 197.8 | 439.4 | 243.4 |
| 証　券 | 1890年 | 11.5 | 40.0 | 10.1 | 12.7 | 6.7 | 5.5[2] |
| | 1913年 | 50.9 | 30.1[1] | 42.6 | 28.1 | 54.4 | 42.9 |
| 債権者勘定 | 1890年 | 151.7 | 89.9 | 63.4 | 8.4 | 35.3 | 14.8[2] |
| | 1913年 | 847.5 | 281.9 | 479.6 | 316.0 | 607.7 | 296.8 |

(注) 1)　引受団参加を除く。
　　 2)　1880年の数値。
(出所)　表5-1に同じ。S. 286-287による。

務」を強化した，という点はつとに指摘されている。

　表5-1をみると，1897-1907年の10年間に大銀行が他人資金を著しく拡大したことがわかる。また，表5-2からは，1890年から1913年の間に，大銀行はいずれも，預金等債権者勘定の増大とほぼ同じ歩調で，手形や債務者勘定といった短期資産を増大させているのがわかる。商業銀行業務の拡大がみられるわけである。

ただし，大銀行の，このような方向での業務展開は，先にみた銀行集中と直接的関連をもつものであったかどうかは疑わしい。というのは，この時期の銀行集中は，既述のように，大銀行と地方銀行が利益協同体契約を結ぶというものであって，地方銀行が大銀行に吸収されてその支店となるというわけではなく，したがって大銀行の支店網が地方へ向けて拡張したということではなかったからである。大銀行は，集中過程をとおして濃密な支店網を形成し，それによって預金収集力を格段に高めた，とすることはできないであろう[6]。

ドイツの大銀行が「正則業務」を強化するに際して，当時の銀行集中がどのような関わりをもったかという問題は措くとして，この時期にドイツの大銀行はようやく商業銀行としての質を獲得しつつあった，ということは確かである。この点を踏まえ，大銀行の発展について改めて整理しておくと次のようにいえるであろう。すなわち，ドイツの大銀行は，ほぼ1890年代以降，クレディ・モビリエ的創業・発行銀行としての性格を脱し，近代的な商業銀行の面を獲得していったが，他方では，銀行集中過程を通じて炭鉄などの地方産業との結びつきをもつようになり，産業株の発行引受を改めてメジャーな業務として展開するようになった，と。

かくして，ドイツの大銀行は，商業銀行業務（「正則業務」）とともに，それには括りえない発行業務をも併せもつ兼営銀行としてその姿を整えていったのであり，第1次大戦前の銀行集中は何よりもこのような事態をもたらした，とすることができるのである。

## II 第1次大戦後の銀行集中

### 1 銀行集中の帰結

最初に，1913-29年までの間に，銀行集中がどのような結果をもたらしたのか，その大まかな状況を表5-3によってみておくことにする。

まず，銀行数については，何よりも地方銀行の数の減少が目立つ。支店制ベルリン大銀行の数も1929年には4行となり，これを中心とした寡頭体制

表5-3 短期資産・負債に占める銀行グループ別シェア

| | | 年 | 銀行数 | 短期資産[1] | 負債[2] |
|---|---|---|---|---|---|
| 民間信用銀行 | ベルリン大銀行(支店制) | 1913<br>1929 | 7<br>4 | 29.0 %<br>38.2 | 41.2 %<br>49.4 |
| | ベルリン大銀行(支店網なし) | 1913<br>1929 | 2<br>2 | 3.7<br>3.5 | 5.1<br>4.6 |
| | 地方銀行(支店制) | 1913<br>1929 | 110<br>60 | 28.3<br>7.4 | 31.8<br>9.1 |
| | 地 域 銀 行 | 1913<br>1929 | 198<br>151 | 6.2<br>3.2 | 5.8<br>3.7 |
| | 海 外 銀 行 | 1913<br>1929 | 11<br>4 | 3.2<br>3.2 | 4.8<br>3.2 |
| | 専門・住宅銀行 | 1913<br>1929 | 24<br>77 | 0.4<br>4.7 | 0.4<br>6.1 |
| 各 種 協 同 組 合 銀 行 | | 1913<br>1929 | 18,557<br>21,499 | 20.5<br>15.2 | 3.4<br>4.4 |
| 各 種 公 的 金 融 機 関<br>(うち貯蓄金庫) | | 1913<br><br>1929 | 3,157<br>(3,133)<br>3,243<br>(2,609) | 8.7<br>(3.2)<br>24.6<br>(10.5) | 7.5<br>(0.5)<br>19.5<br>(6.8) |
| 計 | | 1913<br>1929 | 22,066<br>25,040 | 100.0<br>100.0 | 100.0<br>100.0 |

(注) 1)「小切手,手形・無利子国債」,「ルポール・ロンバート」,「商品担保貸付」,「交互計算信用」。
    2)「債権者勘定」と「引受手形」,ただし,貯蓄性預金および銀行債権者勘定を除く。
(出所) Stucken (1933), S. 12-13.

の強化とそれへの地方銀行の編入(支店化)が進んだことが窺い知れる。「短期資産」と「負債」の項目をみると,支店制ベルリン大銀行はこの期間に8～9％のシェア増大を遂げ,また貯蓄金庫等公的金融機関もかなりのシェア増大を遂げている。他方で,地方銀行は20％以上のシェア低下を示している。以上要するに,1913-29年の時期では,商業銀行業務に占める支店制ベルリン大銀行の比重増大と地方銀行の比重低下,そして貯蓄金庫等公営銀行の伸長という事態が進んだことがわかる。

さて,第1次大戦後の銀行集中・合併のうち,とくに目立ったものがいくつかあった。1920年には,コメルツ・ウント・ディスコント・バンクCommerz-und Disconto-Bankとミッテルドイチェ・プリファート・バンクMitteldeutsche Privat-Bankが合併し,コメルツ・ウント・プリファート・バンクCommerz-und Privat-Bankが成立した。この合併は,ハンブル

グを中心に貿易金融などで活動していたコメルツ・ウント・ディスコント・バンクが、戦後の停滞のなかで新たに対産業取引の拡大を目指し、当時ザクセンや中部ドイツの諸工業と取引関係をもっていたミッテルドイチェ・プリファート・バンクに接近した結果もたらされたものであった[7]。同じく20年に、ベルリンのナチオナル・バンク・フュア・ドイチラント National bank für Deutschland がブレーメンのドイチェ・ナチオナルバンク Deutsche Nationalbank を吸収し、さらに22年に自行より資本規模の大きなバンク・フュア・ハンデル・ウント・インドゥストゥリー Bank für Handel und Industrie（ダルムシュテッター・バンク Darmstädter Bank）に対し株式買収を開始し、そして同年に新銀行ダルムシュテッター・ウント・ナチオナルバンク Darmstädter und Nationalbank（ダナート・バンク Danat-Bank）が成立した[8]。

通貨安定後（1924年以降）になると、ベルリン大銀行が地方銀行や個人銀行商会を吸収するという動きが目立ってくる。例えばドイチェ・バンク Deutsche Bank は、24年にヴュルッテムベルギッシェ・フェラインバンク Württembergische Vereinsbank を、25年にはエッセナー・クレディットアンシュタルト Essener Creditanstalt とズィーゲナー・バンク Siegener Bank を、27年にはリューベッカー・プリファートバンク Lübecker Privatbank を、28年にはヒルデスハイマー・バンク Hildesheimer Bank を吸収している。吸収されたほとんどの銀行は、以前からドイチェ・バンクと提携関係にあったもので、合併によってその独立性を失いドイチェ・バンクの支店となった[9]。

表5-4は、1914年から28年までにおける、ベルリン大銀行による地方銀行等の吸収・合併件数を示している。これをみると、全体で210行が28年までに吸収されている。この表にみられる銀行集中は、先にも触れたが、第1次大戦前の集中が利益協同体契約による大銀行と地方銀行とのゆるい結びつきの形成であったのと比べて、大銀行による地方銀行の完全な吸収・合併、後者の支店化という点にその特徴があった[10]。大銀行は、戦前にはなしえなかった支店網の構築を、この時期の集中運動によって達成したわけである。

表 5-4　ベルリン大銀行の吸収・合併件数(1914-28 年)

|  | 地方株式銀行(支店制) | 地方株式銀行(支店網なし) | 地方株式銀行計(1+2) | 個人銀行商会 | 協同組合銀行 | 合　計(3～5) |
|---|---|---|---|---|---|---|
|  | 1 | 2 | 3 | 4 | 5 | 6 |
| 1. Deutsche Bank | 11 | 8 | 19 | 23 | 1 | 43 |
| 2. Disconto-Gesellschaft | 9 | 3 | 12 | 23 | 1 | 36 |
| 3. A. Schaaffhausen'scher Bankverein | ― | 1 | 1 | 1 | ― | 2 |
| 4. Rheinische Creditbank | ― | 1 | 1 | 7 | 2 | 10 |
| DeDi-Bank グループ(1～4) | 20 | 13 | 33 | 54 | 4 | 91 |
| 5. Danat-Bank | 2 | ― | 2 | 25 | ― | 27 |
| 6. Dresdner Bank | 4 | 2 | 6 | 6 | 1 | 13 |
| 7. Commerz-u. Privat-Bank | 12 | 12 | 24 | 34 | 10 | 68 |
| 8. Mitteldeutsche Creditbank | ― | 1 | 1 | 10 | ― | 11 |
| Commerz-u. Privat-Bank グループ(7～8) | 12 | 13 | 25 | 44 | 10 | 79 |
| 合　　計　　(1～8) | 38 | 28 | 66 | 129 | 15 | 210 |

(出所)　Ausschuß zur Untersuchung der Erzeugungs- und Absatzbedingungen der deutschen Wirtschaft (1930), S. 10.

　大銀行の支店数は表 5-5 にみられるように，28 年末で 711 行となった。13 年の 153 行[11]から大幅な増大を遂げたのである。

　1920 年代の銀行集中は，29 年の 2 つの大型合併によって頂点に達する。それは，コメルツ・ウント・プリファート・バンクとミッテルドイチェ・クレディットバンク Mitteldeutsche Creditbank との合併，そして，ドイチェ・バンクとディスコント・ゲゼルシャフト Disconto-Gesellschaft との合併であった。とりわけ後者の合併は，ドイツ最大の銀行間によるものであり，またいくつかの地方大銀行，すなわちディスコント・ゲゼルシャフトの子銀行であるアー・シャーフハウゼンシャー・バンクフェライン A. Schaaffhausen'scher Bankverein，ノルトドイチェ・バンク Norddeutsche Bank，ズュートドイチェ・ディスコント・ゲゼルシャフト Süddeutsche Disconto-Gesellschaft，そしてドイチェ・バンクと提携関係にあったライニッシェ・クレディットバンク Rheinische Creditbank を包含し，規模からみて最も重要であり衝撃的でさえあった。この大型合併については後に詳しくみるが，

表 5-5　ベルリン大銀行の国内支店数(1928 年)

|  | 1928年初 | 1928年末 |
|---|---|---|
| Commerz-u. Privat-Bank | 198 | 241 |
| Deutsche Bank | 170 | 170 |
| Danat-Bank | 116 | 108 |
| Disconto-Gesellschaft | 95[1] | 91[1] |
| Dresdner Bank | 84 | 79 |
| Mitteldeutsche Creditbank | 22 | 22 |
| 計 | 685 | 711 |

(注) 1)　A. Schaaffhausen'scher Bankverein と Norddeutsche Bank の支店を含む。
(出所)　Whale (1930), p. 287.

あらかじめその性格について指摘しておくと，この合併は 28 年までの集中・合併とは明らかに質を異にするものであったということができる。

さて，次に，上にみたような 1920 年代末までの銀行集中によって，大銀行は何を達成しようとしたか，ということを検討してゆく。ドイツは敗戦とインフレーションの打撃に見舞われ，24 年にはその混乱が収まるが，このような 20 年代をとおして，ドイツの大銀行はどのような資金状況のもとで銀行集中を押し進めてゆかざるをえなかったのか，そして，それによって何を達成したか，ということをバランスシートに表れている点をみながら追ってゆく。

### 2　銀行集中の要因

ベルリン大銀行の 1929 年までの資金状況については，大銀行全体のバランスシートの貸方の推移を示している表 5-6 によって知ることができる。いくつかの特徴を拾い出すと次のようになる。まず，自己資本(株式資本金と準備金)は，29 年になっても戦前の 61％強に達したにすぎないこと。そして，自己資本対他人資本(債権者勘定)の比率は，13 年では 1 対 3.4 であるが，29 年では 1 対 13.5 となること。預金の拡大が著しかったことがわかる。預金の期間別構成については，13 年では 3 カ月以内の期限のものが 88％を占めているが，29 年になるとそれは 97％へと比重を高めている。短期化が顕著となっている。

表 5-6 ベルリン大銀行全体の自己資本と債権者勘定

(百万 RM)

| 各年末 | 銀行数 | 株式資本金 | 準備金 | 債権者勘定 合計 | 顧客のための第3者からの借入金 ① | 銀行預金 ② | その他勘定 ③ | 合計(①を除く)のうち 7日以内預金 | 7日から3カ月までの預金 | 3カ月以上の預金 |
|---|---|---|---|---|---|---|---|---|---|---|
| 1913 | 7 | 995.0 | 326.0 | 4,507.7 | 25.9 | 417.9 | 4,063.9 | 2,391.4 | 1,180.7 | 491.8 |
| 1928 | 5 | 505.0 | 252.1 | 9,443.8 | 1,215.9 | 1,037.5 | 7,190.4 | 3,557.9 | 4,271.7 | 503.8 |
| 1929 | 4 | 520.0 | 294.5 | 10,973.6 | 1,624.9 | 831.3 | 8,517.4 | 4,060.7 | 4,980.4 | 318.2 |

(出所) Pohl (1982a), S. 343.

　この時期の預金に関して，より重要な問題は，浮動的な短期外資がどのくらいの割合を占めていたかという点である。ドイツの政治・経済状況に敏感に反応し，事あらば繰延べを停止して短期間のうちに引き揚げられるような短期外資に，ドイツの銀行はどの程度依存していたのか，という問題である。この点について，29年にはベルリン大銀行全体の外国債権者勘定は51億RMに達していたとされ[12]，そして表5-6によると同年の債権者勘定総額はおよそ110億RMであるから，前者の比率は46％となる。さらに表5-6によると，この債権者勘定総額自体がほとんど(82％)短期預金(3カ月以内)であるので，その構成要素である外国債権者勘定もほとんどが短期のものであった，としうるであろう。

　また表5-7では，ベルリン大銀行だけに限られた数値ではないが，ドイツの銀行が負った短期外資のうちとくに浮動性が問題とされる「外国現金信用」の割合が示されている。28年には，債権者勘定合計(ただし手形保証信用——バランスシートでは「顧客のための第3者からの借入金」という項目——を除く)の43.4％を占め，最大の比率に達している[13]。

　ところで，以上のように，銀行の資金状況が短期化と外資依存という傾向を強めてゆくとき，銀行にとっては，当然ながら流動性を高く維持しておくことが必要となる。しかしながらこの点については，大銀行の現金流動性(現金・発券銀行預ケ金等の債権者勘定に対する比率)は，13年の7.4％から24年には7％へ，そして29年には3.6％へと落ちている。また第1次流動性

112　第2部　マルク建て決済システムの拡張

表5-7　ドイツの銀行への短期外国信用

(百万RM, %)

| 各年6月末 | 債権者勘定<br>合計<br>(ドイツの銀行<br>の預金を除く) | うち 外国現金信用 | うち 顧客信用<br>(手形保証<br>信用) | 外国現金信用の<br>債権者勘定(顧<br>客信用を除く)<br>に占める割合<br>% | ドイツへの短<br>期外国信用の<br>総額[1] |
|---|---|---|---|---|---|
| 1925 | 4,558 | 837 | 391 | 19.7 | 4,000 |
| 1926 | 5,658 | 1,312 | 300 | 24.7 | 5,100 |
| 1927 | 7,632 | 2,485 | 521 | 35.1 | 8,600 |
| 1928 | 9,825 | 3,768 | 1,136 | 43.4 | 12,000 |
| 1929 | 11,866 | 4,020 | 1,769 | 39.8 | 15,700 |
| 1930 | 13,382 | 3,880 | 2,062 | 34.3 | 15,300 |

(注) 1)　国際収支表から概算で見積られた数値。
(出所)　Fischer (1933), S. 512.

(現金・発券銀行預ケ金等，手形等，ノストロ債権の債権者勘定に対する比率)は，13年の50.7%から24年には60%弱へと上昇したが，29年には39%まで低下したのである[14]。資金の調達面で短期化・外資依存という傾向を強めているときに，資金の運用面でも流動的資産が減少していたわけである。

　通貨安定後，ドイツの銀行は，「負債」と「資産」の両面で安定的ではなくなっていったが，ドイツの銀行をめぐる過重状態はこれにつきるわけではなかった。例えば，正規の銀行業務への貯蓄金庫の浸透が，当時の競争激化の大きな要因として挙げられる。30年末では，貯蓄金庫と振替中央機関とを合わせると短期信用残高はおよそ45億RMに達し，これは，同時期の大銀行の短期信用残高のほぼ半分に相当した，という。貯蓄金庫グループは，今や大銀行にとって強力なライバルとなっていたのである[15]。

　さらに，大銀行における諸経費の高さもまた，当時の過重状態を端的に示すものであった。支店制ベルリン大銀行では，29年の諸経費は，総収益の76.1%をも占めた。13年の45.5%と比べると著しい増大であった。大銀行は20年代にそろって大幅な人員削減を実行していたが，それでもなお，上記のように諸経費の高さは改善されなかったのである。したがってこの諸経費増大は，主として，人件費よりも拡大した支店網の管理・維持費に起因するものであった，といえるのである[16]。

表 5-8　ベルリン大銀行の当座債務者勘定

(百万 RM)

| 各年末 | 銀行数 | 当座債務者勘定 ||| 
|---|---|---|---|---|
| ^ | ^ | 合　計 | うち担保付 | うち無担保のもの |
| 1913 | 7 | 2,609.6 | 2,004.8 | 604.8 |
| 1928 | 5 | 4,287.6 | 3,214.3 | 1,073.3 |
| 1929 | 4 | 5,311.4 | 3,957.1 | 1,354.3 |

(出所)　表 5-6 に同じ。S. 343 による。

　以上のような，通貨安定後の大銀行の業務をめぐる諸特徴を，銀行集中と関連づけて整理すると次のようになる。すなわち，通貨安定後の大銀行は，資金的基盤が不安定化し，また流動性も悪化していたのであり，その体質は相対的に脆弱なものとなっていた，ということ。このために大銀行にとっては，当時何よりも，国内の安定的な預金の獲得が喫緊の課題となったであろう，ということ。だが，貯蓄金庫の伸長などにより競争は一段と厳しいものとなってもいた。かくして大銀行は，その支店網を地方へと拡張し，預金獲得等をめぐる競争において優位に立つべく，地方銀行の吸収・合併とその支店化という方向で運動を展開していったのである。28 年までの銀行集中がこれであった。シュトゥケン R. Stucken は 28 年までの銀行集中を，大銀行の地方的拡張として，そして被合併銀行の支店化として特徴づけているが，それは上記のような文脈で捉えられるべきと思われる[17]。

　さて，上のような動機をもって推進された銀行集中によって，大銀行は，貸出面においては何を達成しえたであろうか。表 5-8 は，ベルリン大銀行の借方項目「当座債務者勘定」Debitoren in laufender Rechnung の増大を示している。当座債務者勘定とは，当座預金貸付を表す項目であり[18]，信用創造という商業銀行機能を端的に表している項目の 1 つといいうる。表 5-8 によると，この貸出額は 13 年から 29 年までの間に倍加している。大銀行は，この時期，この商業銀行機能を大いに強めたことがわかる。

　また，表 5-6 で同時期における預金総額の増加をみると，2.3 倍になっている。したがって，大銀行は，この時期，顕著な預金増を達成し，そしてそれに歩調を合わせて預金貸付の増大を図ったわけである。ここには，大銀行

が銀行集中によって地方へと支店網を拡張し，預金獲得を目指すとともに預金貸付を増大するという，典型的な商業銀行機能の充実を果たしていった姿をみることができるのである。

ところで，銀行集中によって拡張した支店網は，他面で，その管理・維持のための経費増大をもたらしていた。ドイツの大銀行の負担過重の状態は，この点で，何ら解消したわけではなかったといえる。また，既述のような大銀行の脆弱な体質も，28年までの銀行集中によって顕著に改善されたというわけでもなかった。かくして，通貨安定後のドイツの大銀行には，なお高次の集中が必要とされていたのである。

### 3  1929年の大型合併

上述のように，1928年までの銀行集中運動は，大銀行が地方銀行を吸収・合併し，その支店化によって地方へと拡張しようとするものであった。ただし，この集中は，バランスシートにみられる限りの商業銀行機能の充実をもたらしたとはいえても，当時の大銀行の相対的に負担過重な状態や脆弱な体質ということを解消するものではなかった。

1929年になって，ベルリン大銀行間における2つの合併が生じた。先にも触れたが，コメルツ・ウント・プリファート・バンクとミッテルドイチェ・クレディットバンクの合併，そしてドイチェ・バンクとディスコント・ゲゼルシャフトの合併であった。この合併，とりわけ後者は，明らかに，従来の銀行集中とは異なる意義をもつものであった。大銀行が抱えていた問題の克服が，はっきりと意識されていたからである。

この，29年に生じた合併の動機，目的については，一般に次の3つが主要なものとして挙げられる。第1は，銀行諸経費の節減ということ。第2は，産業，とりわけ当時の大コンツェルンとの取引関係の強化ということ。第3は，不安定な外資依存体質の改善のために国内預金を強化する，ということであった[19]。この3点のうちでも，とりわけ重視されたのは前2者であった[20]。諸経費節減については，24年以降，すべての大銀行が努力してきたが，成果は全く不十分であり，例えば28年には，ドイチェ・バンクでは総

収益の 80.6％が，ディスコント・ゲゼルシャフトでは 77.6％が，諸経費と税金でくわれていたのである。経費問題についてはこのような状況であった。また，大コンツェルンとの取引関係の強化という場合，具体的には，当時新たに成立した I. G. ファルベン I. G. Farbenindustrie（1925 年成立）や合同製鋼 Vereinighte Stahlwerke（1926 年成立）との取引が問題であった[21]。

さて，上記のような合併の動機・目的に注意を払いながら，ドイチェ・バンクとディスコント・ゲゼルシャフトの合併の経過などについてもう少し詳しく追っておくことにする[22]。

29 年 7 月 27 日，新聞がドイチェ・バンクとディスコント・ゲゼルシャフトの合併についてはじめて報じたとき，それは衝撃的なニュースとして受けとめられた。というのは，両行は伝統的にライバル関係にあったし，また重役間の敵意についてもよく知られていたからである。さらに，何よりも両行は，基本的営業方針に大きな違いがあった。例えば，ドイチェ・バンクは大規模な支店網（142 支店）を有していたが，ディスコント・ゲゼルシャフトはわずか 4 支店と 6 支局 Zweigstelle をもつにすぎなかった[23]。また，ドイチェ・バンクは利益志向的な活動を強力に推進していたが，ディスコント・ゲゼルシャフトは収益性を犠牲にしても流動性の維持に気を使った[24]。ドイチェ・バンクとディスコント・ゲゼルシャフトとの合併のニュースは，衝撃的であったのである。

この合併は，29 年になって突然に生じたわけではなく，それに至る前史があった。ドイチェ・バンクは，すでに 26 年頃から合併のパートナーを探していた。その動機は，諸経費の大幅な節減による収益性の向上ということ，そして，I. G. ファルベンや合同製鋼などの巨大コンツェルンと互角に相対しうる規模をもつ銀行の形成，ということであった[25]。後者の問題に関しては，ドイチェ・バンクの重役であるシュリッター O. Schlitter はすでにインフレの時期に，当時のドイチェ・バンクの規模では巨大コンツェルンの生成には関与しえないと認識していたし，またその信用需要にもドイチェ・バンクの預金構造では応じえないということも明らかであった[26]。ドイチェ・バンクは，合併のパートナーをさしあたってダナート・バンクに求めた。

だがこれは失敗し，その後にディスコント・ゲゼルシャフトに接近してゆく。しかしながらディスコント・ゲゼルシャフトは，26年当時は合併に対してなお消極的な姿勢を保持していた。29年春のコメルツ・ウント・プリファート・バンクとミッテルドイチェ・クレディットバンクの合併の後，ドイチェ・バンクは再度ディスコント・ゲゼルシャフトに合併の提案を行った。最終的には両行の合併は，29年10月29日のそれぞれの株主総会で承認され，成立することとなった。ドイチェ・バンクの株主総会では，バッサーマンO. Wassermannが，ディスコント・ゲゼルシャフトの株主総会ではゾルムッセンG. Solmssenが，合併の目的を説明し，諸経費の節減について強調した，という[27]。

かくして，巨大銀行ドイチェ・バンク・ウント・ディスコント・ゲゼルシャフトDeutsche Bank und Disconto-Gesellschaft (略称 デディ・バンクDeDi-Bank)が成立したが，その資本金は2億8500万RMとなり，今や他の4つの大銀行の資本金合計さえ上回るようになった。また，バランスシート総額は55億RM以上となり，第2位のドレスナー・バンクDresdner Bankのバランスシート総額の2倍に達した。デディ・バンクは，当時世界最大のナショナル・シティ・バンクNational City Bank (バランスシート総額90億RM)やギャランティー・トラストGuaranty Trust & Co. (71億RM)とはなお格差があったとはいえ，確かに世界の一流銀行として生成したのであり，巨大コンツェルンと対等の立場にも立ちうるようになったのである[28]。

ところで，以上のような29年の銀行合併(コメルツ・ウント・プリファート・バンクとミッテルドイチェ・クレディットバンクの合併も含めて)の意義は，28年までのそれと異なって，大銀行の地方への進出という点にあるのではなかった。この問題はいわば，すでに達成済みであった。また，巨大コンツェルンに対抗しうる規模をもつ，というだけのことに留まるわけでもなかった。なお重要な課題は，地方での競争除去と支店の統廃合ということにあった。合併動機にみられたように，経費の大幅な節減を達成し，当時の大銀行の過重状態を解消する，ということである[29]。このような課題がい

第 5 章　銀行集中と国内支店網・決済網の拡充　117

表 5-9　1929 年の合併による支店等の整理状況

| 合併銀行 | 被合併銀行 | 本・支店数 ① | 預金取扱所・支払所・代理店数 ② | 店舗数合計 ①+② | 存続店舗数 | 削減店舗数 |
|---|---|---|---|---|---|---|
| Deutsche Bank | Disconto-Gesellschaft | 94 | 47 | 141 | 59 | 82 |
| | A. Schaaffhausen'scher Bankverein | 26 | 5 | 31 | 11 | 20 |
| | Rheinische Creditbank | 39 | 12 | 51 | } 59 | } 26 |
| | Süddeutsche Disconto-Gesellschaft | 24 | 10 | 34 | | |
| | Norddeutsche Bank | 3 | 12 | 15 | 7 | 8 |
| Commerz-u. Privat-Bank | Mitteldeutsche Creditbank | 23 | 23 | 46 | 14 | 32 |
| 合　計 | | 209 | 109 | 318 | 150 | 168 |

(出所)　表 5-3 に同じ。S. 17 による。

表 5-10　1914-28 年の合併による支店等の整理状況[1]

| 本・支店数 ① | 預金取扱所・支払所・代理店数 ② | 店舗数合計 ①+② | 存続店舗数 | 削減店舗数 |
|---|---|---|---|---|
| 768 | 211 | 979 | 851 | 128 |

(注)　1)　ベルリン大銀行の集中運動に関しての数値。ただし、ドレスナー・バンクの分については、統計上の不備のため除かれている。
(出所)　表 5-3 に同じ。S. 16 による。

かに遂行されたかは，表 5-9 によってみることができる。表 5-9 によると，デディ・バンクの成立に際して，ドイチェ・バンクやディスコント・ゲゼルシャフトなどの本・支店および預金取扱所など全店舗数 272 のうち，136 が削減されている。またコメルツ・ウント・プリファート・バンクとミッテルドイチェ・クレディットバンクの合併に際しては，全店舗数 46 のうち 32 が削減されている。2 つの合併を合わせると，全店舗数 318 のうち 168 が削減されたのである。半分以上が削られたことになる。他方で表 5-10 の方は，28 年までにおける集中・合併による支店等の整理状況を示しているが，これによると，979 の全店舗数のうち削減されたのはわずか 128 であり，1/8 程度の削減であった。29 年に生じた合併は，それ以前の集中・合併とは異なって，明らかに地方での競争除去と支店の統廃合を重要な目的としていた，

としうるのである。

## III 小　括

　第1次大戦前の銀行集中，とりわけ1890年代後半からのそれは，ベルリン大銀行による地方銀行の系列化を内容としていた。その形態は，合併ではなく，大銀行の資本参加にもとづく利益協同体の形成であった。したがって，大銀行が自らの支店網を地方へ向けて築きあげた，ということではなかった。この時期の集中の意義は，大銀行が地方銀行との提携関係を得て地方産業と間接的ながらもつながり，それによって大銀行は産業株の発行引受をなしえる，というような事態をもたらした点にあった。ドイツの大銀行は，この集中過程を経て，産業株を手掛ける兼営銀行として，その姿を整えることになったのである。

　このような第1次大戦前の銀行集中と比べて，1920年代に活発化する銀行集中は，大銀行による地方銀行の吸収・支店化を特徴とするものであった。国内の安定的な預金拡大を求め，また貯蓄金庫等との競争激化のなかで，大銀行が地方進出を企てたのである。この集中過程によって，ドイツの大銀行はようやく支店網を濃密に構築することができた。この点では，戦前の銀行集中がなおなしえなかった課題達成を目指したといえるのである。つまり，支店のネットワークを地方へ拡げ，預金拡大を図るとともに，このネットワークを用いて振替・決済を行い，信用創造・預金創造という商業銀行機能を十分に展開するということである。この点は，大銀行の当座債務者勘定の増大によく表れていた。

　しかしながら，上記のような28年までの銀行集中は，進出した地方での競争排除や諸経費節減という目的のために，もう一段の大型合併を必要とした。その結果が，29年のデディ・バンクの成立であった。20年代の銀行集中という場合，この大型合併も含まれることになるが，この合併の意義は，このように，28年までの集中とかなり趣を異にするのである[30]。

　したがって，ドイツの銀行が支店増大によって振替・決済網を拡張し，商

業銀行機能を充実させた，という視点からみれば，何よりも，28年までの銀行集中が着目されるべきということになる。

1) Pohl (1982b), S. 271 を参照のこと。
2) 本書第 4 章および同章の注 9) 参照。
3) この関係は，地方銀行の増資に際して，大銀行がその株を引き受け，保有することを通じて形成されていった。利益協同体契約そのものは，このような一連の増資過程で生じてきた事態の最終的表現であった。Pohl (1982b), S. 273. なお，完全な合併形態(Fusion)は，地方銀行が個人銀行商会を吸収・支店化する場合にみられた。Pohl (1982b), S. 271.
4) 本書第 4 章および同章の注 11) 参照。
5) ここで，集中運動によって大銀行が地方銀行を系列化し，そのことによって大銀行は産業株の発行引受を行いうるようになった，という場合，「大銀行の資本信用固定→発行活動による流動化」という周知の構図のなかに発行活動を位置づけているわけではない。私見では，大銀行の発行活動はそれ自体で自立したものと考えている。この点については本書第 4 章を参照のこと。
6) M. ポールによると，1910 年の時点で，ベルリン 8 大銀行全体が有していた支店総数は 100 以下であり，これは，当時のイギリスの大銀行 1 行が有する支店数にも劣っていた。ドイツの大銀行の支店制度が整うのは 14 年以降のことである。Pohl (1982b), S. 272-273.
7) Born (1983b), pp. 241-242.
8) Born (1983b), p. 242.
9) Whale (1930), p. 286.
10) Ausschuß zur Untersuchung der Erzeugungs- und Absatzbedingungen der deutschen Wirtschaft (1930), S. 10-11.
11) Born (1983b), p. 241.
12) Deutsche Bundesbank (1976), S. 330 を参照のこと。
13) Fischer (1933), S. 512.
14) Born (1983a), S. 76.
15) 1908 年に貯蓄金庫は小切手取引が認められ，それ以来振替のネットワークが作り出された。1909 年にはザクセンで，最初の中央振替機関が作られた。かくして貯蓄金庫は，振替勘定で預金を扱うことが可能となったが，第 1 次大戦前ではこの業務はなおネグリジブルなものに留まっていた。13 年では，貯蓄金庫の全預金の 99.7％は貯蓄性のものだった。18 年には，中央振替機関のためのセンターとしてドイチェ・ジロツェントラーレ Deutsche Girozentrale が創設され，それ以降，貯蓄金庫は，ライヒ全体を覆う振替ネットワークによって統合され，そしてドイチェ・ジロツェントラ

120　第2部　マルク建て決済システムの拡張

ーレをとおして，貨幣市場，資本市場へ接近可能となった。Born (1983b), pp. 247-248.
16) なお，大銀行の人員削減の状況は次のとおりであった。ドイチェ・バンクは4万人(1923年)から1万4000人(1926年)へ，ドレスナー・バンク Dresdner Bank は2万3000人(1923年)から8020人(1929年)へ，コメルツ・ウント・プリファート・バンクは2万6000人(1923年)から7100人(1925年)へ，ミッテルドイチェ・クレディットバンクは4000人(1923年)から1050人(1925年)へ。vgl. Born (1983a), S. 83.
17) Stucken (1933), S. 14-15 を参照のこと。
18) Whale (1930), pp. 150-151, 楠見一正・島本融(1935) 335-337 ページを参照のこと。
19) Pohl (1982a), S. 344.
20) 当時の短期外資依存については，ライヒスバンクや若干の経済学者を除けば，必ずしも，緊急の危険性をもつと考えられていたわけではなかった。例えば，当時の代表的な銀行家であり，デディ・バンク DeDi-Bank の役員ともなったゾルムッセン Georg Solmssen なども，状況については楽観的であった。Born (1983a), S. 76.
21) Born (1983a), S. 80, Pohl (1982a), S. 347.
22) コメルツ・ウント・プリファート・バンクとミッテルドイチェ・クレディットバンクの合併の経過については，Pohl (1982a), S. 347-350 が詳しい。参照のこと。なお，シュトゥケンによると，当時のミッテルドイチェ・クレディットバンクは業績が比較的良好であり，同行が合併に追い込まれたというのではなく，むしろ「自発的」な歩みであった，という。Stucken (1933), S. 22-23.
23) Born (1983a), S. 79.
24) 1928年末では，ドイチェ・バンクの現金流動性は3.9%，第1次流動性は41.1%であり，他方でディスコント・ゲゼルシャフトは，5.35%と45.4%であった。Born (1983a), S. 80.
25) Born (1983a), S. 80.
26) Pohl (1982a), S. 353 を参照のこと。
27) Pohl (1982a), S. 353-354.
28) Pohl (1982a), S. 357.
29) Stucken (1933), S. 17-18 を参照のこと。
30) なお，1931年の銀行恐慌の後，32年にはドレスナー・バンクとダナート・バンクの合併が生じる。それは，明らかに銀行恐慌の後始末であった。だが，事後的であるにせよ，この合併も，ドイツの銀行の経費増等からくる過重状態の清算をなすものであったのであり，この点からみると，事前と事後という違いがあるにせよ，29年の合併は，この32年の合併に連なるという位置をもつ。

# 第6章
# ドイツの銀行の国際業務と「マルク国際化」
── 「第1次マルク国際化」──

　本章以降の諸章では，ドイツの銀行がマルク建て決済システムを対外的にどのように展開したかを明らかにしようとする。この展開は，「マルク国際化」を進めてゆく過程ともよべるが，その歴史的に最初のものは，第1次大戦前にみられた。本章では，この第1次大戦前の，いわば「第1次マルク国際化」の時期を対象にする。

　この時期，ドイツの銀行は，上のような「マルク国際化」の推進と関連するようないくつかの国際業務を手掛けてゆく。以下では，まず，それに整理を施して事例を追い，この時期の国際業務の概観を得ることから始める。そして，この国際業務のうち，ドイツの銀行がより意識的に追求した貿易金融に改めて焦点を当て，その構造を明らかにする。また，それによって形成されてくる，「国際通貨マルク」の実体をなす非居住者保有のマルク残高の形態と規模について検討を加える。

## I　ドイツの銀行の国際業務・国際的展開

　第1次大戦前におけるドイツの銀行の国際業務は，次の3つに分類しうる。第1は貿易金融，第2は外国証券の発行とドイツ国内での売り捌き，そして第3は，同じく外国証券の発行に関わりつつも，海外での支店や現地法人の設立まで至って現地の産業関与まで踏み出すもの，である。第2と第3のも

のは，同じく証券投資に関するものであるが，そこには，対外証券投資を媒介するだけか，それとも自らも対外投資を行って独自的な機関を設置したり対産業資本参加へも踏み出すか，という区別が存在する。したがって，第2のものは外国の公債などを中心とした業務，第3のものは外国株を中心とした業務，というようにもいえる[1]。

また，このような国際業務の担い手は，いうまでもなくベルリン大銀行（とりわけドイチェ・バンク Deutsche Bank，ディスコント・ゲゼルシャフト Disconto-Gesellschaft，ドレスナー・バンク Dresdner Bank，ベルリナー・ハンデルス・ゲゼルシャフト Berliner Handels-Gesellschaft，バンク・フュア・ハンデル・ウント・インドゥストゥリー Bank für Handel und Industrie）とそしていくつかの重要な個人銀行，すなわち，ブライヒレーダー S. Bleichröder，メンデルスゾーン Mendelssohn & Co.，ヴァーシャウアー R. Warschauer & Co.，オッペンハイム Sal. Oppenheim jr. & Co.，ヴァーブルグ M. M. Warburg & Co.，ベートゥマン Gebrüder Bethmann などであった。

以下，このようなドイツの銀行が，上記のように3分類しうる国際業務をいかに展開していったか，その事例を追うことから始める[2]。

## 1 貿易金融と国際的進出

まず，国際業務のうちの第1のもの，貿易金融に関連して，ドイツの銀行はどのように国際的進出を遂げていったか，をみてゆく。貿易金融に関連した機関としてまず挙げられるのは，ドイチ・ベルギッシェ・ラ・プラタ・バンク Deutsch-Belgische La Plata Bank である。この銀行は，一方でベルギーとドイツとの貿易の促進を，他方でアルゼンチン—ウルグアイ間の貿易促進を目的とするものであった。設立は，1872年にディスコント・ゲゼルシャフトがオッペンハイム（ケルン）およびエスターライヒッシェ・クレディット・アンシュタルト Österreichische Credit-Anstalt（ウィーン）と共同で行い，本店はケルンに置かれた。1874年にはすでに，ディスコント・ゲゼルシャフトはこの業務のリスクを認識し，当時拡張に急であったドイチェ・バ

第6章　ドイツの銀行の国際業務と「マルク国際化」　123

ンクにその持ち分を売却した。オッペンハイムも同様であった。ドイチェ・バンクの手に移ったラ・プラタ・バンクは，その資産のかなりの部分がウルグアイの国債によって占められ，ウルグアイの政変とともにそれが不良資産化し，最終的には1885年に閉鎖されることになる。ドイチェ・バンクは総じて，ラ・プラタ・バンクについては当初から楽観的な見通しをもち，また積極的関心もそれほど強いものではなかった，という[3]。

　ラ・プラタ・バンクの失敗にもかかわらず，南米への関わりはなおいっそう強められていった。ドイツの貿易相手として南米はますます重要となっていたからである。とりわけ，アルゼンチンの獣皮，チリの硝石，ブラジルのコーヒーは需要の高い輸入品であった。ドイチェ・バンクは，ラ・プラタ・バンクの清算の1年後，このような状況のなかで，ドイツ海外銀行 Deutsche Übersee-Bank を1000万Mの資本をもって設立する。本店はベルリンに置かれ，そしてブエノスアイレスに支店バンコ・アレマン・トランスアトランティコ Banco Alemán Transátlantico が設置され，ドイツとアルゼンチンの貿易に金融をつけることが主要任務とされた。また後者の支店自体も南米の諸都市に多くの支店をもった。ドイツ海外銀行は，ドイチェ・バンクの取締役会メンバー3人が同時にこの機関の取締役会メンバーとなり，ドイチェ・バンクからしっかりと手綱をつけられることとなった。そして，1893年には，Deutsche Überseeische Bank となり，資本金も2000万Mに増大し，その活動領域は90年代後半以降南米全体へと拡げられていったのである[4]。

　ドイチェ・バンク以外では，ディスコント・ゲゼルシャフトとノルトドイチェ・バンク Norddeutsche Bank がドイチェ・バンクの例に倣い，1887年に1000万Mの資本をもってブラジリアニッシェ・バンク・フュア・ドイチラント Brasilianische Bank für Deutschland を創設した。これは，ベルリンに本店を置き，リオデジャネイロ，サンパウロ，ポルトアレグレに支店をもった。さらにこの両行は，1895年に上記機関の姉妹機関として同じく1000万Mを有するバンク・フュア・チリ・ウント・ドイチラント Bank für Chile und Deutschland をハンブルグに創設した。これら創設された銀行は，

やはりチリ硝石の貿易や南米の鉱業へと関わった[5]。

　上のようなドイチェ・バンクやディスコント・ゲゼルシャフトの活動に続いて他の大銀行が進出してゆくのは，なお10年ほど遅れることになった。すなわちそれは，1905年における，ドレスナー・バンク，アー・シャーフハウゼンシャー・バンクフェライン A. Schaaffhausen'scher Bankverein, ナチオナル・バンク・フュア・ドイチラント National Bank für Deutschland の3行共同によるドイツ南アメリカ銀行 Deutsch-Südamerikanische Bank（ベルリン）の創設であった[6]。

　以上のように，ドイツの銀行の，貿易金融を主目的とした対外進出は，海外銀行の設立という形をとって遂行されたものが多かった。そして，このようにして推進されていったドイツの銀行の貿易金融は，より戦略的に重要なものとして位置づけられてもいた。このことは，ドイチェ・バンクの場合によく当てはまる。

　ドイチェ・バンクは，その設立の当初から，主要目的の1つに貿易金融を掲げていた。定款には「会社の目的は，あらゆる種類の銀行業務の推進であり，とりわけ，ドイツと他のヨーロッパ諸国や海外市場との間の貿易関係の促進と容易化である」と謳われていた。そして，ドイツには，経済問題のなかで最も重要なものの1つ，すなわち，ドイツと他の世界との取引にドイツ自前の金融をつけるということが欠けている，と強く訴えた。この金融は，当時ほとんどがイギリスとフランスの商会によって行われていたが，それもドイツの銀行が相応の保証を担ったときだけに限られるものだった[7]。

　ところで，ドイツの銀行の，貿易金融を主要目的とした対外進出は，上述のような海外銀行の設立に限られるものではなかった。ロンドン支店の設置も重要な意義をもつものであった。次に，その代表であるドイチェ・バンクのロンドン支店について，設立の経緯等を追っておくことにする。

　ドイチェ・バンクが貿易金融のための自前のロンドン支店設立に踏み出してゆくに際して，さしあたっては，種々の法律上の問題から，ジャーマン・バンク・オブ・ロンドン German Bank of London Ltd. という銀行を共同設立し，それに強力な株主として資本参加するという形をとった。ジャーマ

ン・バンク・オブ・ロンドンは，1871年3月に，60万ポンドの資本をもって，ドイチェ・バンクのほかフィルメン・ゲブリューダー・ズルツバッハ Firmen Gebr. Sulzbach（フランクフルト），ミッテルドイチェ・クレディットバンク Mitteldeutsche Creditbank（マイニンゲン），そしてイギリスの商会ダインニスタウン・アンド・フェルド・ローデワルト Deinnistown and Ferd. Rohdewald によって創設された。ドイチェ・バンクの持ち分は1/4強であった[8]。他方で，この時期ドイチェ・バンクは，貿易金融のためにドイツ国内でもブレーメン支店を開設した（71年7月）。引受信用という業務の性格上，資本金はわずかでよく，55万ターレルがあてがわれた。かくしてこの時期，ドイチェ・バンクの資本金総額500万ターレルの配分は次のようであった。ベルリン335万ターレル，ロンドン（ジャーマン・バンク・オブ・ロンドン）110万ターレル，ブレーメン55万ターレル[9]。

ところで，上記のジャーマン・バンク・オブ・ロンドンは，ドイチェ・バンクの海外業務にとって十分利用可能なものではなかった。この銀行の地位と信用は，何よりも背後に控えるドイチェ・バンクの資本力に依存するのであり，それは十分なものではなかったからだという[10]。そこでドイチェ・バンクは，1872年に資本金を1000万ターレルへと増大させ，さらに翌73年には1500万ターレルへと積み上げた。そして，同年3月に，ドイチェ・バンクはついに自前の支店ドイチェ・バンク・ロンドン・エージェンシー Deutsche Bank London Agency を開設することとなる。このロンドン支店は，開設とともにすぐさま活発な活動を展開していった。主要業務は，いうまでもなく，世界のあらゆる輸出入に金融をつけるため，手形を引き受けることにあった[11]。ドイチェ・バンクのバランスシートの「引受」項目の増大は，このロンドン支店の活動によるところが大であったのである[12]。

ロンドン支店の活躍の全体像は，総売り上げ高 Gesamtumsätze の推移がこれを示す。すなわち，1873年の創業の年にはそれは400万ポンドであったが，1900年には6億ポンドを超え，1912年には10億ポンドを超えるまでに増大した[13]。ドイチェ・バンク・ロンドン・エージェンシーは，その設立から10年以上にわたって，ロンドンにおける唯一のドイツの銀行であっ

た。ドレスナー・バンクが支店を開設したのは1895年になってからであり，ディスコント・ゲゼルシャフトの支店開設は1899年であった[14]。

### 2 外国証券の発行引受

ここでは，銀行の国際業務のうち第2のもの，すなわち，外国証券の発行とドイツ国内での売り捌き，もしくは外国公債などへの投資の媒介について，主要な事例を追ってゆく。

まずヨーロッパ諸国の公債との関わりであるが，ドイツの銀行はオーストリア＝ハンガリーの国債の発行をすでに1864年に手掛けている。このときのドイツの銀行はディスコント・ゲゼルシャフトやブライヒレーダーなどであり，コンソーシアムを形成して国債を引き受けた。その後，これらのドイツの銀行は，ヴィエニーズ・ロスチャイルド・バンク Viennese Rothschild Bank 主導のロスチャイルド・コンソーシアム Rothschild Consortium に加わり，オーストリア＝ハンガリーの国債や鉄道債発行に携わっていった。

ドイツの銀行は，セルビアの国債発行にも深く関わった。その中心となったのはベルリナー・ハンデルス・ゲゼルシャフト Berliner Handels-Gesellschaft であり，1884年にその主導でセルビア国債発行のためのコンソーシアムが形成された。しかし，国債発行の1年後，セルビア政府の利払いは滞って国債価格も崩壊に瀕し，ベルリナー・ハンデルス・ゲゼルシャフトは窮地に立つことになる[15]。

ロシアの国債もドイツの銀行が発行を担い，1880年代後半ではロシア国債の60％がドイツ人に所有されていた。しかし，ドイツとロシアの政治的関係が決定的に悪化し，そのような状況下でビスマルク O. v. Bismarck は，1887年，ロシア証券に対する規制措置を講じた。そして，ロシア国債はドイツ国内で冷遇されることになる。すなわち，ビスマルクは，ライヒスバンクに，そのすべての支店でのロシア証券を担保にした貸付を禁止するよう指令を出し，その結果，ロシア国債への需要は縮減し，所有者は売却を急いだ。なお，このロシア国債を買い取ったのはフランスの銀行であった。その後，1894年に上記の担保貸付禁止は解除され，直ちに，ロシア証券の取引は復

活してゆく。1894-95 年には，ブライヒレーダー，メンデルスゾーン，ヴァーシャウアー，ヴァーブルグなどの個人銀行，そしてディスコント・ゲゼルシャフトやベルリナー・ハンデルス・ゲゼルシャフトは，11 億フランにのぼるロシアの鉄道債を発行した。だが，フランス市場では，この 5 倍に達する国債が発行され，もはやドイツの銀行がロシアとの取引で第 1 位を占めることはできなかった[16]。

　上記のビスマルクの規制措置によってロシアとの取引が急激に縮小した後，それに代わってドイツに持ち込まれたのはイタリアの国債であった。この時期，政治的関係から，イタリアの国債はパリから締め出されベルリンへと向かったのである。ドイツの銀行にとっても，ロシアとの取引が減少した後，イタリアの国債はそれを埋める新たな活動分野であった。1887 年，ブライヒレーダー，ディスコント・ゲゼルシャフト，ドイチェ・バンクは，イギリスやスイスの銀行とも協力しながら大規模なコンソーシアム・フォー・イタリアン・ビジネス Consortium for Italian Business を形成し，イタリア証券の発行に関わってゆく。このコンソーシアムは，1890 年にドイチェ・バンクとベルリナー・ハンデルス・ゲゼルシャフトによって改めて編成され，その組成の最初の 18 カ月間に，4 億 3200 万リラにのぼる 4 件のイタリア国債を発行した[17]。さらに，イタリアの自治体や鉄道の証券発行をも担っていった。また，このコンソーシアムの何より重要な業務は，1894 年におけるイタリアの大銀行バンカ・コメルチアーレ・イタリアーナ Banca Commerciale Italiana（ミラノ）の創設であった[18]。このイタリアの銀行は，まもなくイタリア最大の商業銀行となり，イタリア造船業や北部イタリアの工業に金融をつける主要機関となっていった。コンソーシアム参加のドイツの諸銀行は，このイタリアの銀行への資本参加を第 1 次大戦時まで保持し，それぞれ監査役を送り込んでいた[19]。

　ドイツの銀行が発行を手掛けた外国公債は，以上のようなヨーロッパ諸国のものに限られてはいなかった。1899 年には，ドイチェ・バンクとブライヒレーダーは，モルガン J. P. Morgan & Co. やいくつかのメキシコの銀行との間で，600 万ドルの資本金を有するバンコ・セントラル・メキシカーノ

Banco Central Mexicano を設立する合意に達している。それは，それまでほとんどイギリスの銀行によって行われていた南米の公債発行に，ドイツの銀行が参入する足場を提供するものだった[20]。

ドイツの銀行の公債発行業務は，さらに東アジアのものにも及んでいた。1889 年に，ディスコント・ゲゼルシャフトとドイチェ・バンクは，他のベルリン大銀行や個人銀行 11 行と共同でドイチ・アジアティッシェ・バンク Deutsch-Asiatische Bank をベルリンと上海に設立した。この銀行は，イングリッシュ・ホンコン・アンド・シャンハイ・バンキング・コーポレーション English Hongkong & Shanghai Banking Corporation と共同で，1896 年と 98 年に，日本への戦争賠償を課されていた中国の国債発行を手掛けた[21]。そして，このドイチ・アジアティッシェ・バンクの活動は，後にみるように，国債発行に留まらずさらに踏み出すことになる(後述)。

以上でみてきたのは，ドイツの銀行による外国証券発行の事例である。その場合，主に，内外の金融機関とともにコンソーシアムを形成してこれを行っていたことがわかる。また，このコンソーシアムが，外国証券の発行を担う金融機関を外国に共同設立し，ドイツの銀行がこれに資本参加するという例もみられた。後者は，外国に金融機関を設立しているという点からすれば，次の第 3 の「対外資本参加」の性格ももつとしうる。

### 3　対外資本参加

ドイツの銀行の国際的展開のうち第 3 のもの，すなわち，外国証券の発行に関わりつつも，自らも投資して現地産業の関与へも積極的に踏み出していった事例としては，次のようなものが挙げられる。

ヨーロッパ内では，ディスコント・ゲゼルシャフトがルーマニアの鉄道に深く関わった。ルーマニア鉄道会社が破産に瀕したとき，ディスコント・ゲゼルシャフトはブライヒレーダーなどとともにその株を低価格で取得し，以後第 1 次大戦までこの 2 つのドイツの銀行は，ルーマニアの鉄道に対する大金融業者であり続けた。さらに，この 2 行は，1897 年ブカレストにバンカ・ジェネラーラ・ロマーナ Banca Generala Romana を設立した。それは

やがて，ルーマニアで第2位の規模をもつ商業銀行となった[22]。

ルーマニアに進出した大銀行はディスコント・ゲゼルシャフトばかりではなかった。世紀の転換以降，ドイチェ・バンクがルーマニアの石油に深く関わっていった。経緯は次のようであった。ルーマニアの石油会社ステアウア・ロマーナ Steaua Română が1902年に金融上の諸困難に陥ったとき，最終的にドイチェ・バンクに対して救いが求められた。そしてドイチェ・バンクはヴィーナー・バンクフェライン Wiener Bankverein とともに，この会社の株式の最大部分を手に入れたのである。その後ドイチェ・バンクは，1904年に持株会社ドイチェ・ペトローレアム Deutsche Petroleum AG を設立し，それに対しては50％以上の資本参加を保持した。かくして，石油会社ステアウア・ロマーナはドイチェ・ペトローレアムの子会社となり，後者はドイチェ・バンクの子会社となったのである。ドイチェ・バンクのこのような石油事業は，当初はわずかな利潤しか生まずスタンダード・オイル Standard Oil への売却も計画されたが，その後需要増大とともに十分収益のあがるものとなり，第1次大戦によってその権益を失うまで続けられた[23]。

トルコにおいては，ドイチェ・バンクが1888年に，トルコ政府からアナトリア鉄道の建設許可を得た。ただその際，ドイチェ・バンクは，3000万Mのトルコ国債の引受を条件とされ，その発行のためのコンソーシアムも形成された。そして翌89年に，コンスタンティノープルに鉄道会社が設立され，同年，イスミッドからアンゴラまでの最初の鉄道建設を目的として5％利付債券が発行された。この鉄道債発行のコンソーシアムは，いうまでもなくドイチェ・バンクによって指導された[24]。

北アフリカには，ドレスナー・バンクが中心となって進出した。ドレスナー・バンクは，アー・シャーフハウゼンシャー・バンクフェライン，ナチオナル・バンク・フュア・ドイチラントと共同で1905年にドイチェ・オリエントバンク Deutsche Orientbank を創設した。そしてこの銀行が，エジプトの抵当銀行やアレキサンドリア所在のドイツ系紡績工場などに資本参加したのである。さらに1906年に，この銀行は，小規模だが活動的なタンジー

ルの銀行を取得した。それは，モロッコの諸企業に対する金融を自らのものとするためであった。その他，ドイチェ・バンクやドイツ海外銀行もまた，モロッコのアングロ・エジプシャン・バンク Anglo-Agyptian Bank に資本参加していた[25]。

米国においては，ドイチェ・バンクが，1880年代，90年代を通じて，J. P. モルガンや鉄道王ジェームズ・ヒル James Hill と結びつきを強めていった。ドイチェ・バンクは，鉄道会社アメリカン・ノーザン・パシフィック・レイルロード・カンパニー American Northern Pacific Railroad Company に大きな利害関係を有し，2度にわたってこの鉄道会社の再建に尽力せねばならなかった。すなわち，この会社に新資本を供給するためコンソーシアムが形成されて，ドイチェ・バンクが引き受けた分の債券や株はドイツの取引所で売り捌かれたのである[26]。

ドイチェ・バンクは，米国でノーザン・パシフィックの再建に関わっていた同時期に，アルゼンチンの発電株にも関与していった。ドイチェ・バンクは，ブエノスアイレスに発電所建設の利権を得ていたアー・エー・ゲー AEG と結びついて，発電所建設と営業のための会社ドイチ・ユーバーズィーイッシェ・エレクトリツィテーツ・ゲゼルシャフト Deutsch-Überseeische Elektrizitäts-Gesellschaft を設立した。この会社は，ブエノスアイレスに最大容量をもつ発電所を擁するようになり，1905年までに3度増資され資本金は3600万Mとなった[27]。

東アジアでは，ディスコント・ゲゼルシャフトやドイチェ・バンクによって設立されたドイチ・アジアティッシェ・バンクが，すでにみたような中国国債の発行に留まらず，中国の鉄道や鉱業に深く関与していった。すなわち，1897年に，ライヒの野望は弱体化した中国の東北部に向けられ，膠州湾を占領して山東地方の鉄道や鉱山の利権を獲得するに至ったが，その際に山東鉄道会社や山東鉱業会社設立の指導権を握ったのがドイチ・アジアティッシェ・バンクであった[28]。

ドイツの植民地に積極的な関心をもち，本格的に関わったのは，唯一ディスコント・ゲゼルシャフトだけであった。当時，多くの銀行家は，1882年

に設けられたドイチャー・コロニアルフェライン Deutscher Kolonialverein（1887 年からはドイチェ・コロニアルゲゼルシャフト Deutsche Koronial-gesellschaft）に加わっていたが，彼らのほとんどは，植民地への熱情についてリップサービスをするだけであり，本気で資金的関わりをもとうとはしなかった。ディスコント・ゲゼルシャフトの会長ハンゼマン A. v. Hansemanだけは，他の銀行家達とは異なって，ニューギニアに強い関心を示してブライヒレーダーとともにニューギニア・コンソーシアムを形成し，そしてビスマルクをして，次のような政策をとらしめようとした。すなわち，ドイツはニューギニア北東部を保護領として取得し，その管理・経済開発・鉱山開発をドイツの民間会社のビジネスに委ねる，という政策である。この計画は実現し，ニューギニア北東部の管轄権は，ディスコント・ゲゼルシャフトとブライヒレーダーが創設したノイギネーア・コムパニー Neuguinea-Kompanie のものとなった。しかしその経営は失敗し，最終的に 1898 年に領土権は 400 万 M でライヒに売却された[29]。

### 4　対外投資の規模

以上では，ドイツの銀行の国際業務を，3 つの局面に分けてその事例を追った。すなわち，貿易金融，他国の国債など外国証券の発行引受，そして外国産業への積極的関与をも生ぜしめる対外資本参加という整理であった[30]。

このうち，第 2，第 3 の業務において取り扱われる外国証券が，ドイツの投資家に向けてマルク建てで発行されたものであるなら，この証券の発行主体はマルク資金を調達し，基本的にはそれを種々の取引に用いるためにドイツの銀行に預金として保有することとなる。この点，第 2 の業務において，国際的コンソーシアムが形成され，それによって外国証券の発行引受が担われたとしても，そのうち，ドイツの銀行が引き受けてドイツの投資家に売却された分については，やはりマルク建てであり，この証券の発行主体が調達したマルクは当面は同様にしてドイツの銀行で保有されるであろう。このようにして，ドイツの銀行の外国証券発行に関わる業務は，外国居住者がドイツで保有するマルク残高の形成に関わる。それは「マルク国際化」の一要因

をなす。ここでは，このような視点から，ドイツで発行された外国証券の規模，すなわち対外投資の規模をみておく。

まず，外国証券発行に関わる，すなわち，ドイツの銀行が媒介するかもしくは自らが行った，上述の第2と第3の場合の，いわゆる「資本輸出」の量についてであるが，第1次大戦前におけるこの残高の詳細なデータは存在しない。ボルン K. E. Born は，この残高について，235億Mと310億Mという2つの数字を挙げ，種々の理由から前者の235億Mを妥当なものと推定している。またポール M. Pohl も，いくつかの推定額を紹介しながら，1890年頃ではおよそ100億M，1913年末ではおよそ200億Mと残高を見積っている。さらにボルンによると，この総額の半分以上（およそ120億M）はヨーロッパに投じられ（ヨーロッパの内訳は，オーストリア＝ハンガリーがおよそ1/4の30億M，そしてロシアとトルコがそれぞれ18億M），そして，残りの海外へ投じられた分をおよそ100億Mとすると，そのうち，北アメリカとラテンアメリカへはそれぞれ37.5億Mずつ投下された，という。また，ドイツの植民地には，全体のわずか2％ほどが投じられただけであった，という[31]。

ドイツの対外投資残高については，おおよそ以上の推定によるとしても，年々の新規の投資額，すなわち，ドイツにおける外国証券の年毎の発行額については数値がある。表6-1 は，1884年から1913年までの30年間を5年間ずつ6つの期間に区切り，5年毎の総額によって証券発行額の推移をみようとしたものである。とくに目立った特徴を見出せるわけではないが，国内証券の方は，債券も株式も着実な増大をみせているのがわかる。債券については，最後の期間の発行総額は第1の期間のそれの3倍強に，株式については7倍強になっている。これと比べて，外国証券のドイツ国内での発行は，国内証券のような顕著な増加傾向はみせず，債券も株式も一定の水準の範囲内で推移している，といえる。

そこで，総括的に，ドイツは1880年代以降コンスタントに対外投資を続け，ドイツの銀行はそれを媒介し，また自らも投資して債券や株式を保有したが，これによって外国保有のマルク残高は一定水準に維持されていた，と

表6-1 ドイツにおける証券発行(1884-1913年)　(百万M)

| | 国内証券 | | | | | 外国証券 | | | | | |
|---|---|---|---|---|---|---|---|---|---|---|---|
| | 債券総額 | 内訳 | | | 株式(相場価格) | 債券総額 | 内訳 | | | | 株式(相場価格) |
| | | 国債 | 地方債 | 抵当証券 | 工業・鉄道債 | | | 国債 | 地方債 | 抵当証券 | 工業・鉄道債 | |
| 1884〜1888 | 2,656 | 1,031 | 311 | 1,134 | 180 | 556 | 2,692 | 1,317 | 195 | 203 | 978 | 218 |
| 1889〜1893 | 4,289 | 1,957 | 301 | 1,828 | 204 | 952 | 1,951 | 1,016 | 72 | 25 | 839 | 105 |
| 1894〜1898 | 3,867 | 514 | 542 | 2,396 | 416 | 2,588 | 2,591 | 1,053 | 157 | 240 | 1,141 | 188 |
| 1899〜1903 | 5,909 | 2,121 | 1,195 | 1,760 | 833 | 2,655 | 1,329 | 792 | 117 | 61 | 361 | 179 |
| 1904〜1908 | 8,415 | 3,229 | 1,816 | 2,442 | 929 | 3,488 | 1,789 | 1,239 | 57 | 73 | 421 | 348 |
| 1909〜1913 | 8,608 | 3,332 | 1,734 | 2,210 | 1,333 | 4,025 | 2,048 | 1,157 | 154 | 73 | 664 | 304 |

(出所) Deutsche Bundesbank (1976), S. 293 による。

いうことができる。

## II 貿易金融の構造と外銀保有マルク残高

### 1 貿易金融の構造

　前節では，ドイツの銀行の3つの国際業務を追った。そのうち，外国証券と関わる第2，第3のものは，ドイツの対外的な政治動向やドイツの銀行の対外的な個別的つながりと関わって展開し，この点でやや偶発性をもつものであったとみることができる。これと比べて，第1の貿易金融は，既述のように，ドイツの銀行が相対的により意識的・戦略的に追求した分野であると評価しえる。

　そしてまた，ドイツの銀行の貿易金融は，前述の外国証券の発行とともに，「マルク国際化」・マルク建て決済システムの対外的な拡張という問題と密接な関連をもつ領域である。そこで，次に，ドイツの銀行の貿易金融を改めて取りあげ，それがどのような構造をもつものであったかを追ってゆく。その際，この分野の代表格でもあるドイチェ・バンクの事例に即してみてゆく

ことにする。

　ドイチェ・バンクの場合，貿易金融に関わった機関は，ベルリンの本店，ブレーメンとハンブルグの支店，そしてロンドン支店であった[32]。さらに，ドイチェ・バンクとは別の組織形態をとっていたが実質的にはその一分肢といえる，ドイツ海外銀行の組織(ブエノスアイレスの支店やその他の南米支店を含む)が存在した。

　ところで，ドイツの銀行の貿易金融という場合，いくつかのケースに分類することが可能である。これに関して，『バンククレディット』では次のように指摘されている。すなわち，第1次大戦前，ドイツの貿易に対する金融は，かなりの程度，そして不断に増大する割合でドイツの銀行の引受手形が用いられていたが，とりわけ，海外からの輸入に際してマルク建て手形が用いられた，ということ。そしてドイツから海外への輸出に際しては(とくにハンブルグの輸出業者にとって)，ドイツの銀行の引受信用の利用は小規模に留まっていたこと。また，ヨーロッパ諸国，とりわけロシアやオーストリアとの取引は，輸出入ともにドイツの銀行宛のマルク建て手形が好んで用いられたこと。そしてさらに，ドイツの銀行のロンドン支店が自行宛のポンド建て手形を振り出させ，ドイツの貿易のかなりの額に金融をつけていたこと。ただし，このロンドン支店の引受の量は，とくに区別立てされてはいず，ドイツの銀行のバランスシートに自行引受として一括されていた。最後に，南米などの銀行は，ドイツの貿易のための「支払・信用仲介」Zahlungs- und Kreditvermittlung に使われた，ということ[33]。

　さて，以上のような『バンククレディット』の指摘を踏まえると，ドイチェ・バンクの貿易金融業務も次のように分類することができる。まず，ベルリン本店，ブレーメンとハンブルグの支店のマルク建て引受信用は，ドイツの海外からの輸入に際して顕著に利用されたこと。また，他のヨーロッパ諸国(ロシアやオーストリアなど)との取引では，輸出入両方に際してこのマルク建て引受信用が与えられたこと。次に，ロンドン支店のポンド建て引受信用は，上記のマルク建て引受信用が十分にカバーしえない部面で利用されたと考えられるから，とくにドイツの海外への輸出に際してより用いられたで

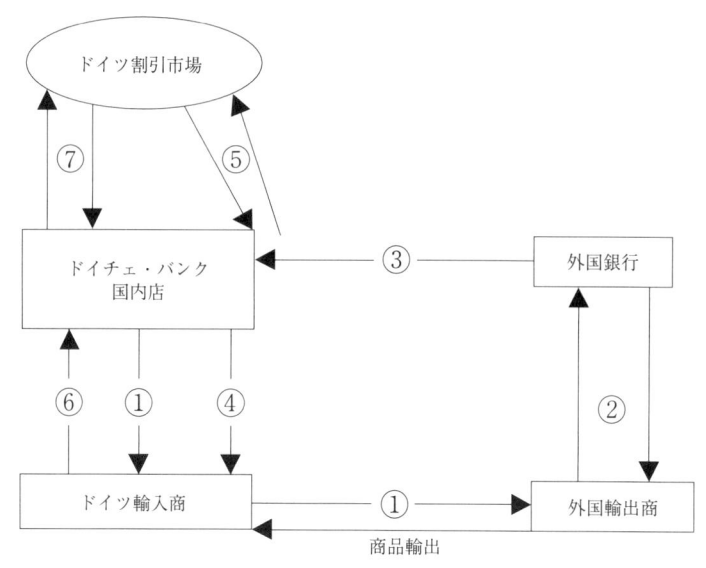

第6章 ドイツの銀行の国際業務と「マルク国際化」　135

図 6-1　マルク建ての輸入金融

あろう，ということ。そして最後に，例えばドイツ海外銀行のブラジル支店などは，ブラジルからの輸入に際してベルリンやハンブルグが与えるマルク建て引受信用の成立にとって不可欠の地位をもっていたであろう，ということ[34]。

そこで，以下，代表的なケースとして，ベルリン，ハンブルグなどのドイチェ・バンクの国内店が，海外および他のヨーロッパ諸国からドイツが輸入する際にマルク建ての金融をつける場合，同じく，他のヨーロッパ諸国へドイツが輸出をする際にマルク建ての金融をつける場合，そして，ロンドン支店が，海外へドイツが輸出する際にポンド建ての金融をつける場合に分けて，その構造を追ってゆくことにする。

まず，ドイツの輸入に際してマルク建ての引受信用が利用される場合である。これについては，すでに第1章で触れられているが，ここではもう少し詳しくみてゆく。成り行きは次のようになる（図6-1参照）[35]。①商業信用状の発行と外国輸出商へのその送付。②商業信用状にもとづき，輸出商はドイ

チェ・バンク宛マルク建て手形を振り出し，船積書類を添えて外国銀行へ売却(この銀行の業務は引受でなく割引であり，収入は利子)。輸出商は輸出代金を取得。③外国銀行はドイチェ・バンクに手形と船積書類を送付し，ドイチェ・バンクの引受を得る(ドイチェ・バンクの貸方の「引受」項目に債務形成。これはドイチェ・バンクの引受業務であり収入は手数料，表6-2参照)。④ドイチェ・バンクは船積書類を輸入商へ貸し渡す(ドイチェ・バンクの借方の「商品・商品船積への前貸」項目に資産形成，いわゆる「商品担保前貸」，表6-2参照)。⑤引受を与えられた手形はドイツの割引市場で割り引かれ，外国銀行の手形債権は現金化し，ドイツ国内にマルク建て預金を形成。他方，手形は満期まで流通。⑥輸入商は，手形の満期までに，輸入代金をドイチェ・バンクに支払う(ドイチェ・バンクは「商品担保前貸」を回収)。⑦ドイチェ・バンクは満期となった手形に対して支払う(引受債務を「返済」)。

次に，ドイツが他のヨーロッパ諸国へ輸出する際に，ドイチェ・バンクの国内店がマルク建ての金融をつけるケースであるが，それは，上にみた輸入金融の事例に若干の変更を加えれば基本構図は得られる。概略を示しておく。

ドイツの輸出商は，ドイチェ・バンク宛マルク建て手形を振り出し，ドイチェ・バンクの引受を得る。船積書類は，ドイチェ・バンクを経て外銀へ送付され，外国輸入商へ貸し渡される(ドイチェ・バンクの貸方「引受」項目に債務形成，借方「商品・商品船積への前貸」項目に資産形成)。輸出商は，引受を得た手形をドイツ割引市場で売却し，輸出代金のマルクを入手する。他方，引受手形は満期まで流通する。外国輸入商は期日までに輸入代金を外銀に支払い，外銀は，ドイチェ・バンクに保有しているマルク建て預金を引き落として，これを決済する(ドイチェ・バンクは「商品・商品船積への前貸」を回収)。ドイチェ・バンクは，期日の来た手形に対して支払う(引受債務を「返済」)。

最後に，ドイチェ・バンクのロンドン支店が，ドイツの海外への輸出に際してポンド建てで金融をつけるケースである。概要は次のようになる。

ドイツの輸出商は，ドイチェ・バンク・ロンドン支店宛のポンド建て手形を振り出し，船積書類を添えてドイチェ・バンク国内店へ売却し，輸出代金

第 6 章　ドイツの銀行の国際業務と「マルク国際化」　137

表 6-2　ドイチェ・バンクのバランスシート (1913 年 12 月末)

(M)

借方

| | | | |
|---|---|---|---|
| 1. 未払資本金 | | | — |
| 2. 現金、外貨および利札 | | | 90,348,302 |
| 3. 発券・手形交換所銀行預ヶ金 | | | 37,100,603 |
| 4. 手形、無利子蔵券 | | | |
| 　a）手形、無利子蔵券 | 639,001,793 | | |
| 　b）自行引受手形 | — | | |
| 　c）自行振出手形 | 400,419 | | |
| 　d）銀行指図式顧客約束手形 | — | | 639,402,210 |
| 5. 他銀行へのノストロ債券 | | | 61,734,631 |
| 6. 上場証券に対するルポール・ロンバート | | | 233,226,705 |
| 7. 商品・商品船積への前貸 | | | 216,769,037 |
| 8. 所有有価証券 | | | |
| 　a）国債、利付蔵券 | 131,963,780 | | |
| 　b）その他中央銀行担保適格証券 | 9,703,933 | | |
| 　c）その他上場証券 | 18,008,186 | | |
| 　d）その他証券 | 1,795,723 | | 161,201,623 |
| 9. 引受回参加 | | | 53,462,472 |
| 10. 他銀行への永続的参加 | | | 82,469,426 |
| 11. 当座貸務省勘定 | | | |
| 　a）上場証券を担保とするもの | 512,440,854 | | |
| 　b）無担保のもの | 126,019,342 | | |
| 　　その他に手形保証・保証債務者勘定 | 142,300,711 | | 638,460,196 |
| 12. 銀行建物 | | | 31,500,000 |
| 13. その他不動産 | | | 1 |
| 14. その他借方 | | | |
| | | | 2,245,675,207 |

貸方

| | | | |
|---|---|---|---|
| 1. 株式資本 | | | 200,000,000 |
| 2. 準備金 | | | 112,500,000 |
| 3. 債権者勘定 | | | |
| 　a）ノストロ債務 | | 1,824,563 | |
| 　b）顧客のための第 3 者からの借入金 | 626,563,918 | — | |
| 　c）ドイツの銀行からの預り金 | 181,717,654 | 129,702,479 | |
| 　d）手数料不要勘定 | | | |
| 　　1. 7 日以内 | 90,725,167 | | |
| 　　2. 7 日～3 カ月 | | 899,006,740 | |
| 　　3. 3 カ月以上 | | | |
| 　e）その他の債権者勘定 | 315,246,967 | | |
| 　　1. 7 日以内 | 97,694,129 | | |
| 　　2. 7 日～3 カ月 | 136,570,914 | 549,512,009 | 1,580,045,790 |
| 　　3. 3 カ月以上 | | | |
| 4. 引受けおよび小切手 | | | |
| 　a）引受 | | 284,078,811 | |
| 　b）未払小切手 | | 16,624,284 | 300,703,095 |
| 　　その他に手形保証・保証債務者 | | 142,300,711 | |
| 　　自行振出手形 | | 400,419 | |
| 　　新発行の銀行指図式顧客約束手形 | | — | |
| 5. その他貸方 | | | |
| 　　未請求配当 | | 34,134 | |
| 　　G. v. ジーメンス博士基金 | | 7,565,163 | |
| 　　配当支払証税引当金 | | 1,960,000 | |
| 　　本支店相互移転項目 | | 7,211,618 | 16,680,915 |
| 6. 純利益 | | | 35,745,407 |
| | | | 2,245,675,207 |

(出所)　Whale (1930), pp. 144-145.

を入手する。ポンド建て手形はドイチェ・バンク国内店からロンドン支店へ送られ，後者の引受を得た後，ロンドン市場で割り引かれてポンドとして現金化する。他方この手形の期日までに，海外輸入商からの代金は最終的にロンドン支店へと支払われ，それをもってロンドン支店は引受手形への支払いをなす。なお，このケースでは，引受債務と「商品・商品船積への前貸」の形成は，ドイチェ・バンク全体のバランスシートに一括される，ということであった。

さて，以上でみてきたドイツの銀行による貿易金融の3つのケースについて，ここで留意しておきたい点は，「マルク国際化」，すなわち外銀保有マルク残高の形成と利用に関してである。この視点から上述の3つのケースをみたとき，次のように整理できる。

第1のケースでは，そのプロセスのなかで，ドイツの銀行に外銀のマルク建て預金・マルク残高が形成される。それは，ドイツに送られた外銀保有のドイツの銀行宛手形がドイツ割引市場で割り引かれ，現金化し，ドイツの銀行に預入されたものである。マルク建ての引受手形によるドイツの輸入への金融は，このようにして，外銀のマルク建て預金をドイツの銀行内に形成・維持せしめるのである。

第2のケースでは，外国輸入者の支払いが，外銀がドイツに保有しているマルク建て預金・マルク残高によって決済される。マルク建ての引受手形によるドイツの輸出への金融は，このように，外銀のマルク建て預金・マルク残高の利用ということに結びついている。

第3のケースでは，上記2つのケースとは異なって，外銀のマルク建て預金・マルク残高とは何の関わりも出てこない。このことは自明である。事例では，ドイチェ・バンクのドイツ国内店がマルクでポンド建て手形を買い取り，そしてこの手形がロンドンに送られて現金化し，かくしてドイチェ・バンクは資産としてポンドをもつことになる。ドイチェ・バンクが全体として，上記の手形額だけ，マルクからポンドへと資産転換を行った，ということにすぎない。

以上のようにして，外銀のマルク残高の形成と利用という観点からドイツ

の銀行の貿易金融をみたとき，マルク建て引受手形が用いられる第1と第2のケースが，このことと直接に関わるのである。

## 2　外銀保有マルク残高

　ドイツの銀行のマルク建て引受手形を用いた貿易金融は，外銀のマルク残高・マルク建て預金の形成と利用をもたらすものであった。ここでは，この外銀保有のマルク残高が，ドイツの銀行のバランスシートのなかにどのような形で存在し，そしてそれがどの程度の規模をもつか，ということについて若干の整理を行っておく。

　外銀保有のマルク残高は，すでにみたように，貿易金融の第1のケースにおいて，外銀が外国輸出商から買い取ったドイツの銀行宛の手形がドイツ割引市場を経て現金化し，ドイツの銀行に預入されて生じるものであった。それは「国際通貨マルク」の実体をなす。

　この預金は，第1章でみたところであるが，ドイツの銀行のバランスシート貸方の「債権者勘定」の小項目「手数料不要勘定」に他の内外の預金とともに無区別に記入される。「手数料不要勘定」の「7日以内」預金が，ドイツの銀行の当座預金の一形態をなす。この「勘定」は預入者のイニシアチブで生じるものであり，実質的な資金流入がある勘定項目といえた。ついでながら，当座預金のもう1つの形態は，「その他の債権者勘定」の「7日以内」預金であり，これはドイツの銀行の預金貸付等によって生じるものであった。この点は，すでに第1章で注記したところである。

　問題としている外銀のマルク建て預金は，上記の「手数料不要勘定」の「7日以内」に入るのである。また，ドイツの銀行が外銀に対してマルク残高を預金設定で貸し付ける場合等には，その預金額は「その他の債権者勘定」の「7日以内」に表れてくる[36]。

　さて，「手数料不要勘定」に預入されることになる，貿易金融にともなって生じてくる外銀の預金量は，「著名な専門家の供述」にしたがって，その規模を推定することが可能であった。この点も第1章ですでに述べたところであるが，結論だけを記しておくと，まずバランスシート貸方「引受」に着

表 6-3 大銀行のランブール引受と当座預金(「手数料不要勘定」分)の量(1913 年末)

(百万M, %)

|  | ランブール引受(A) | 「手数料不要勘定」の「7日以内」預金(B) | (A)／(B) |
|---|---|---|---|
| Deutsche Bank | 216.76 | 626.56 | 34.6% |
| Disconto-Gesellschaft | 122.22 | 144.76 | 84.4 |
| Dresdner Bank | 115.84 | 210.96 | 54.9 |
| Bank für Handel und Industrie | 14.94 | 88.78 | 16.8 |
| A. Schaaffhausen'scher Bankverein | △ 3.43 | 28.70 | — |
| Nationalbank für Deutschland | △ 5.96 | 35.70 | — |
| Commerz-und Disconto-Bank | 17.35 | 72.40 | 24.0 |
| Mitteldeutsche Creditbank | 3.22 | 39.53 | 8.1 |
| 計 | 480.94 | 1247.39 | 38.6 |

(出所) *Die Bank, Wochenhefte für Finanz- und Bankwesen Chronik der Wirtschaft*, (1914) 所収のバランスシートによる。

目し，そこから，貿易金融に関わらない「金融手形」分を控除して得られる，というのであった。こうして得られる，形成されてくる預金量の規模も(大銀行についての1913年末の数値)，すでに第1章で示した。

表6-3は，外銀の，この形成されてくる預金量が，その預入先であるドイツの大銀行の「手数料不要勘定」の当座預金と比べてどの程度の比重をもつものなのかをみようとした。これをみると，銀行によって大きなばらつきがみられ，貿易金融への比重のかけ方の差がはっきり出ているが，大銀行全体の平均をとると，問題とする外銀の預金規模は，この当座勘定のほぼ4割に相当する。マルク建て貿易金融によって生じる，外銀保有のマルク残高の，ドイツの大銀行にとっての意義の大きさが窺い知れるのである。

ところで，追記しておくが，外銀等非居住者保有のマルク残高・預金の大きさは，上記の量に留まらない。前節でみたように，ドイツの銀行による外国証券の発行によってもこれが生じてくる。一般に，ドイツの銀行に対する，外国からの実質的な資金流入を示す短期信用のうち，マルク建てのそれは「外国現金信用」の一形態「即日払いマルク建て預金」とドイツではよばれた。それは，外銀によるドイツでの手形，小切手の取立て，そして証券や外貨の売却等によって生じるものを包括する[37]。この点を含めて考えると，ドイツの銀行の当座預金(「手数料不要勘定」の「7日以内」預金)に維持さ

れている外銀等非居住者のマルク残高は，上記の4割相当額という量をさらに超えて存在するといわなければならない。

## III 小　括

　本章では，ドイツの銀行の国際業務・国際的展開を3つに分けてその事例を追った。そして，これら業務は，外銀等非居住者がドイツの銀行に保有するマルク残高の形成と利用ということに連なってゆくものであったことが明らかにされた。また，この残高は，ドイツの大銀行の当座預金形成に大きな比重をもつものであったことも推定しえた。

　ドイツの大銀行は，ドイチェ・バンクの例にみられたように，貿易金融をより戦略的に重視しつつ，他方で外国証券の発行にも携わり，そしてこれら業務によって非居住者のマルク残高の形成と利用を押し進めたのである。ここには，ドイツの大銀行が，マルク建て決済システムを国際的に拡張し，その網に非居住者を捉えてゆく姿をみることができる。第1次大戦前におけるこの事態は，第1次の「マルク国際化」である。

1）　なお，この時期に多くみられる鉄道債は，第2と第3の両方にまたがるもの，と整理できる。というのは，後にみるところであるが，ドイツの銀行が外国の鉄道債を発行するときは，すでにその鉄道会社に資本参加するなど一定の緊密な関係が築かれている場合がかなりみられるからである。
2）　以下，本文におけるドイツの銀行の国際業務・国際的展開は，Pohl(1982b)，Born(1983b)による。ただし，ポールもボルンも，銀行の国際業務を本文のように3分類しているわけではない。両者とも，例えば貿易金融のための海外機関設置も「資本輸出」という枠内に捉えられてしまっているし，また対外投資における第2と第3の区別も意識されていない。なお，当該期ドイツの銀行の国際的展開，海外進出を扱っている邦語文献として，居城弘(1981-1982)，赤川元章(1994)がある。併せて参照せよ。
3）　Born (1983b), pp. 125-126.
4）　Born (1983b), p. 126, Pohl (1982b), S. 237.
5）　Born (1983b), p. 126. Pohl (1982b), S. 237.

6) Born (1983b), p. 126.
7) Pohl (1984), S. 245.
8) Pohl (1984), S. 246-247.
9) Pohl (1984), S. 257-258. なお，ポールは，以上3機関の設立をもってドイチェ・バンクの展開の第Ⅰ期としている。第Ⅱ期は，引き続くハンブルグ支店，上海支店，横浜支店の設立以降，そして第Ⅲ期はドイチェ・バンク・ロンドン・エージェンシー Deutsche Bank London Agency の設立以降としている。
10) ドイチェ・バンクは結局，1879年12月に，ジャーマン・バンク・オブ・ロンドンの持ち分を10万M余りの損失をともなって売却した。Pohl (1984), S. 258.
11) Pohl (1984), S. 248-249. なお，ロンドン支店は，貿易金融のほかに，貴金属や証券業務にも携わった。とりわけ証券業務に関しては，ロンドン支店から送られてくる情報だけでもベルリンにとってはかけがえのないものであった。また，外国株への投資は慎重であったが，1890年代のブラジルやスペインなどの大規模な公債発行には参加した。詳しくは，Pohl (1984), S. 253-254 を参照。
12) Pohl (1984), S. 247-248.
13) Pohl (1984), S. 250.
14) なお，ドイチェ・バンク・ロンドン・エージェンシーの清算は複雑な経過をたどり，この支店の支配人フレンゼル R. Frensel が最終的にロンドンでの活動を終えベルリンに戻ったのは，1924年12月だったという。vgl. Pohl (1984), S. 254-257.
15) Born (1983b), pp. 128-130.
16) Born (1983b), pp. 123-124, Pohl (1982b), S. 236.
17) この時期の他の参加行は，ドレスナー・バンク，ディスコント・ゲゼルシャフト，バンク・フュア・ハンデル・ウント・インドゥストゥリー，ブライヒレーダー，オッペンハイム，ベーレンス L. Behrens & Söhne であった。 Pohl (1982b), S. 240.
18) この銀行の創設には，コンソーシアム以外からも，いくつかのオーストリアやスイスの金融機関が加わった。Born (1983b), p. 125.
19) Born (1983b), pp. 124-125.
20) Pohl (1982b), S. 237.
21) Born (1983b), pp. 126-127, Pohl (1982b), S. 237.
22) Born (1983b), p. 129.
23) Born (1983b), pp. 132-133.
24) Pohl (1982b), S. 239.
25) Born (1983b), p. 127.
26) Born (1983b), p. 131, Pohl (1982b), S. 238.
27) Born (1983b), p. 132, Pohl (1982b), S. 238.
28) Born (1983b), p. 127, Pohl (1982b), S. 238.
29) Born (1983b), pp. 130-131.
30) ただし，すでに本文にもみたように，例えば，海外に設置されたドイツの機関の

第6章　ドイツの銀行の国際業務と「マルク国際化」　143

間にこの3業務に関して分業が存在し、それぞれがその専門機関として活動した、というような強い特徴をもつものではなかった。例えば、ドイチ・ベルギッシェ・ラ・プラタ・バンクは、貿易金融のみならずウルグアイ国債も大量に抱えていた。また、イタリア国債の発行のため1887年に結成されたコンソーシアムは、国債発行業務に留まることなくイタリア国内に最大の商業銀行を設立し、そしてこの後者の銀行はイタリアの産業に金融的に関わった、という事例がみられた。さらに、ドイチ・アジアティッシェ・バンクは中国の国債発行を担うと同時に、山東地方の鉄道や鉱業にも関わった。しかしながら、いうまでもなく、貿易金融、対外証券投資の媒介、そして外国産業への関与ないし直接投資という銀行業務の間には、明確な理論的区別が設けられるべきである。このような点と関連して、従来の「資本輸出」という枠組みに批判的視点を提供した村岡俊三氏の所説(村岡俊三[1988]第4章)を参照せよ。

31) Born (1983b), pp. 133-134. Pohl (1982b), S. 241

32) ドイチェ・バンクは、当初(1873/74年)、引受手形に対する支払準備として次の資金額を諸機関に配分した。すなわち、a)本店およびニューヨーク勘定でのベルリン引受に対して400万M、さらにブレーメンおよびハンブルグ勘定でのベルリン引受に対して150万M、b)ブレーメン引受に対して150万M、c)ハンブルグ引受に対して600万M、d)ロンドン引受に対して1000万Mである。Pohl (1984), S. 252. 貿易金融に関するそれぞれの機関の当初の比重が窺われる。また、西村閑也(1981)は、「ブレンダー・リポート」によりつつドイツの銀行のロンドン支店の業務規模等の推定を行っている。併せて参照せよ。

33) Ausschuß zur Untersuchung der Erzeugungs- und Absatzbedingungen der deutschen Wirtschaft (1930), S. 88-89.

34) 以上のような分類、とりわけドイチェ・バンクの国内機関とロンドン支店の間での、したがって、マルク建ての引受信用とポンド建て引受信用の間でのある程度のいわば「分業」の存在は、居城弘氏の指摘にも窺える。すなわち、ドイツの輸入貿易金融には一般にドイツの銀行のランブール信用が利用されたが、ドイツの輸出貿易金融は多種多様だった、という。居城弘(1981-1982)参照。なお、本文では、ロンドン支店を主としてドイツの海外への輸出に際して金融をつけた機関として位置づけているが、もちろんそれに専門化していたというわけではない。海外からの輸入に際しても金融をつけた点をポールが指摘している。Pohl (1984), S. 249 を参照のこと。

35) 以下の輸入金融の構造については、Ausschuß zur Untersuchung der Erzeugungs- und Absatzbedingungen der deutschen Wirtschaft (1930), S. 88-91, Pohl (1984), S. 246, 居城弘(1981-1982)、赤川元章(1994)第4章を参照。

36) 本書第1章の注23)を参照。

37) 本書第2章の注35)を参照。

# 第7章
# 1930・40年代の為替清算システムと
# ドイツの銀行
―――「第2次マルク国際化」―――

　1930年代および40年代前半までにわたって，ドイツは，対外的に「マルク建て決済システム」を押し進めようとした，とみることができる。それを，第1次大戦前の展開に次いだ「第2次マルク国際化」とよぶことができる。本章では，これを対象にし，それがどのような形式と内容をもつものであったかを分析し，考察する。そして，当時のドイツの銀行の対外進出が，この対外的な「マルク建て決済システム」とどのように連係していたのかを探ろうとする。

　以下，まず，ドイツの為替管理・「封鎖マルク」の形成を追い，それに連なって展開する為替清算システムの仕組みを明らかにする。次いで，一方的ともいえるドイツの清算債務累積の内容を明らかにし，この時期の国際的な「マルク建て決済システム」の本質を考察する。そして，この「マルク建て決済システム」の展開とドイツの民間銀行の対外進出がどのように関わっていたかを，ドイチェ・バンク Deutsche Bank の事例を取りあげて分析し，整理する。

## I　為替清算システム

### 1　為替管理と「封鎖マルク」

　ドイツの国際収支表をみると，1920年代の24-29年の累計では，貿易収

表7-1 ライヒスバンク保有金・外貨準備高

(100万RM)

| 各年末 | 金(棒金,外国金貨,ライヒ金貨) | 外貨(外貨預金,その他債権,外国手形・小切手) | 計 |
|---|---|---|---|
| 1924 | 760 | 1,308 | 2,068 |
| 1925 | 1,208 | 1,022 | 2,230 |
| 1926 | 1,831 | 964 | 2,795 |
| 1927 | 1,865 | 472 | 2,337 |
| 1928 | 2,729 | 528 | 3,257 |
| 1929 | 2,283 | 812 | 3,095 |
| 1930 | 2,216 | 764 | 2,980 |
| 1931 | 984 | 308 | 1,292 |
| 1932 | 806 | 253 | 1,059 |
| 1933 | 386 | 275 | 661 |
| 1934 | 79 | 144 | 223 |
| 1935 | 82 | 186 | 268 |
| 1936 | 66 | 119 | 185 |
| 1937 | 71 | 198 | 269 |
| 1938 | 71 | 208 | 279 |
| 1939 | 71 | 238 | 309 |
| 1940 | 71 | 64 | 135 |
| 1941 | 71 | 39 | 110 |
| 1942 | 71 | 30 | 101 |
| 1943 | 71 | 24 | 95 |
| 1944 | 71 | 13 | 84 |

(出所) Deutsche Bundesbank (1976), S. 329.

支とサービス・利子収支は62億RMの赤字となり，さらにこれに賠償支払い84億RMがつけ加わる。この赤字合計をファイナンスしたのが，170億RM(「分類不能分」を含む)近くの外資の流入であった。そして，この外資流入は，同期間の累計で22億RMの金・外貨準備の積増しをも可能にしていた。1924-29年のドイツは，まさしく「外資依存体制」とよびうるものであった。

1930年代は，数値の利用できる35年までの累計でみると，57億RMの貿易黒字が，賠償支払い(33年まで)とサービス・利子収支の赤字(55億RM)を埋めていたのがわかる。他方で，31億RMの資本流出(「分類不能分」を含む)が，29億RMの金・外貨準備の喪失をもたらしている[1]。

表7-1は，ライヒスバンクの金・外貨保有残高を示している。30年末の30億RM近い金・外貨準備は，銀行恐慌に見舞われた年，31年の年末には，

13 億 RM へと激減している。そして，33 年以降，残高は極端に低くなってゆく。このようにしてドイツは，20 年代の「外資依存体制」という姿を大きく変化させ，30 年代には金・外貨準備の縮小に慢性的に苦しむこととなるのである。

さて，金・外貨準備の縮小への対抗措置としては，輸入を制限し，資本逃避を防ぐための外国為替管理が有効であった。ドイツは，31 年に，工業国としては最初に為替管理を導入した。同年の 7 月および 8 月のライヒ緊急令によって，すべての外為取引はライヒスバンクに集中されることとなり，対外支払手段と対外債権はライヒスバンクに引き渡されることとなった。この為替管理は，さしあたっては，銀行恐慌による資本逃避を防ぐための必要措置という性格をもつものであったが，次第に，ドイツの長期的な対外経済政策の一内容としての位置を占めていった[2]。為替管理によって，輸出者には外貨の引渡し義務が生じ，輸入者には許可制の外貨割当が課されたが，ドイツの外貨残高の減少とともに，輸入者への割当てはますます小さくなっていった。32 年 5 月から 34 年 2 月までの間，輸入者は，請求のおよそ 50％だけ外貨を受け取ることができたにすぎず，34 年 8 月には，それはわずか 5％となった[3]。

さて，上記のようなドイツの為替管理にともなって，31 年 8 月には，ドイツと欧米諸国との交渉によって「据え置き協定」が締結された。この協定は，それ以降の 6 カ月間の期間をもって，同年 9 月 17 日から実施された。その後，この協定は毎年更新され，第 2 次大戦前の 39 年まで続いていく[4]。

この協定は，31 年以前の外国信用の繰延べや返済，金利の削減，そして外国人保有のマルク建て債権の投資・流動化の方法等を規定していたが，実質的には，外国人保有マルク残高の凍結をもたらすものであった。「封鎖マルク」の形成である。

ドイツは，中・長期の対外債務については，33 年 6 月まで利払いや元本償還のトランスファーに応じていた。しかし，同年 6 月 9 日「対外支払い債務に関する法」を発布し，一方的にこれら債務支払いのトランスファー・モラトリアムを宣言した。そして 7 月 1 日以降，ドイツの対外中・長期債務の

元利支払いは，ライヒスバンクの補助機関として新たに設立されたドイツ対外債務換算金庫 Konversionskasse für deutsche Auslandsschulden に，すべてライヒスマルクで払い込まれるよう義務づけられたのである。上記の法律は，「据え置き協定」が対象とする債務やドーズ・ヤングローンを除いて，他のすべての未払いの中・長期債務に適用された。そして，換算金庫に払い込まれた資金が外国にトランスファーされる時期については，ライヒスバンクの決定事項とされたのである。その後，債権国の対抗措置等の動きのなかで妥協が成立し，一時的に未払いの75％がトランスファーされることとなった（一部は外為で，一部は換算金庫が発行するスクリップで支払われたが，後者はドイツ金割引銀行 Deutsche Golddiskontbank が50％のディスカウントをもって後に購入した）。

このようなトランスファー・モラトリアムは，34年7月1日以降，完全な姿をとるようになる。すなわち，ドーズ・ヤングローンを含めるすべての対外債務について，その元利支払いのトランスファーが禁止され，換算金庫へライヒスマルクで払い込まれて形成される外国債権に対しては基金証券 Fundierungsbond が発行されることとなった[5]。

さて，以上のような「据え置き協定」やトランスファー・モラトリアムによって，ドイツには「封鎖マルク」残高が形成されることとなったが，それは，その資金の出自にしたがって分類され，ドイツ国内での利用可能な形態を細かく規定された。第2次大戦に先立つ数年において，およそ10種類の「封鎖マルク」の基本的カテゴリーが存在したという[6]。

これらのマルク残高は，外国居住者の間で売買され，アムステルダムやロンドンのような国際金融センターで取引された。しかし，このマルク残高は，その使用がドイツ国内での限定的なものに制約されていたため，外国で取引される場合，公式相場より大幅にディスカウントされた。例えば，35年2月では，「登録マルク」[7]は34％，「封鎖信用マルク」は54％，「封鎖証券マルク」は64％のディスカウントをもって取引されたという。

このように，マルク残高が外国居住者間で大幅なディスカウントをもって取引されたということは，いうまでもなく，国際的取引におけるライヒスマ

ルクの信認喪失を意味するが，他方でドイツは，このディスカウントを自国の輸出促進に利用した。例えば次のようにであった。

ドイツの輸出者は，その輸出によって得た1万USドルのドル為替の半分（5000 USドル）を公式相場（1 USドル＝2.5 RM）でライヒスバンクへ売却し，まず1万2500 RMを入手する。残りの5000 USドルは，ドイツ金割引銀行を通して，当時54％のディスカウントをもって外国で取引されていた「封鎖信用マルク」の買い上げに用いられた（33年に，「封鎖マルク」の外国での買い上げはドイツ金割引銀行へ集中された）。これにより，2万7000 RMが入手される。したがってドイツの輸出者は，1万USドルの輸出から，合計3万9500 RMを入手することになる。結局この輸出は，1 USドル＝2.5 RMでなく，1 USドル＝3.95 RMの相場で実行されたとみることができるのである。なお，このような，ドイツが輸出取引を行う際の，公式相場とは異なる「現実の」相場は，輸出による収益の大きさやマルク残高のディスカウントの度合いによって，その時々で変化した。かくして，1930年代，ドイツは，各国の平価切下げには追随しなかったとはいえ，その代わりに，上例のように，その時々の貿易取引に応じて為替相場を有利に「仕立てた」のである[8]。

## 2 為替清算システム

以上でみてきたように，ドイツは，金・外貨準備の縮減に対抗して為替管理やトランスファー・モラトリアムを断行し，そして種々の形態の「封鎖マルク」を作り出していった。このマルク残高は，外国での取引における大幅なディスカウントが端的に示すように，公式には当時ライヒスマルクの平価維持が貫かれていたにしても，国際取引においては完全にその信認を喪失していた。このような状況では，もはや，ドイツが国際取引においてライヒスマルクを用いることはほとんど不可能であった。他方，ドイツの金・外貨準備は枯渇したままであった（表7-1によると，1931-44年の年平均では，3億6200万RMにすぎず，30年末の残高の1/10ほどであった）。かくして，ドイツが外国貿易を続けていくためには，金・外貨を用いず，そして今や信認

のないライヒスマルクを何とか利用するような，新しい決済システムが必要であった。

　ドイツは，30年代に，上記の目的に適うようなバイラテラルな為替清算協定を多くの国々と結んでいった。それは，原則的には，協定当事国がお互いに輸出入均衡を目指すものであり，その清算の仕組みは一般的には次のようなものであった。

　A国とB国との取引において，B国から輸入するA国輸入者は，その支払いをA国中央銀行内に置かれたB国勘定にA国通貨をもってなす。B国輸出者は，B国中央銀行内のA国勘定から，B国通貨をもって輸出代金を受け取る。これらの取引の結果，A国中央銀行に対するA国通貨建てB国債権は増大し，逆にB国中央銀行に対するB国通貨建てA国債権は減少する。しかし，逆向きの取引(A国輸出，B国輸入)が同量で生じれば，相互の残高は均衡する[9]。このような清算取引は，35年には，ドイツの貿易の80％を担うようになった。そしてこの比率は，39年までほとんど変化することはなかった[10]。

　さて，このような清算取引・清算協定は，ドイツの相手国やその内容にしたがって次の3つの基本形態に分類される。第1は，「西方タイプ」・「支払い協定」とよばれたもので，ドイツと自由為替国の間で結ばれたものである。第2は，「東方タイプ」であり，ドイツと他の為替管理国との間で結ばれたものである。第3は，ドイツと南米諸国，アフリカ諸国，オーストラリアとの取引にみられたものである。

　第1の「西方タイプ」・「支払い協定」は，32年9月のスウェーデンとの協定を最初のものとし，それ以降多くの国と締結されていったが，とりわけ重要なものは34年11月のイギリスとの協定であった。そこには，対ドイツ債権国がドイツに対する未回収の債権をドイツからの輸入の一部をもって相殺する，という目的がよく表れていたからである[11]。すなわち，ドイツはイギリスへの輸出売り上げのうち55％をイギリスからの輸入支払いに用い，残りは未払いの対イギリス債務のためにイアマークされるということが決められていた。33年および34年のドイツのトランスファー・モラトリアムが，

西ヨーロッパ債権諸国をして，その債権と対ドイツ入超分との強制的な清算に向かわしめた，というのが第1タイプ・「支払い協定」締結の基本的動因であった[12]。

　第2のタイプは，「東方タイプ」とよばれるように，主に，ドイツが南東ヨーロッパ諸国と結んだものである。34年10月に，為替清算を専門的に行うドイツ清算金庫 Deutsche Verrechnungskasse が設立され(後述)，これ以降清算取引が本格化してゆくが，その主流をなすのが，この第2タイプの協定による取引であったといえよう。

　このタイプの最初のものは，32年4月におけるハンガリーおよびオーストリアとの協定であった。そして38年には，ドイツは22カ国のヨーロッパ諸国とこの協定を結んでいた[13]。「東方タイプ」のこの協定は，ドイツと貿易相手国の為替管理による貿易への制限的作用を避けるべく結ばれたものであった。このタイプの協定は，一般に公表されることはなかったが，ドイツ・ハンガリー協定は例外であった。

　ドイツ・ハンガリー協定のもとでは，清算は次のように行われた。ハンガリー商品を購入したドイツ輸入者は，その支払いをライヒスマルクをもってライヒスバンクに行う。ライヒスバンクは，この金額を，自行に対するハンガリー中央銀行の債権として貸方記帳する。同様に，ドイツ商品を購入したハンガリー輸入者は，ハンガリー中央銀行にハンガリー通貨ペンゲを支払い，その金額はハンガリー中央銀行に対するライヒスバンクの債権として貸方記帳される。そして，ハンガリーとドイツの両輸出者は，それぞれの中央銀行からそれぞれの国内通貨をもって支払われるのである。

　このような清算協定は，一般に，パートナー国間での輸出入の均衡を目指すものであったが，現実には赤字・黒字の不均衡な累積を許すものであった[14]。実際に，ドイツは，多くの南東ヨーロッパ諸国との取引において，入超を期待し，そこに利益を見出したのであった(後述)。

　清算協定の第3のタイプは，「アスキ方式」とよばれるものであり，ライヒスバンクと南米等の政府とで結ばれた。このタイプの清算は，先に触れた「スクリップ方式」を手本とし，次のように行われた。すなわち，外国の対

ドイツ債権や商品・サービス供給に対して，ドイツの債務者はその対価をすべてライヒスマルクでドイツ清算金庫の「アスキ勘定」Ausländersonderkonten für Inlandszahlung へ払い込み，外国債権者はこの「アスキマルク」を，厳密に定められたドイツ商品の輸入に用いるか，もしくは外国でディスカウントをもって売却した。なおこの「アスキ取引」は，35年以降漸次縮小していった[15]。

以上のようにして，ドイツの為替清算システムは，「封鎖マルク」の形成・発展とともにそれと関連しながら3つのタイプを出現させたが，総じてこれらは，以下の行論でも示されるが，国際取引におけるライヒスマルクの信認失墜の上に築かれたものであった。

## II ドイツの清算債務増大と国際的「マルク建て決済システム」

### 1 ドイツの清算債務増大

ドイツは，前節でみたような3つの型の清算取引を展開したが，その協定の数は増大し，清算機関としてのライヒスバンクの負担がきわめて大きくなってゆくにつれて，1934年10月に清算機能を専門的に担うドイツ清算金庫を設立する。これ以降，清算業務は，ライヒスバンクの手からライヒ経済省管轄下のこの専門機関に移されることとなった。

ドイツ清算金庫は，バイラテラルな取引の清算を実行するという任務をもつのであり，ドイツ清算金庫が債権国に対して負う債務はドイツ国家によって無制限に保証される旨が言明されていた。業務の遂行は，5人のメンバーからなる評議員会によって行われるが，評議員はライヒ経済大臣によって任命されるのであり，ドイツ清算金庫はライヒ経済省のコントロール下にあった[16]。このような清算金庫の設立は，いうまでもなく，ドイツの清算システムの本格的展開を意味するのであり，他方での国際取引におけるライヒスマルクの信認失墜を背景とするものであった。

さて表7-2は，ドイツが清算金庫へ払い込んだ金額，すなわち，清算協定を結んだ相手国との経常取引によるドイツの支払金額と，これら相手国との

表 7-2　ドイツ清算金庫

(100万RM)

|  | 各年末における債務(−)と債権(+)残高 | 各年における清算金庫への払い込み額 |
|---|---|---|
| 1934 | −322 | — |
| 1935 | −433 | 3,308 |
| 1936 | −349 | 3,258 |
| 1937 | −244 | 3,993 |
| 1938 | −314 | 4,174 |
| 1939 | −335 | 5,131 |
| 1940 | −953 | 8,937 |
| 1941 | −3,251 | 15,209 |
| 1942 | −8,052 | 19,918 |
| 1943 | −14,253 | 24,462 |
| 1944 | −20,022 | 20,104 |
| 1945[1] | −20,199 | — |

(注)　1)　1945年3月31日の申告。
(出所)　表7-1に同じ。S. 41による。

輸出入等の清算の後にドイツに残る債務残高を示している。また，図7-1は，後者を図示したものである。

　ドイツの輸入超過等によって生じるドイツの債務増大は，40年頃から顕著となる。これは，40年以降，ドイツの戦争目的の原料需要が著しく増大したためであり，新たな清算協定が結ばれたためでもあった[17]。39年までは，ドイツの清算債務は3億RM前後で推移し，それほど大きな変化を示さない。これは，この頃まで，ドイツと清算取引相手国との輸出入がほぼ均衡していたことを示す。そして，40年からの債務残高増が，ドイツの輸入等の累積を示すのである。

　この時期のドイツの清算債務の顕著な増大について，当時のライヒスバンクは次のような要因を挙げている。例えば，42年における債務増大は，輸出入の均衡が崩れたことによるのではなく，戦争遂行上必要な外国のサービスへの支払い，およびドイツにおける外国人労働者の使用とその賃金貯蓄の増大によるものであった，と。また，ライヒスバンクは，ドイツの輸出が長期信用をもって行われたことも債務増大の重要な要因として挙げている。つまり，ドイツの輸出が長期信用をもって行われるならば，相手国では，相手

(百万RM)

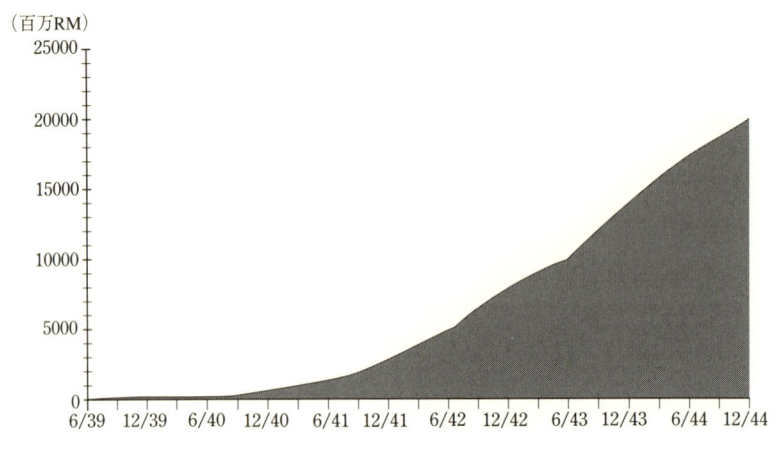

図7-1 第3帝国(ドイツ清算金庫)の清算債務
(出所) Höpfner (1988), S. 137.

　国輸入者の相手国中央銀行等への輸入代金支払いはすぐには生じず，ドイツの側では，ドイツの輸出者が清算金庫のマルク残高から輸出代金支払いをすぐには受けない，という事態なのであり，このことがドイツの輸入債務残高を必要以上に大きくしているというのである[18]。

　ライヒスバンクは，43年のドイツの債務増大については，ドイツの輸出減と外国サービスの受取り増を要因として挙げている。また，ライヒスバンクは，ドイツのこの債務増大に関わって，相手国輸出者が被る輸出代金受取りの「待ち時間」についても触れている。この「待ち時間」は，ドイツが相手国に対して輸入に見合うほどの輸出を行わず，したがって相手国輸入者が輸入代金を自国通貨で自国中央銀行に払い込むことが生じないために発生するのである[19]。

　以上のようにしてドイツは，40年頃から清算債務を累積させてゆくのであるが，最終的にその残高は，44年末で200億RMに達している。ただし，ヘプフナー B. Höpfner によれば，さらにこの残高に106億7700万RMが加算されねばならない。というのは，清算取引相手国の清算債権からライヒ大蔵省証券へ投資された分があり，それが上記金額なのであり，この部分は

「ドイツ清算金庫外部の債務」として処理されてはいるが，それは明らかに清算債務の形を変えたものにすぎないからである。かくして，44年末における清算債務総額は，ほぼ307億RMとなる[20]。

この307億RMに達するドイツの清算債務残高は，債権国グループ別の帰属をみると，次のような割合となる。すなわち，ドイツの占領地域82.8%，ドイツの同盟諸国14.6%，中立諸国2.4%，清算取引停止国0.1%というシェアである[21]。注意すべきなのは，「占領地域」だけでドイツの債務残高のおよそ83%を占めているという点である。「同盟諸国」も加えると，実に98%近くとなる。

## 2 国際的「マルク建て決済システム」

前述のように，ドイツは，「占領地域」や「同盟諸国」に対して一方的に清算債務を累積させていったのであるが，ここには，ドイツが，これらの地域・諸国に対して，相互の輸出入均衡という清算取引の本来の原則を完全に逸脱して，商品・サービスの一方的な売渡しを1940年代から強要していった姿が浮かび上がってくるのである。

さらにドイツは，これらの地域・諸国を対象に，バイラテラルな清算を超え，ベルリンをセンターとした多角的な清算システムの構築をも目指していた。この点について，ライヒスバンクの42年の営業報告書では次のように述べられている。すなわち，「ドイツ清算金庫での多角的清算取引においては，売り上げばかりでなく参加者の数も」増大し，この時期「19のヨーロッパ諸国・地域がベルリンでの多角的清算取引に結びつけられて」いて，「いくつかのケースでは，第3国間貿易における支払いが(今までは自由為替で行われていた)，この清算方式で相殺されている」と[22]。

上のようにドイツは，上記の地域・諸国に対して，一方的にマルク建て債務をドイツ清算金庫内で増大させ，そしてこのマルク残高を多角的な決済に用いようとしたわけである。それは，これらの地域・諸国でライヒスマルクを「国際通貨」として通用せしめようとする試みであった。

さて，ドイツが，「占領地域」や「同盟諸国」を相手として展開した為替

清算システムは，もはや国際的信認の全くないライヒスマルクを，上記のように国際通貨として用いようとする点にその本質があったわけであるが，この点について，以下でもう少し詳しくみてゆくことにする。

　ドイツが一方的に清算債務を増大させていった相手は「占領地域」や「同盟諸国」であった。そしてこれらの地域・諸国には，ドイツが「東方タイプ」の清算協定を締結した東・南東ヨーロッパ諸国が主要なものとして含まれる。そこで以下では，ドイツと東・南東ヨーロッパ諸国との関係に焦点を絞ってみてゆくことにする。

　まず，30年代を通じたドイツと東・南東ヨーロッパ諸国との貿易の動向であるが，タイヒェルト E. Teichert が掲げているドイツの輸出入の地域別構造を示す表をみると，ドイツの輸出入に占めるこの地域のシェア増大が目立つ。輸入については，「英国を含む西ヨーロッパ」のシェアが29年の37.8％から38年の35.2％へと落ちている一方，「ソ連を除く東・南東ヨーロッパ」のシェアは，同じ年の比較で7.9％から13.6％へと上昇している。また輸出についても，やはり同時期の比較で，前者のシェアが58.8％から48.8％へと落ち，後者のシェアが8.9％から14.5％へと上昇している[23]。ドイツは30年代に，既述の「西方タイプ」清算協定相手国との取引よりも「東方タイプ」清算協定相手国との取引を強めていこうとしたのである。

　さて，30年代を通じてドイツは，東・南東ヨーロッパとの清算取引を強めてゆき，そしてすでにみたように，これらの地域に対する清算債務を40年代に入って累積させてゆくのであるが，このプロセスの本質を明らかにするために，この清算システムのより具体的な働きに目を向けねばならない。

　グレンツェバッハ W. S. Grenzebach は，ドイツと「東方タイプ」の清算協定を結んだドナウ川流域諸国を取りあげ，両者の清算取引をめぐるいくつかの特徴的な問題に検討を加えている[24]。グレンツェバッハの取りあげる論点は多岐にわたるが，しかし，清算システムの特質は1つの文脈のもとに整理できる。ここでは，グレンツェバッハによる諸論点の検討を追いながら，この「東方タイプ」の清算システムの特質について考えてゆく。

### (1) 大規模な債務の形成

グレンツェバッハによると，ドイツの清算債務増大に関して，一般に次のように捉えられてきた。ドイツは清算協定の精神をおかして大規模な債務の形成に走ったのであり，しかもそれは，ドナウ川流域諸国への支配を得るための計画的・意図的なものであった。ドイツは，債務を相殺しうるほどの輸出を行わず，そのためドナウ川流域諸国の対ドイツ輸出者は，清算マルクをドイツに積んでおくことを余儀なくされたのである。というのは，これら輸出者へ支払われるべき当該国中央銀行内の当該国通貨残高（その国の輸入者がドイツからの輸入に対して払い込んで形成される）が，きわめて不十分となったからである。このため，ドナウ川流域諸国の中央銀行は，その輸出者へ信用を供給せねばならなかった。結局，これら中央銀行は，その信用供給分につき清算マルクを引き取り，そしてそれだけ国内通貨流通は増大せしめられたのである。他方でドイツは，この実質的に封鎖された清算マルクを国内の軍備や経済拡張のために金融した。

さて，上のような把握に対して，グレンツェバッハは，何よりも，ドイツが増大した輸入を相殺すべく輸出を行うことは可能だったのであり，実際にその努力も払った，とみる。ドイツは，1934-37年にはとくに，債務増大よりも輸出促進に向かったし，37-39年には輸入制限によって債務を低めた，と。

以上の問題に関して，既掲のドイツ清算金庫の数値をみる限りは，30年代は際立った清算債務増加は生じていない。3億RM前後の一定の債務は，決済に必要な残高維持とみることができる。35-39年では，少なくとも数値上では輸出入の均衡を窺わせるのである。ただし，それは，事後的な結果がそうであったということにすぎないのであり，この点は以下の諸論点にも関わり，注意されるべきである。

なお，ドイツのドナウ川流域諸国からの輸入は，これら諸国の農産物を世界市場価格よりもかなり高く買い取ったという点を考慮に入れると，やはりこの輸入はある程度意識的に遂行されたということがいえるだろう。この点は，グレンツェバッハも認めている[25]。

(2) 輸入農産物のダンピング輸出

グレンツェバッハによると，この問題についての従来の理解は次のようであった。ドイツは，ドナウ川流域諸国からの輸入農産物を，一方ではなお必要であった外貨を稼ぐためにだけ，世界市場でダンピングして売った。そのため，農産物の世界市場価格は低水準に留められた。ドナウ川流域諸国のあらゆる種類の農産物は，これによって，世界市場での販売可能性をさらに低められた。結局，ドイツによって世界市場はスポイルされた，と。

グレンツェバッハは，上のような事実そのものについては認める。ただし，例えば，ユーゴスラヴィア政府は，自国の農産物がドイツによって世界市場へダンピング輸出される，ということは十分理解していたという。ドイツによるダンピングが世界市場をスポイルするとしても，当時は，ユーゴの農産物に対する買い手はドイツ以外に見出せない，ということをユーゴはよく心得ていた，というのである[26]。

(3) 中古軍備および無用な商品の輸出

グレンツェバッハによると，この問題についての支配的な見方は次のようであった。ドナウ川流域諸国は，ドイツに対する清算債権の累積とともに，それを溶解・流動化して利用可能なものとするため，ドイツ商品を，必要の如何に関わらず輸入せざるをえなかった。その商品は，中古の軍備から薬品や楽器に至るまでの無用の品々であった。ギリシャはハーモニカやラジオセットを，ブルガリアは，もはやどこにも売れないような光学器具を，ドイツから否応なしに受け入れざるをえなかった。

グレンツェバッハは，このような，ドナウ川流域諸国は不必要な商品の輸入をドイツに強制されたという，いわば「ハーモニカ／アスピリン／カメラ・テーゼ」は，統計的にもほとんど根拠がない，とみる。むしろ，ドイツは，これら諸国に対しては，必要な資本設備を供給したし，また非工業化を押し進めるようなことは少しもなかった，という。ただし，相対的に工業化していたハンガリーやポーランドにとっては，ドイツからの資本設備は望むほどのものではなかった。ここでは，旧式設備を押しつけられたということは正しい，という[27]。

さて，以上のような問題に関して，ドナウ川流域諸国がドイツから輸入した商品は全く不必要な物品であったかどうかは別として，次のことは要点として押さえられるべきであろう。すなわち，ドイツは，ドナウ川流域諸国から価格を度外視して農産物輸入を意識的に図ったのであり，その結果，ドイツに清算債務・マルク残高が堆積する傾向が存在したということ，このような事態が先行していた，ということである。そしてドナウ川流域諸国が，その農産物の唯一の買い手であるドイツに対し，引き続いて輸出を行うためには，やはりドイツからの輸入をとにかくも行わざるをえなかった，ということである。ドイツの輸入ということが，このようなプロセスの起点として位置していたのである。

(4) 長期信用のトリック

この問題についての事実は次のようであった。ドイツは，ドナウ川流域諸国がドイツから消費財を輸入する場合，1～2年の期間の信用を与えた。そのため，次のようなことが生じた。例えば，ルーマニアでは，輸入者がドイツから信用を受け，それゆえルーマニア中央銀行内のライヒスバンク勘定へのルーマニア通貨レウでの輸入代金払い込みは当面行われない。したがって，この限りで，他方でのルーマニアの対ドイツ輸出者が上記勘定から受け取るべきレウは存在しない。彼は，ルーマニア輸入者がドイツから与えられた信用が満期となって輸入代金をレウで上記勘定へ払い込むまで，輸出代金の受取りを待たねばならないことになる。この場合，ルーマニア中央銀行は，自国の輸出者に対して輸出代金を立て替えて支払う。結局，ドイツが与えた信用は，ルーマニア自身がこれを尻拭いした，というのである。

以上のような事実は，グレンツェバッハも認める。つまり，繰り返しになるが，ルーマニアの対ドイツ輸出は，他方でのルーマニア輸入者がルーマニア通貨レウをブカレストのルーマニア国立銀行のライヒスバンク勘定に払い込んだときのみ，可能となるのであり，それゆえに，ドイツの対ルーマニア信用は，それが供与されている期間，ルーマニアの輸出・ドイツの輸入を阻害することになる。この事態は，ただし，ルーマニアよりもむしろドイツにとって不利益であった，とグレンツェバッハはみるのである。したがって，

ドイツの対ルーマニア信用は,トリックというほどの意図的で計画的なものではなかった,ということになろう[28]。

以上では,ドイツと東・南東ヨーロッパ諸国との清算システムの特質を探るために,グレンツェバッハが取りあげている諸論点を追ってきた。その内容は,清算システムの特質理解という視点から次のように整理できる。まず,清算システムの一連のプロセスにおいては,何よりもドイツの輸入が起点として作用した,ということ。とりわけドイツの輸入は,世界市場価格よりもかなり高い価格での買取りであったという点を考慮すると,それはやはりドイツの意識的・意図的な行動であったことを窺わせる。この結果,傾向的にはドイツの清算債務増大の圧力がたえず存在していた,といえるであろう。清算取引両国間での輸出入均衡という目標を逸脱して,ドイツが輸入増大を押し進めてゆく結果もたらされる事態は,東・南東ヨーロッパ諸国に対するドイツの「長期信用トリック」において生じる事態と同じである。つまり,結末は,いずれも,東・南東ヨーロッパ諸国の輸入者の当該国通貨での支払いが生じないため,これら諸国の中央銀行内のライヒスバンク勘定には当該国通貨残高が形成されず,そのため,当該国輸出者に対するこの勘定からの支払いが困難となる,という事態なのである。既述の,清算取引相手国の「待ち時間」の存在はまさしくこのことの表れであった。かくして,このような状態が放置されれば,ドイツへの輸出は停止されざるをえない。それは,東・南東ヨーロッパ諸国のみならずドイツにとっても望ましい事態ではなかった。

さて,このような事態に至ったとき,いくつかの解決策が登場する。第1は,「スウィング」とよばれる相互の残高の積増しである。これについては,すでに注記したとおりである。第2は,ドイツの相手国たる東・南東ヨーロッパ諸国の中央銀行がその国の輸出者へ信用を与えることである。これについてはすでにルーマニアの例で触れたが,「東方タイプ」清算協定相手国であるイタリアでも同様のことが生じた[29]。第3は,東・南東ヨーロッパ諸国が,実際の需要とは関わりなく,ドイツからの輸入を強行し,累積マルク残高を溶解しつつ,他方での自国中央銀行への自国通貨払い込みを促すこと

である。この第3の方策が，「ハーモニカ／アスピリン／カメラ・テーゼ」と結びつく。

　以上のような清算システムの成り行きを，マルク残高の方へ焦点を合わせてみると，次のようにいうことができる。すなわち，東・南東ヨーロッパ諸国は，マルク残高保有をドイツの輸入によって強いられ，この残高を実際に支払い決済の手段として生かすために，これら諸国はドイツからの輸入を余儀なくされた。もしくは，そうでない場合，これら諸国の中央銀行が，国内輸出者へ輸出代金を供与し，マルク残高を自ら責任もつものとして引き取るということになった。ここには，この残高が，国際取引において，いわば「決済通貨」や「準備通貨」として強制されていったプロセスをみることができるのである。本来的に対称的なはずの為替清算システムが，ドイツと東・南東ヨーロッパ諸国との間では，実質的にはマルク建て決済システムとして機能していったのである。このことが生じたのは，ドイツの輸入／東・南東ヨーロッパ諸国の輸出ということが，一連のプロセスの起動力として作用する限り，マルク残高のドイツへの堆積とその流動化は必然事となる，ということによってであった。

## III　ドイチェ・バンクの対外進出

　前述のように，ドイツと東・南東ヨーロッパ諸国の間の為替清算システムは，実質的にマルク建て決済システムのごとく機能した。このことは，ドイツと南米との取引についても当てはまる。というのは，この取引は，既述のように，封鎖されたマルク残高で決済されたからである。かくして，東・南東ヨーロッパや南米の諸国は「マルク決済圏」を構成したといえるのである。なお，「西方タイプ」為替清算協定相手国はこれには含まれない。なぜならば，このタイプの為替清算システムでは，ドイツの債務・マルク残高が一方的に形成されるということは起こらなかったし，国際取引においてマルク残高が不十分ながらも支払い・決済手段として用いられるということもなかったからである。

さて、ここでの問題は、上記のような「マルク決済圏」とドイツの民間銀行の活動はどのような連係にあったのか、ということである。ここでは、このことを探るために、当時、ドイツのみならずヨーロッパ大陸で最大の銀行となっていったドイチェ・バンクの対外進出を追うことにする。まず、ドイチェ・バンクの対外進出全体の概況をみたうえで、東・南東ヨーロッパと南米へのドイチェ・バンクの進出事例を追い、それぞれの為替清算システムとドイチェ・バンクの連係を探ってゆく[30]。

### 1 概　　況

ドイチェ・バンクは、ドイツの全民間銀行のなかで最大であり、そして、第2次大戦の間、合併を通じてヨーロッパ大陸のなかで最大の銀行となった。1942年には、ドイツの全民間銀行の資産総額の18.5%、預金総額の21%を保有していた。そして、大規模な支店網をドイツを越えて展開し、その最盛期42年には、支店 Zweigstellen と預金所 Depositenkassen を合わせて490店を有した。これは、その最大の競争者ドレスナー・バンク Dresdner Bank より1/3ほど多かった[31]。

表7-3は、ドイチェ・バンクの在外子銀行の拡張を示している。この拡張は、ドイツのヨーロッパ侵攻にともなって、38年以降行われていった。38年以前は、重要なものとしては、南米とオランダへの進出のみである。表7-4は最盛期におけるドイチェ・バンクの対外進出全体の状況である。これによると、ヨーロッパ8カ国においてドイチェ・バンク自身の支店が26、ヨーロッパ10カ国と南米およびアジアにおいてドイチェ・バンクが支配権を得た銀行の支店123が存在する。また、日本、ユーゴスラヴィア、チェコスロヴァキアに対する資本参加がみられる。

このようなドイチェ・バンクの対外進出が目的としていた業務は多様であったが、主として次のものが挙げられる。輸出入取引への金融、外国金融機関の取得、外国株式会社に対する支配、ドイツ政府の対外取引への関与などである。また、ライヒ経済省は、ドイツがヨーロッパの銀行を資本的にも人的にも支配し、ベルリンがヨーロッパの貨幣市場・資本市場の中心となるべ

表7-3 ドイチェ・バンクの在外子銀行

| 進出先国および銀行名 | 公称参加額 | 資本総額に占める割合 | 取得した年 |
|---|---|---|---|
| 1938年以前の編入 | | | |
| (南アメリカ) Deutsche Überseeische Bank, Berlin | RM 18,665,000 | 51% | 1886 |
| (ブルガリア) Deutsch-Bulgarische Kreditbank, Sofia | Lewa 32,060,700 | 64% | 1905 |
| (中国) Deutsch-Asiatische Bank, Berlin | RM 42,000[1] | 60% | 1890 |
| (オランダ) Handel-Maatschappij H. Albert de Bary & Co. N.V., Amsterdam | hfl 14,323,000 | 95% | 1919 |
| 1938年以降の編入 | | | |
| (オーストリア) Creditanstalt-Bankverein, Wien | RM 36,057,000 | 51% | 1938/1942 |
| (チェコスロヴァキア) Böhmische Union-Bank, Prag | Kc 89,258,000 | 59% | 1938/1939 |
| (ポーランド) Creditanstalt A.G., Krakau | Zl 200,000 | 20% | 1940 |
| (ルクセンブルグ) Generalbank Luxembourg A.G. | luxfrs 6,049,000 | 30% | 1941 |
| (ルーマニア) Banca Comerciale Romana, Bukarest | Lei 176,372,000 | 58% | 1941 |
| (ユーゴスラヴィア) Bankverein A.G., Belgrad | Din 12,864,400 | 12% | 1941 |
| Bankverein für Kroatien, A.G., Zagreb | Kuna 18,750,000 | 15% | 1941 |
| (日本) Deutsche Bank für Ostasien, Berlin | RM 2,000,000 | 20% | 1942 |

(注) 1) 優先株。
(出所) O.M.G.U.S (1986a), S. 370.

く,ドイツの銀行の対外進出をその方針として掲げてもいた[32]。

## 2 対外進出と「東方タイプ」為替清算システム

上にみた対外進出のうち,ドイチェ・バンクの積極性・攻撃性を最もよく示していたのが,オーストリアのクレディットアンシュタルト・バンクフェライン Creditanstalt-Bankverein(ウィーン)の取得と,ヨーロッパ最大の持株会社の1つであったソシエテ・ジェネラル・ドゥ・ベルジク Société Générale de Belgique の持ち分をめぐる闘争であった。

表 7-4 ドイチェ・バンクの対外進出

| 進出先国 | Deutsche Bank 支店 | Deutsche Bank 支配の銀行の支店 | Deutsche Bank ないし子銀行が資本参加する銀行 |
|---|---|---|---|
| アルゼンチン |  | 3 |  |
| ベルギー | 1 [1] |  |  |
| ブラジル |  | 6 [1] |  |
| ブルガリア |  | 7 |  |
| チリ |  | 6 [2] |  |
| 中国 |  | 6 |  |
| フランス | 5 [3] |  |  |
| 日本 |  |  | 1 |
| ユーゴスラヴィア |  | 4 [4] | 1 |
| ラトヴィア | 1 [1] |  |  |
| リトアニア | 1 |  |  |
| ルクセンブルグ |  | 3 |  |
| オランダ |  | 1 |  |
| オーストリア |  | 43 |  |
| ペルー |  | 2 |  |
| ポーランド | 7 | 6 |  |
| ルーマニア |  | 8 |  |
| スペイン |  | 3 |  |
| スウェーデン | 1 [1] |  |  |
| チェコスロヴァキア | 9 | 22 | 1 |
| トルコ | 1 |  |  |
| ハンガリー |  | 2 |  |
| ウルグアイ |  | 1 |  |
| 計 | 26 | 123 | 3 |

(注) 1) 代理店。
2) 報告によれば 1942 年解散。
3) 在パリ代理店と在エルザス・ロートリンゲン 4 支店。
4) リュブリナの 1 支店を含む。
(出所) 表 7-3 に同じ。S. 371 による。

クレディットアンシュタルト・バンクフェラインは，その前身が 1855 年にウィーンで設立され，合同過程を経た後に国内に 40 以上の支店をもつオーストリアで最大の，そしてバルカン地域に最も大きな影響力をもつ銀行であった。ドイチェ・バンクのクレディットアンシュタルト・バンクフェライン獲得に向けての活動は，ドイツのオーストリア併合(1938 年 3 月)とともに始まるが，最終的にドイチェ・バンクが支配株主となるのは 1942 年 5 月であった[33]。そして，ドイチェ・バンクがクレディットアンシュタルト・

バンクフェラインに支配を築くのと同時に，中・南東ヨーロッパにおけるドイチェ・バンクの支店や銀行持ち分がクレディットアンシュタルト・バンクフェラインに移されていった。ポーランド，チェコスロヴァキア，ブルガリア，ルーマニアのドイチェ・バンク支店や持ち分がクレディットアンシュタルト・バンクフェラインの管轄下に置かれたのである[34]。ドイチェ・バンクはクレディットアンシュタルト・バンクフェラインを取得し，それを通じて，中・南東ヨーロッパ業務を推進していったわけである。それは，「ドイチェ・バンクは，その南東ヨーロッパ業務を，ベルリンとの特別な信用関係を配慮しつつ，できるだけウィーンで指導する」という原則のもとで行われていった[35]。

　ドイチェ・バンクが，ソシエテ・ジェネラル・ドゥ・ベルジクとそれの持ち分をめぐって争ったのは，バルカン諸国の銀行業務に自らの支配的地位を築こうとしてであった。その1つの例として，ドイチェ・バンクによる，ソシエテ・ジェネラル・ドゥ・ベルジクの支配していたバンカ・コメルチアーレ・ロマーナ Banca Comerciale Romana の獲得が挙げられる。バンカ・コメルチアーレ・ロマーナは，ルーマニアの銀行であるが，ソシエテ・ジェネラル・ドゥ・ベルジクとフランスのバンク・ドゥ・ルニオン・パリジェンヌ Banque de l'Union Parisienne によって支配されていた。ドイチェ・バンクは，バンカ・コメルチアーレ・ロマーナを得るため，ベルギーとフランスのこの株主と交渉を続け，1941年に最終的にバンカ・コメルチアーレ・ロマーナ株の90％近くを獲得した。その際に，ドイツ政府はルーマニア政府に圧力をかけ，ドイチェ・バンクへのバンカ・コメルチアーレ・ロマーナ株譲渡の実現を助けた。ドイチェ・バンクがバンカ・コメルチアーレ・ロマーナ獲得に向かったのは，厖大な原料を有するルーマニアにドイツが強い関心をもっていたからであった。ドイチェ・バンクのバンカ・コメルチアーレ・ロマーナ獲得の後の42年には，バンカ・コメルチアーレ・ロマーナの輸出関連業務は前年の2倍へと跳ね上がった[36]。

　以上のようにしてドイチェ・バンクは，中・南東ヨーロッパ業務を推進するために積極的に対外進出を図ったわけであるが，問題は，このような対外

進出と「東方タイプ」為替清算システムの関連はどのようなものであったかという点である。この問題についてまずいえることは，「東方タイプ」為替清算システムでは，ドイツ清算金庫と相手国中央銀行が為替清算を担うために，このシステムの内部にドイツの民間銀行が登場する余地は一般的にはないということである。

すなわち，ドイツ清算金庫と相手国中央銀行による統一的清算は，第1次大戦前におけるようなドイツの民間銀行の重要な活動分野である貿易金融業務を著しく制限し，ドイツの民間銀行内へのマルク残高形成とそれによる決済という業務を奪うものなのである。したがって，ドイツの民間銀行の対外進出も，この為替清算システムの外部で，進出先の種々の情報や助言をドイツ本国へ提供するといったことを目指したもの，といえる[37]。

しかし，ドイツの民間銀行のより積極的な業務として，次の事例が注目される。それは，中・南東ヨーロッパ諸国のうち，ブルガリアやルーマニア等に対して，ドイツの民間銀行から多額の信用が与えられていることである。ブルガリアに対しては，1940/41年に5億RMが，ルーマニアに対しては40年下半期に10億5000万RMが，いずれもドイチェ・バンクやドレスナー・バンク等がコンソーシアムを組んで供与されている。両ケースとも，ドイツの衛星国・属国に対する武器輸出や資本財輸出のための信用であったという。そして，このようなドイツからの輸出に際しての信用は，清算取引の外部で，それとは別枠で行われた，というのである[38]。

もし，このような多額の信用供与が清算システムの内部で行われたならば，先にみた「マルク建て決済システム」の働きに問題を生ぜしめることは確かであろう。すなわち，その場合，ドイツの相手国では次のことが生じるであろう。この相手国では，中央銀行への自国通貨での，支払うべき輸入支払いは当面起こらず，したがってこの中央銀行から自国通貨で支払われるべきこの国の対ドイツ輸出者も支払われえない。かくして，清算システムの内部で，輸入増に均衡する輸出増ということは損なわれていく。この事態を回避しようと思えば，中央銀行によるこの国の輸出者への信用供与が必然となる，ということである。このような，ドイツの相手国が望まないような事態を回避

しつつ，そして既存の清算システムを損なわず，この相手国へ多額の武器や資本財を調達させるためには，上記のように，清算システムの外部で信用をつけるということが必要となるのである。ドイツの衛星国・属国への武器・資本財輸出に際したドイツの民間銀行による多額の信用は，このことを意味していたのである。

　以上の例は，通常の清算システムの内部の処理では問題を生ぜしめるような大規模な信用が，ドイチェ・バンクなどドイツの民間銀行によって担われたという事例であるが，その場合，相手国たるブルガリアやルーマニア等の種々の事情把握のためのドイチェ・バンク等の対外進出が不可欠の前提となっていたことは，いうまでもないであろう。ここには，ドイチェ・バンク等の対外進出とそこでの業務展開が，清算システムの外部で，そのシステムでは処理できない領域を引き受けていた，という点をみることができる。

### 3　対外進出と対南米取引の清算

　ドイツと南米諸国との取引の清算も，一般的にドイツ清算金庫と相手国中央銀行によって行われていた。ドイツの民間銀行の南米への進出は，中・南東ヨーロッパにおけるように1930年代に新たに生じたものはなく，したがってもっぱら海外銀行によって代表させることができる。問題は，ドイツ清算金庫と相手国中央銀行による清算システムに，このドイツの海外銀行がどのような関わりをもったか，ということである。

　ドイチェ・バンクの南米への進出は，ドイツ海外銀行 Deutsche Überseeische Bank によって担われた。この銀行は，ドイチェ・バンクによってすでに1886年に設立されたもので，その業務はベルリンの本店とハンブルグ事務所によって指導された。その最大の競争者はドレスナー・バンクの子会社であるドイツ南アメリカ銀行 Deutsch-Südamerikanische Bank であるが，これと比べると，1942年ではドイツ海外銀行の資産規模は2倍以上であった(表7-5参照)。ドイツ海外銀行は，アルゼンチン，チリ，ブラジル，そしてスペインの多くの都市に支店を設けた[39]。

　さて，このドイツ海外銀行の活動の実態については，「対ドイツ米軍政府」

表 7-5　海外銀行の業務シェア

|  | ドイツ海外銀行 | ドイツ南アメリカ銀行 |
|---|---|---|
| アルゼンチン | 55% | 45% |
| ブラジル | 60% | 40% |
| チリ | 70% | 30% |
| ペルー | 100% | ― |
| スペイン | 60% | 40% |
| ウルグアイ | 100% | ― |

（出所）　表 7-3 に同じ。S. 245 による。

調査の次の記述が参考となる。

「……ドイツ海外銀行は，最近，2 国間の商品交換の金融的清算が行われるその形式の内部で，ドイツの外国貿易の育成と促進のために重要な役割を果たすことができた。ドイツ海外銀行は，種々の南米諸国で凍結されていたドイツの輸出業者の債権の溶解に効果的に寄与したばかりでなく，ドイツの輸出促進に際して，そして何よりも，ドイツの購入へ金融をつけることによってドイツへの原材料供給に際していっそう大規模に活動したのである。」[40]

「ドイツ海外銀行が南米で最もよく確立した銀行であったという事実は，次のことへ導いた。すなわちドイツ海外銀行は，ドイツとウルグアイの間で 1934 年 11 月に締結された貿易協定にもとづいた全取引の公式の清算機関に決定された，ということである。1935 年 1 月 21 日の日付をもつドイツ海外銀行のベルリン支店の文書は，この協定の枠組みにおけるドイツ海外銀行の地位を次のように述べている。"全支払取引の実行は，わが行のモンテビデオ支店に公式に移された。わが行のドイツにおける支店のために開設されるべき口座は（これを通じてすべての払い込み・払い出しが行われる），われわれのもとで維持される。"」[41]

「……ウルグアイの国立銀行であるバンコ・デ・ラ・レプブリカ・オリエンタル・デル・ウルグアイ Banco de la Republica oriental del Uruguay が，協定から生じるすべての交渉におけるドイツ海外銀行の公式のパートナーである。」[42]

以上の引用にみられるドイツ海外銀行の活動を整理すると，次の3つになるであろう。第1は，ドイツ輸出者の対南米凍結債権の溶解ということである。具体的には，既述の「アスキ方式」の清算を考慮すると次のようになる。すなわちドイツ海外銀行は対ドイツ南米輸出者保有の封鎖マルクを買い取り，それをドイツから輸入を行った南米の業者へ売却し，もってドイツへの支払いを促すということである。第2は，ドイツと南米との貿易に，とりわけドイツの原材料輸入に金融をつけるということであり，これは，従来からの貿易金融業務とみることができる。第3は，ドイツ海外銀行が，ウルグアイとの取引におけるドイツ側の公式の清算機関として活動したことである。ドイツ海外銀行はドイツではドイツ清算金庫と同じ位置をもったわけである。またウルグアイでも，本来の清算機関はウルグアイ国立銀行であるとしても，ドイツ海外銀行モンテビデオ支店がその機能を担ったと考えられるのである。以上3つの活動のうち第1と第3のものは，ドイツ海外銀行がドイツと南米諸国の清算システムに内部的に関わっていたことを示すものといえるであろう。

## Ⅳ　小　　括

　1930年代および40年代前半まで，ドイツは金・外貨準備を枯渇させ，国際取引におけるライヒスマルクの信認も完全に失い，そして必然的にバイラテラルな為替清算システムを推進した。しかしそれは，本来の姿を著しく逸脱し，一方的にドイツにマルク建て債務を累積させていくものであった。そしてそれは，ドイツが主として占領地域や東・南東ヨーロッパ諸国においてライヒスマルクを国際的決済手段として強要していったプロセスでもあった。この時期における「広域経済圏」の通貨・金融面での表現である「マルク決済圏」ないし「ライヒスマルク地域」の存在は，一般に認められてはきたが，ライヒスマルクの一定地域内での「国際通貨」としての地位と内容は，具体的には本章でみてきたようなものであった。また，このライヒスマルクを用いての「決済システム」とドイツの民間銀行の対外進出・活動は大いに連係

していた。ドイツの民間銀行は，為替清算システムの外部で，そのシステムでは処理できない領域をカバーしたり，あるいはそのシステムの内部に位置して直接に清算を担うなど，重要な役割を演じていたのである。しかしながら，このような銀行の活動もライヒスマルクの国際的信認失墜という欠陥をあがなえるものでなく，そうである限り各国が自発的にマルク残高を保有し，それをもって国際決済を行うということもありえず，したがってこの時代の「マルクの国際化」は基本的に政治的・軍事的力によってのみもたらされえた，といえるのである[43]。

1) Deutsche Bundesbank (1976), S. 322 を参照のこと。
2) 1931年には，多くのヨーロッパ諸国が為替管理を導入した。世界市場恐慌は，とりわけ，農業国であったバルカン諸国を強く襲った。外貨残高が縮小し，保護主義が台頭し，為替管理が導入されていったのである。31年に為替管理を導入したのは次の国であった。ブルガリア，デンマーク，ドイツ，エストニア，フィンランド，ギリシャ，イタリア，ユーゴスラヴィア，オーストリア，ポルトガル，スペイン，チェコスロヴァキア，ソ連，ハンガリー，トルコ。Höpfner (1988), S. 116-117.
3) Teichert (1984), S. 29-30. Irmler (1976), S. 301, 呉文二・由良玄太郎監訳(1984)上，368-369ページ。
4) 第2次大戦前，「据え置き協定」は，米国とは1939年と40年に，スイスとの最後のものは44年に結ばれている。Dernburg (1955), p. 18.
5) Dernburg (1955), pp. 19-20. Teichert (1984), S. 29. トランスファー・モラトリアムについては，Irmler (1976), S. 309-311, 呉文二・由良玄太郎監訳(1984)上，378-381ページ，楠見一正・島本融(1935) 706-711ページも参照のこと。
6) Dernburg (1955), p. 20. なお，S. リーバーマンによると，「封鎖マルク」は次のように大きく5つに整理されている。
①「据え置き信用」：この残高を外国人が使うことができたのは，ドイツでの長期投資，ドイツ国内の旅行，ドイツでの一方的な支払いの場合に限られた。
②「封鎖商業勘定」：ここには，1931年7月16日以前に生じた外国人によるドイツ国内での商品販売代金が預け入れられ，その保有者は，これをドイツの輸出に対する支払いに用いることができた。
③「旧勘定」：ここには，1931年7月16日以前に，上記②の場合とは異なる方法で生じた外国人取得のマルクが預け入れられ，その保有者は，ドイツの輸出に対してその価格の25％までの支払いに用いることができた。
④「封鎖信用マルク」：ここには，外国人による証券以外のドイツ資産のドイツで

の販売代金が預け入れられた。そして，1932年12月以降，「旧勘定」と同じように用いられた。

⑤「封鎖証券マルク」：ここには，外国人によるドイツ証券の販売代金が預け入れられ，その保有者は，ドイツ国内の旅行，ドイツでの一方的支払い，長期的なドイツ証券への投資に用いることができた。Lieberman (1992), pp. 12-13.

7) この「登録マルク」は，「封鎖マルク」のなかではより利用範囲の広いもので，ドイツ国内旅行者に対して売られたという。Dernburg (1955), p. 20. したがって，前注のリーバーマンの「据え置き信用」に対応する。

8) Dernburg (1955), p. 20.

9) Lieberman (1992), p. 11.

10) Teichert (1984), S. 23.

11) E. タイヒェルトは，ドイツの「西方タイプ」支払い協定の相手国(1938年現在)として次の国を挙げている。大英帝国諸国(イギリス，南アフリカ，カナダ，ニュージーランド)，ベルギー・ルクセンブルグ，フランス，シリア・レバノン，日本および満州国である。Teichert (1984), S. 32.

12) Höpfner (1988), S. 118, Teichert (1984), S. 32, 塚本健(1964a)221ページ以下を参照。なお，ドイツは，イギリス，オランダ，スイスなどの最も重要な債権国に対して，貿易収支の黒字が最も高かった。Teichert (1984), S. 33.

13) 22カ国とは，ソ連，ポーランド，ダンチヒ，ハンガリー，ルーマニア，ユーゴスラヴィア，ブルガリア，チェコスロヴァキア，ギリシャ，エストニア，ラトヴィア，リトアニア，オランダ，ノルウェー，デンマーク，スウェーデン，フィンランド，スイス，イタリア，ポルトガル，スペイン，アイスランドであった。さらに，ドイツは，アルゼンチン，チリ，ウルグアイ，イラン，アフガニスタン，トルコともこの種の協定を結んでいた。Teichert (1984), S. 32.

14) 赤字・黒字が累積された場合，黒字国は相手国へ信用供給を行った。それは，黒字国が自国通貨で一定額を自国中央銀行内の相手国中央銀行勘定に供給するもので，「スウィング」とよばれるものであった。この場合，当然，黒字国中央銀行も相手の赤字国中央銀行に対して追加的債権をもつことになる。このような信用が与えられることによって，黒字国からの輸出も続行可能となる。Lieberman (1992), pp. 13-14.

15) Teichert (1984), S. 32-34.「アスキ方式」については，塚本健(1964a)233ページ，Arndt (1972), 小沢健二他訳(1978)238ページ以下も参照のこと。なお，為替管理，為替清算全般に関して，塚本健(1964a)第2章，吉野昌甫(1966)，小野朝男(1976)第1章も参照のこと。

16) Höpfner (1988), S. 118-119.

17) Höpfner (1988), S. 132.

18) *Verwaltungsbericht der Deutschen Reichsbank für das Jahr 1942*, S. 8-9.

19) *Verwaltungsbericht der Deutschen Reichsbank für das Jahr 1943*, S. 9. Höpfner (1988), S. 122.

20) Höpfner (1988), S. 133.
21) 占領地域に数えられるのは，ベルギー，デンマーク，フランス，総督管区，ギリシャ，オランダ，ノルウェー，保護領ボヘミアとモラヴィア地方，セルビア，ユーゴスラヴィア，ウクライナ，オストラント，エストニア，ラトヴィア，リトアニアである。同盟諸国に数えられるのは，アルバニア，ブルガリア，フィンランド，イタリア，クロアチア，ルーマニア，スロヴァキア，ハンガリーである。中立諸国は，ポルトガル，スウェーデン，スペイン，トルコである。清算取引停止国は，アフガニスタン，アルゼンチン，イランである。Höpfner (1988), S. 133.
22) *Verwaltungsbericht der Deutschen Reichisbank für das Jahr 1942*, S. 8, Höpfner (1988), S. 119-120.
23) Teichert (1984), S. 351-352.
24) Grenzebach (1988).
25) Grenzebach (1988), p. 107, p. 215, pp. 218-219.
26) Grenzebach (1988), p. 215, p. 219.
27) Grenzebach (1988), p. 216, p. 220. なお，ドイツの対南東ヨーロッパ経済政策や，南東ヨーロッパ諸国との貿易全般については，諫山正(1979)，工藤章(1983b)を参照のこと。
28) Grenzebach (1988), p. 216, p. 221.
29) B. ヘプフナーは，イタリアでも同様のことが生じたことを述べている。すなわち，ドイツとイタリアとの清算取引における，ドイツの清算債務増大というような不均衡の結果，もしも，イタリア輸出商へ即時の支払いを行おうとするならば，それはイタリア発券銀行の信用措置を意味した，と。一般に，清算取引相手国に対するドイツの債権は，その相手国の「輸出商に支払うには不足していた。発券銀行は，その場合，その輸出者に代金を立て替えねばならなかった。」Höpfner (1988), S. 122.
30) 以下のドイチェ・バンクの対外進出の状況は，1946-47年に「対ドイツ米軍政府」の財務・金融調査部門が行った調査であるO.M.G.U.S. (1986a)による。なお，この調査資料の紹介と論評は，T. ホルストマンとE. ヴァンデルが *Bankhistorisches Archiv* でそれぞれ行っている。Horstmann (1986), Wandel (1987). これらの紹介・論評が指摘するように，この調査資料は，ドイチェ・バンクのナチス協力を断罪するという政治的姿勢が全面に出ている。しかし，それゆえにか，例えば，ドイチェ・バンクの100年史(Seidenzahl[1970])でも2，3行ほどで触れられているにすぎない事実(例えば，本文でみるようなバルカンへのドイチェ・バンクの進出など)が詳細に記述されている。
31) O.M.G.U.S. (1986a), S. 13.
32) O.M.G.U.S. (1986a), S. 187-191.
33) ドイチェ・バンクのクレディットアンシュタルト・バンクフェライン獲得が1942年までかかったのは，クレディットアンシュタルト・バンクフェライン株の過半がオーストリア国家の所有であり，ドイツによるオーストリア併合とともに，それは自動

的にドイツの大蔵省の手に移ったからであった。そして，大蔵省はこの株を，自身の工業持株子会社である VIAG などへ付与し，その後にドイチェ・バンクの手に多数株が譲渡されたからである。O.M.G.U.S. (1986a), S. 205-213.

34) 1940年にはポーランドのドイチェ・バンク・クラカワ支店が，そして42年にはスロヴァキアのユニオン・バンク Union-Bank の株の1/3がクレディットアンシュタルト・バンクフェラインに移された。さらに，ドイチ・ブルガリッシェ・クレディットバンク Deutsch-Bulgarische Kreditbank の株の30％，バンカ・コメルチアーレ・ロマーナ Banca Comerciale Romana の株の30％もクレディットアンシュタルト・バンクフェラインに移された。O.M.G.U.S. (1986a), S. 213-214.

35) O.M.G.U.S. (1986a), S. 208-209.

36) O.M.G.U.S. (1986a), S. 229-234.

37) この点について，B. ヘプフナーや H. E. ビュシュゲンも次のようにして記している。

「ベルリンとドイツ清算金庫をとおしての統一的な清算によって，信用銀行はその活動の重要な分野を制限された。すなわち，それは古典的な輸出金融である。……銀行には，なお，域内取引や戦時金融が主要活動分野として残っていた。かくして銀行は，外国業務においては，商人への助言・情報機関となった。」Höpfner (1988), S. 124.

「為替管理経済が存在し，したがってドイツとの支払い相殺が清算の方法で行われるような重要諸国におけるドイツの銀行の在外拠点は，きわめて複雑な貿易・外貨政策上の規定について情報を提供する立場にあり，また国内顧客や財貨・支払取引分野でのドイツの利害関係者にあらゆる点で助言をする立場にあった。この国家間の商品取引や支払取引における広範な助言活動は，30年代に前面に出た。」Büschgen (1983b), S. 187.

38) O.M.G.U.S. (1986a), S. 247-248, Grenzebach (1988), p. 221.

39) O.M.G.U.S. (1986a), S. 194-198. なお，ドイツ海外銀行の創設等については，赤川元章(1994)第6章を参照せよ。

40) O.M.G.U.S. (1986a), S. 245.

41) O.M.G.U.S. (1986a), S. 246.

42) O.M.G.U.S. (1986a), S. 246.

43) ただし，本文で触れているように，南米との取引は部分的にドイツ海外銀行等による貿易金融によって担われた。この場面ではライヒスマルクがなお国際的決済手段として機能していたことが窺われる。

# 第8章
# 第2次大戦後における
# ドイツの銀行の国際的進出

　本章は，第2次大戦後におけるドイツ[1]の銀行の国際的進出を跡づける。そして，ドイツの銀行の，いわば自立した本格的な国際的進出としてルクセンブルグへのそれを重視し，そこでの活動の概要と近年までの動向を追う。

　また，ルクセンブルグへ進出したドイツの銀行が，ドイツ以外へ向けてマルク建ての貸出を行うことによって，マルク建て決済システムを国際的に拡張してゆくという問題を重視して，この債権の状況を1990年代末期まで明らかにする。

　最後に，ドイツの銀行の在外支店・子銀行全体のドイツ以外への全通貨建て債権総額に対するマルク建てのそれの比重を追い，上記のようなマルク建て決済システムの拡張という問題が全体としてどのような地点へと来ているかを示す。

　以下では，まず，第2次大戦後におけるドイツの銀行の国際的進出を，外銀とのコルレス関係の再建から追ってゆく。

## I　コルレス関係の再建

　第2次大戦の敗北によって，ドイツの銀行の海外拠点は清算され，その資産はほとんど押収され，したがって戦後におけるドイツの銀行の対外進出は改めてゼロから出発せねばならなかった。ドイツの銀行の対外進出は，さし

あたって，外銀との旧来のコルレス関係を再建すること，および外国の新たなパートナーを獲得することに限定された。そしてコルレス関係を強化するために海外代理店が設置されたのである。代理店は，固有の銀行業務を営むのではなく，設置先諸国のコルレス関係にあるパートナーとの「得意先」"Good-will"関係を維持・育成する，という目的をもつものであった[2]。

1950年代において，すでに米銀が，支店設置や資本参加によって対ドイツ進出を行っていたにしても，ドイツの銀行は，それに対応するような行動はまだ適切でないと考えていた，という[3]。ドイツの銀行による代理店設置の最初のものは，1952年におけるドレスナー・バンク Dresdner Bank によるイスタンブールでの開設だった。続いて，他の銀行によって多くの代理店が設置されることになった。それらは，ほとんど開発途上国に限られるものだった。まもなく，このような代理店は，上記のようなコルレス関係の維持・育成という当初の目的のほかに，さらにその活動を発展させた。それは，対外直接投資を望むドイツ企業に対して，進出先に関する助言や情報を与える，という活動であり，また，本国顧客のために取引関係を媒介する，というものであった[4]。

ドイツの銀行の対外支店設置は，60年代前半に生じた。まず，58年にドイチ・アジアティッシェ・バンク Deutsch-Asiatische Bank が香港に，60年にはドイツ海外銀行 Deutsche Überseeische Bank がブエノスアイレスに支店を開設した。続いて，海外銀行[5]の親銀行など多くの銀行が開発途上国に進出した。ただし，これらは主として，自行の支店設置ではなく，開発銀行や金融会社への資本参加という形態をとった。だが，資本参加といっても，それはわずかの持ち分であり，ドイツの銀行が独力で決定的影響を及ぼしうるようなものではなかった。結局，この時期における支店設置，あるいは資本参加という形態での進出は，全体としてなお，コルレス主義の枠内に留まるものであった，といえるのである[6]。

## II 「銀行クラブ」の形成とコンソーシアム・バンク

　1960年代後半以降，ドイツの銀行の対外進出を促すいくつかの要因が形成されていった。それは，何よりも，先にも触れたがドイツ企業の多国籍企業としての展開であった。60年代央以降のドイツ・マルクの騰貴と国内生産コストの全般的な上昇は，在外生産の強化を促迫したのである。多国籍企業の成長は，量的にも質的にも従来とは異なった種々の金融需要を生み出した。ドイツの銀行にとっては，もはや，外銀とのコルレス網の拡充という，それまで追求されていた戦略では，新たな要請には応ええない，ということは明らかであった[7]。

　しかしながら，この時点ではなお，ドイツの大銀行でさえ，人的にも資本力の点でも独力で十分な国際的業務を遂行することは困難であった。そこで，さしあたって，外銀と緊密な協力協定を結び，そのもとで種々の機関の共同創設を行う，という構想が打ち出された。そして，このような構想は，当時におけるECの前進，「ヨーロッパの高揚」Europa-Euphorieという事態に支えられてもいた。このような銀行間協力が目標としたのは，経済的に統合されたヨーロッパ内部で全ヨーロッパ的支店網を構築し，銀行顧客の獲得をめぐる国際的競争戦においてヨーロッパ外部に対して結束した力を示す，ということであった。そして，個々のメンバー銀行にとって可能となる事柄は，例えば，在外自行支店をもたずとも，在外自行顧客に対する種々の金融サービスを強化し，また中・長期のユーロダラー信用供与に加わり，大規模な国際的プロジェクトへの金融に参加する，ということであった[8]。

　このような方向へ向けての対外進出の展開は，ドイツ3大銀行の場合，EBIC，ユーロパートナーズ Europartners，ABECORというグループ形成として具体化していった[9]。

### 1 EBIC

　ドイチェ・バンク Deutsche Bank は，早くも1963年に，アムステルダムシェン・バンク Amsterdamschen Bank（後のアムステルダム・ロッテルダ

表8-1 ABECOR, EBIC, ユーロパートナーズの
メンバー銀行(1981年現在)

| ABECOR | |
|---|---|
| Algemene Bank Nederland N. V. | (オランダ) |
| Banca Nazionale del Lavoro | (イタリア) |
| Banque Bruxelles Lambert | (ベルギー) |
| Banque Nationale de Paris | (フランス) |
| Barclays Bank Limited | (イギリス) |
| Bayerische Hypotheken- und Wechselbank AG | (西ドイツ) |
| Dresdner Bank AG | (西ドイツ) |
| Österreichische Länderbank | (オーストリア) |
| Banque Internationale à Luxembourg | (ルクセンブルグ) |
| Banque de la Société Financière Européenne | (パリ所在) |
| *EBIC* | |
| Amsterdam-Rotterdam-Bank N. V. | (オランダ) |
| Banca Commerciale Italiana | (イタリア) |
| Creditanstalt-Bankverein | (オーストリア) |
| Deutsche Bank AG | (西ドイツ) |
| Midland Bank Limited | (イギリス) |
| Société Générale de Banque S. A. | (ベルギー) |
| Société Générale | (フランス) |
| *Europartners* | |
| Banco di Roma | (イタリア) |
| Banco Hispano Americano | (スペイン) |
| Commerzbank AG | (西ドイツ) |
| Crédit Lyonnais | (フランス) |

(出所) Büschgen (1983b), S. 195.

ム・バンク Amsterdam-Rotterdam-Bank), ミッドランド・バンク Midland Bank, ソシエテ・ジェネラル・ドゥ・ベルジク Société Générale de Belgique(後のソシエテ・ジェネラル・ドゥ・バンク Société Générale de Banque)と協力協定を結んだ。それは，相互的な助言や経験交流を強化すること，共同で経済分析を行うことなどを狙ったものであった。そして，ヨーロッパ審議委員会 Europäischer Beratungsausschuß の設置が決められた。この委員会に託された意図は，大規模な国際的金融の基盤を形成し，他銀行とのさらなる協力の可能性を追求する，ということであった。だが，この委員会での各行の協力は，さしあたっては，期待に応えうるようなものではなかった。というのは，追求されるべき長期的目標がなお十分には形成されな

かったからであった。しかしながら，委員会内部での規則的な経験交流が積み重ねられていくにしたがって，次第に協力形態が具体化されていった。そして，70年に，ブリュッセルに200万USドルの資本を備える1つの管理機関が創設された。ヨーロッパ銀行国際会社 European Banks' International Company S. A. (EBIC)である[10]。

このEBICは，銀行業務それ自体は行わず，先のヨーロッパ審議委員会による目標設定に沿って，メンバー諸銀行の協力を調整し，在外共同機関を創設・管理し，また世界経済や各国民経済の分析を行うという任務をもつものであった。EBICのメンバー銀行は，ドイチェ・バンクのほかは，ヨーロッパの指導的大銀行6行であり，そのうち，後に参加したオーストリア，フランス，イタリアの銀行は，国家が過半所有する機関である[11]。

EBICグループは，種々の在外金融機関を共同創設し，共同の対外進出を実現していった。共同創設の最初のものは，バンク・ユーロペーヌ・ドゥ・クレディ・ア・ムアイアン・テルム Banque Européenne de Credit à Moyen Terme (BEC)であり，67年にブリュッセルに形成された(73年以降はバンク・ユーロペーヌ・ドゥ・クレディ Banque Européenne de Credit S. A. となる)。この機関の業務の重点は，何よりも，国際的な投資・参加プロジェクトをもってヨーロッパで活動する企業に対して，短・中・長期の信用を種々の通貨で供与することにあった。さらに，輸出金融や証券業務をも取り入れた。そして73年には，BECの活動を補完するべく，ロンドンにヨーロッパ銀行会社 European Banking Company Ltd. が設立され，国際的な発行業務，短・中期のユーロ信用供与などを営んだ。EBICグループは，そのほかに，米，東アジア，太平洋地域に各種の共同金融機関を設立していった[12]。

70年代にEBICグループは，上記のように共同の対外進出を積極的に展開した。しかしながら，必ずしも，メンバー諸銀行の結束を強化する方向ばかりがみられたわけではなかった。メンバー各行の利害の衝突も潜在的に存在していた。メンバー各行は，自行顧客の，とりわけ中期の国際的信用に対する需要増大を，共同機関BECにだけ委ねることを好まず，BECの競争

者としても立ち現れていった。例えば，ドイチェ・バンクは，すでに70年に，短・中期の国際的信用業務に重点を置く子銀行をルクセンブルグに設立していた。それは，BEC と同様にユーロ信用業務に従事し，バランスシート総額でも BEC を超すまでに至ったのである[13]。

## 2 ユーロパートナーズ

　ユーロパートナーズグループの形成は，コメルツバンク Commerzbank，クレディ・リヨネ Crédit Lyonnais，バンコ・ディ・ローマ Banco di Roma の3行の間での，1970/71年からの緊密な協力に関する協定に始まる。この協定は，先の EBIC グループにおけるのとは対照的に，細密なものであった。その意図したところは，銀行業務の全領域をおおう広範囲の協力を作り出し，長期的には1つの合併に類似した事態を生み出す，ということにあった。73年には，スペインのバンコ・イスパーノ・アメリカーノ Banco Hispano Americano が加わり，構成メンバーは4行となっている。コメルツバンクとバンコ・イスパーノ・アメリカーノは民間銀行であるが，他の2行は国有の銀行である[14]。

　ユーロパートナーズの協力目標は，当初は「機能上の銀行統合」を作り出す，というものであったが，72年には早くもこの目標の枠組みは修正され，弱められてしまった。すなわち，広範囲にわたる協力といっても，メンバー各行の自主性と相違の原則を認めたうえでの協力というように，当初の目標の枠組みからの本質的変更がもたらされたのである。このことは，国際的銀行協力の一般的な高揚状態が早くも沈静化しつつあることを示していた[15]。

　ユーロパートナーズグループの最初の共同創設機関はユーロパートナーズ・セキュリティーズ Europartners Securities Corp.（ニューヨーク）であった。これはクレディ・リヨネのニューヨーク支店が71年にコメルツバンクの50％の資本参加をもって転換されたものであった。この機関の活動の中心は，証券発行・取引業務，資産管理業務，資本参加の媒介などにあった。ユーロパートナーズグループは，金融業務の領域では，74年ザール州にコメルツ・クレディット・バンク・アクティエンゲゼルシャフト・ユーロパー

トナーズ Commerz-Credit-Bank Aktiengesellschaft Europartners を共同創設し，またリース業の分野では，73年からパリにユーロパートナーズ・リーシング Europartners Leasing S. A. をもった。このグループはさらに，EBIC グループと同様に，東アジアやその他の地域に，種々の形態の共同機関をもった[16]。

さて，ユーロパートナーズグループは，EBIC グループと異なって共同の管理機関をもたず，そして1つの合併に類似した銀行統合体を目指すという高い理想を掲げていた。しかしながら，このような構想はすぐさま変更を余儀なくされた，という点に注目しておきたい。そしてまた，74年に共同金融機関コメルツ・クレディット・バンク・アクティエンゲゼルシャフト・ユーロパートナーズ（コメルツバンク60％，クレディ・リヨネ35％，他の2つのメンバー行はともに2.5％の参加）が創設されたが，その後すぐに，コメルツバンクとクレディ・リヨネは相手国内に自行支店を開設したのであり，このような，1つの銀行統合体という構想とはかけ離れた競争の事態に注目しておきたい[17]。

### 3 ABECOR

ドレスナー・バンクがその形成に加わった銀行クラブは，他の2つのそれと比べてよりゆるい銀行間協力として特徴づけられる。メンバー銀行間のただ部分的な協力だけが問題となった。出発点は，1967年に，ドレスナー・バンク，アルゲメーネ・バンク・ネーダーラント Algemene Bank Nederland，バンカ・ナツィオナーレ・デル・ラボロ Banca Nazionale del Lavoro，バンク・ナショナル・ドゥ・パリ Banque Nationale de Paris，バークレイズ・バンク Barclays Bank，バンク・オブ・アメリカ Bank of America の6行が，パリとルクセンブルグそれぞれに共同機関ソシエテ・フィナンシェール・ユーロペェーヌ Société Financière Européenne (SFE) を創設したことに始まる。ルクセンブルグ所在の SFE は，パリの SFE の株式の88％を所有し，持株会社として機能している。そして前者の SFE には，メンバー各行が同じ比率で資本参加した。この機関の創設によって意図

されたのは，中・長期信用や資本参加業務における協力を作り出すということにあったが，それは，あくまでも各行自身の業務計画の補完という枠組みを超えるものではなく，それ以上の協力は考えられていなかった[18]。

しかしながら，71年に，ドレスナー・バンク，バンク・ドゥ・ブリュッセル Banque de Bruxelles，アルゲメーネ・バンク・ネーダーラント，バイエリッシェ・ヒポテーケン・ウント・ヴェークゼルバンク Bayerische Hypotheken- und Wechselbank の4行は，国際的協力の拡大を狙った協定を締結した。それにもとづいて72年には，メンバー諸銀行の協力活動の調整機関として，アソシェーティド・バンクス・オブ・ユアロプ・コーポレーション Associated Banks' of Europe Corporation S. A. (ABECOR)が共同創設されたのである。このような ABECOR 創設へと至る動きは，何よりも，71年以前では他行と比べて対外進出が著しく遅れていたドレスナー・バンクによって推進されたという[19]。

ABECOR グループは，EBIC グループやユーロパートナーズグループと同様に，共同代理店や共同金融機関の外国への設置によってその対外進出を図ったが，その度合いは他の2つのグループよりも弱いものだった。そしてまた，ABECOR グループの諸銀行は，このグループの枠組みとは別に，他の外銀と提携した国際的進出をも展開していった。例えば，ドレスナー・バンクがアジア進出のために独自で資本参加して形成された ASEAM バンケン ASEAM-Banken がそうであった。結局，ABECOR グループの協力内容に関していえることは，ドレスナー・バンクや他のメンバー諸銀行は，相互に提携はしても自行の自立性は守り，協定をとおしても国際的業務における強固な結合へは至らないという点を重視していた，ということである[20]。

以上でみてきたように，ドイツの3大銀行は，それぞれ，外銀との協力のもとで対外進出を展開した。銀行クラブを形成し，そのもとで種々の在外機関を共同創設したのであった。それぞれのグループは，類似の目標を掲げたとはいえ，細部についてはさまざまな相違をみせた。ドイチェ・バンクの EBIC グループとコメルツバンクのユーロパートナーズグループは，ともに

広範囲にわたる業務協力を行ったが，ドレスナー・バンクの ABECOR グループは部分的な協力に留まった。また，ユーロパートナーズグループは，他の2つのグループのような協力調整機関をもたなかった。そして，このような，銀行クラブの形成とそれを基盤とした在外共同機関の創設という形態での3大銀行の対外進出は，いずれもグループの結束強化という方向では進展をみせず，やがて自行の支店・子銀行の対外設置という自立的進出形態へと道を譲ることになる。銀行クラブの形成にもとづく3大銀行の対外進出は，結局は自立的進出のための1つのステップにすぎなかった，といえるだろう。

## III　ルクセンブルグ金融市場への進出

### 1　業務とその比重

ドイツの銀行の対外進出の決定的歩みは，ユーロ通貨市場やすべての重要な金融市場における支店や子銀行の設置であった。自行顧客への金融サービスの強化に際して，外銀との競争は避けられず，この点で国際的銀行クラブという戦略には自ずから限界があった。

ドイツの銀行の自立的進出形態であった在外支店や在外子銀行についてみると，表8-2が示すように，1980年代，とりわけその中頃まで，ルクセンブルグへの子銀行形態での進出がとくに重要な意義をもっていたことがわかる。ブンデスバンク月報では，ドイツ以外との取引を含めた在外子銀行の業務規模の全体は，84年以降について明らかにされている。このため，在外支店・子銀行の業務規模を示す表8-2では，84年以降の数値を挙げている。また，ルクセンブルグへの支店形態での進出数，業務規模等については，93年以降の数値のみがブンデスバンク月報のサップルメントで明らかにされているにすぎない。ルクセンブルグへの支店形態での進出とその業務は，子銀行のそれと比べ，この時期まであまり重要ではなかったということである[21]。ここでは子銀行のみについて追う。

表8-2によって，在ルクセンブルグ子銀行の活動の比重を測ると，80年代(ただし84年以降)は，在外子銀行全体の業務の7〜8割のシェアをルクセ

184　第2部　マルク建て決済システムの拡張

表8-2　在外支店・子銀行の業務規模(1980年代)

(10億DM, %)

| 年末 | 在外支店数 | 在外支店業務規模(A) | 在外子銀行数 全体 | うち在ルクセンブルグ | 在外子銀行業務規模 全体(B) | うち在ルクセンブルグ(C) | C/B | C/(A+B) |
|---|---|---|---|---|---|---|---|---|
| 1984 | 96 | 188.8 | 63 | 26 | 190.5 | 157.6 | 83% | 42% |
| 1985 | 99 | 195.1 | 67 | 26 | 186.4 | 152.2 | 82 | 40 |
| 1986 | 101 | 207.3 | 75 | 27 | 190.4 | 145.1 | 76 | 36 |
| 1987 | 102 | 227.6 | 76 | 26 | 200.0 | 147.7 | 74 | 35 |
| 1988 | 108 | 278.0 | 78 | 28 | 232.9 | 166.9 | 72 | 33 |
| 1989 | 118 | 297.1 | 87 | 29 | 261.8 | 184.3 | 70 | 33 |
| 1990 | 128 | 356.8 | 96 | 29 | 293.3 | 187.0 | 64 | 29 |

(出所)　*Monatsberichte der Deutschen Bundesbank*, Statistischer Teil 各号による。

ンブルグの子銀行が占めている。また，在外支店をも含めた全体のなかでは，在ルクセンブルグ子銀行のシェアは3～4割で推移している。ルクセンブルグは，ドイツの銀行にとって，他の金融センターとは異なる特別の意味をもっていた，といえるであろう。以下，まず，ルクセンブルグへの進出について，80年代を中心に詳しくみてゆくことにする。

　ルクセンブルグには，67年に，まずドレスナー・バンクが子銀行を設置した。次いで1年後にコメルツバンクが，そして70年にドイチェ・バンクが，それぞれ子銀行を設置した。90年の時点で，この3大銀行を含めて，ドイツの銀行は全体でルクセンブルグに38行が進出を行っている。ルクセンブルグ所在銀行全体のなかで，このドイツから進出したものが最大勢力をなし，次いで，ベルギー・ルクセンブルグが21行，スカンジナビア諸国20行，スイス15行というように続く[22]。

　ドイツの銀行がこのようにルクセンブルグへ進出したのは，いうまでもなく，ユーロ市場ルクセンブルグの制度的メリットを生かして活動するためであった。そのメリットは，第1に銀行の守秘性が確保されていること，第2に厳格な最低準備率規制がないこと，第3に資産総額が自己資本の33倍まで認められていること，などであった。この最後の点は，ドイツでは資産総額が自己資本の15倍までとされていたため，ルクセンブルグではそれをはるかに超えて貸出枠が拡げられていたことを意味する。さらに，ルクセンブルグ進出のメリットとして，法人税などに関してルクセンブルグ当局が外銀

表 8-3 在ルクセンブルグ子銀行の信用(1980 年代, 債務者別)[1]

(10 億 DM, %)

| 年末 | 外国への信用 銀行に対するもの | 非銀行に対するもの | 計 (%) | ドイツへの信用 銀行に対するもの | 非銀行に対するもの | 計 (%) |
|---|---|---|---|---|---|---|
| 1984 | 57.5 | 38.9 | 96.4 (62.4) | 20.4 | 37.8 | 58.2 (37.6) |
| 1985 | 65.1 | 29.5 | 94.6 (63.2) | 21.3 | 33.8 | 55.1 (36.8) |
| 1986 | 69.0 | 27.6 | 96.6 (67.9) | 20.0 | 25.6 | 45.6 (32.1) |
| 1987 | 74.6 | 25.8 | 100.4 (69.4) | 18.6 | 25.7 | 44.3 (30.6) |
| 1988 | 82.3 | 27.8 | 110.1 (67.4) | 24.8 | 28.5 | 53.3 (32.6) |
| 1989 | 90.8 | 28.4 | 119.2 (66.3) | 32.5 | 28.1 | 60.6 (33.7) |
| 1990 | 81.2 | 30.1 | 111.3 (60.9) | 38.0 | 33.5 | 71.5 (39.1) |

(注) 1) 大蔵省証券および証券を含む。
(出所) 表 8-2 に同じ。

に対してはきわめて寛容で弾力的な態度をとってきた,という点も挙げられる[23]。また,ルクセンブルグにおける,インターバンク市場で取り入れる短期資金をつないで長期ローンを行うという「期間の変形」(Fristentransformation)方式は,独立した法人である子銀行の場合には,その形態ゆえにドイツの銀行監督局の流動性規制(原則 II)を免れた,という点も重要であろう[24]。

さて,ルクセンブルグに進出したドイツの銀行の 80 年代の活動をブンデスバンク月報の数値によりながら明らかにしておこう。ルクセンブルグに所在するドイツの銀行は全体で 38 行であるが,そのうち 29 行が独立した現地法人である子銀行形態をとるものである(1990 年現在)。表 8-3 は,この子銀行の債務者別の信用を示している。80 年代では,一貫して,「外国への信用」が 60～70%,「ドイツへの信用」が 30～40%という構成で推移している。

表には示していないが,在ルクセンブルグ子銀行の負債についてみると,85 年まではその 8 割以上が「外国に対する債務」である(84 年 89.7%,85 年 82.1%)。また,そのほとんどが外国の銀行に対するものである。86 年以降になると,このような構成は大きく変化し,新たな傾向が窺われる。「外国に対する債務」は 60%台へと低下し,「ドイツに対する債務」が 30～40%台へと上昇してゆくのである。また,「外国に対する債務」のうち外国の銀行に対するものは,84 年の 93%から 89 年の 72%まで一貫して比重を低め

てゆく[25]。

　在ルクセンブルグ子銀行の資産と負債について，その主だった数値だけを挙げたが，ここから次のようにいうことができる。すなわち，ドイツの銀行はユーロ市場ルクセンブルグに進出し，80年代央頃まではもっぱらインターバンク市場で資金を調達し，ドイツ本国へ3～4割の信用供与を行い，6～7割を外国へ向けていた，と。なお，後者の「外国への信用」は，シンジケート・ローン等による東欧圏や開発途上国に対するものと考えられる。ルクセンブルグに進出したドイツの銀行の任務・目的は，当初，ドイツ本国の産業の資金調達を助け，東欧圏や開発途上国への輸出を支援する，という点に置かれていたというが，それに照応した活動を行ってきたといえるであろう[26]。

　ただし，80年代央以降，ルクセンブルグにおけるドイツの銀行の活動は，ある変化を余儀なくされてゆく。それは主として，85年のドイツの信用制度法改正によってルクセンブルグ所在子銀行もドイツ本国の規制から自由ではなくなったということ，そして，累積債務問題の顕在化とともにシンジケート・ローンが控えられてゆく，という事情によるものといえる。ルクセンブルグ所在子銀行は，必然的に業務多様化を迫られることになる。以後，プライベート・バンキングや証券取引業務の展開を強めていったのである[27]。この業務多様化は，上にみた80年代後半からの負債構成の変化にも反映しているであろう。

　ルクセンブルグ所在の子銀行は，80年代を通じて一般に，ドイツの銀行の国際的進出全体のなかでとりわけ重要な位置をもっていたというのは確かであるが，80年代央頃からそのプレゼンスの比重を低めていった，ということも明らかである。表8-2で，在外支店・子銀行全体の業務規模に対する在ルクセンブルグ子銀行のそれの比率(C／[A+B])をみると，84年の42%から90年の29%まで漸減傾向をはっきりと示している。

　この原因は，何よりも，上に触れたように85年の信用制度法改正に求められる。この法改正の主眼は，親銀行と内外の子会社を含めた銀行グループ全体に対してドイツの銀行監督を導入するという点にあり，これによって，

例えばルクセンブルグ所在の子銀行も，ドイツの親銀行との連結ベースでドイツの新たな 18 倍というギアリング・レシオ（資産総額は自己資本の 18 倍まで）に服さねばならなくなったのである[28]。

さて，このような信用制度法改正を生ぜしめた背景を，ドイツの銀行のルクセンブルグ進出との関連で整理しておくと次のようになる。

ドイツの銀行がルクセンブルグへ進出した理由は，ドイツ国内の金融諸規制を回避して，より有利な活動条件を手に入れるためであった。ドイツ国内での競争が内攻するとともに，従来の諸規制に囚われない活動を求めて，規制なきユーロ市場ルクセンブルグへと必然的に展開したのである。

だが，このようなルクセンブルグへの進出とそこでの業務展開は，一方で銀行のリスク増大という新たな問題を生ぜしめた。ユーロ市場は，一般に金融イノヴェーションによってその発展が推進されたが，とくに重要だったのは「ロール・オーバー・クレディット」であった。この信用方式は，貸出金利がその時々の市場状態に適合させられるものであり，ユーロバンクはこの方式によって，短期資金の取入れの更新によって大規模な中・長期信用を供与し続ける際の金利変動リスクを免れることができたのである。そのリスクは借り手に転嫁されるわけである。かくして，このような「期間の変形」は，ユーロ信用業務の決定的に重要な要素であった。だが，金利変動リスクは借り手に転嫁されえても，つなぎ金融 (Anschlußfinanzierung) のリスク，すなわち，短期資金の借換の際の調達リスクは，依然としてユーロバンクに残る。ユーロ市場で信用不安が生じたとき，このリスクは現実的なものとなる。つまり，短期資金の取入れが困難となり，期限の来た預金への支払いはできなくなるのである[29]。

規制なきユーロ市場での業務がこのような問題性をもつことに対して，いくつかの中央銀行のなかでもブンデスバンクは早くから注意深い姿勢をとっていた[30]。そして，74 年のヘルシュタット銀行 Bankhaus I. D. Herstatt の倒産を契機として銀行監督に関する国際的協調が進展してゆくが，それとならんで，ドイツ国内では上記のような信用制度法改正が行われるのである。それは，既述のように，重要なポイントとして，ドイツの銀行に，内外の子

188　第2部　マルク建て決済システムの拡張

表 8-4　在外支店・子銀行の業務規模(1990年代)

(10億 DM, 1999年は10億ユーロ, %)

| 年末 | 在外支店数 全体 | うち在ルクセンブルグ | 在外支店業務規模 全体(A) | うち在ルクセンブルグ(B) | 在外子銀行数 全体 | うち在ルクセンブルグ | 在外子銀行業務規模 全体(C) | うち在ルクセンブルグ(D) | $\dfrac{B+D}{A+C}$ |
|---|---|---|---|---|---|---|---|---|---|
| 1991 | 128 | — | 399.8 | — | 91 | 28 | 321.4 | 197.0 | —% |
| 1992 | 146 | — | 470.1 | — | 99 | 30 | 371.4 | 232.4 | — |
| 1993 | 134 | 29 | 734.2 | 73.0 | 98 | 31 | 459.3 | 270.4 | 29 |
| 1994 | 146 | 33 | 878.7 | 108.1 | 101 | 32 | 505.2 | 305.5 | 30 |
| 1995 | 156 | 33 | 1,110.0 | 126.6 | 117 | 31 | 576.7 | 311.5 | 26 |
| 1996 | 162 | 33 | 1,305.6 | 125.6 | 125 | 31 | 673.8 | 326.5 | 23 |
| 1997 | 165 | 31 | 1,837.4 | 134.4 | 131 | 31 | 764.9 | 345.6 | 18 |
| 1998 | 183 | 32 | 2,195.3 | 137.8 | 137 | 30 | 830.8 | 384.1 | 17 |
| 1999 | 187 | 30 | 1,311.9 | 66.2 | 161 | 31 | 530.6 | 218.1 | 15 |

(出所)　Deutsche Bundesbank Monatsbericht, Statistischer Teil 各号, Deutsche Bundesbank Bankenstatistik, Statistisches Beiheft zum Monatsbericht 1 各号による。

会社を含めた連結決算の報告を要求し，在外子銀行へも規制の網をかける，という内容を備えるものであった。

　以上のようにして生じた信用制度法改正とともに，80年代後半以降，ルクセンブルグへの子銀行形態での進出とそこでの業務展開は，もはや従前のようなメリットを享受しえなくなったわけであり，このことが，ルクセンブルグにおける業務規模の上述のような漸減傾向をもたらした基本的原因だったとみることができるのである。そして，この傾向は，90年代に入っても引き続くことになる。以下，90年代についても，簡単に追っておくことにする。

　ルクセンブルグ所在の支店の業務規模等については，93年以降の数値がブンデスバンク月報のサップルメントで明らかにされている。90年代に入って，ルクセンブルグでは，子銀行ばかりでなく支店の業務もまた無視できないほどに大きくなったことを示している。表 8-4 は，子銀行の業務規模ばかりでなく支店のそれも載せている。この表によって支店と子銀行の業務規模を合計してみると，93年から98年まで絶対額は微増している(99年の数値はユーロ建て表示のため，直接の比較は困難)。しかし，ドイツの銀行の在外支店と在外子銀行全体の業務規模に対する在ルクセンブルグ支店・子銀

表 8-5 在ルクセンブルグ支店・子銀行の信用(1990 年代，債務者別)[1]

(10 億 DM，1999 年は 10 億ユーロ，%)

| 年末 | 外国への信用 ||||  | ドイツへの信用 ||||  |
|---|---|---|---|---|---|---|---|---|---|---|
|  | 銀行に対するもの || 非銀行に対するもの || 計(%) | 銀行に対するもの || 非銀行に対するもの || 計(%) |
|  | 支店によるもの | 子銀行によるもの | 支店によるもの | 子銀行によるもの |  | 支店によるもの | 子銀行によるもの | 支店によるもの | 子銀行によるもの |  |
| 1991 | − | 76.4 | − | 32.2 | − | − | 40.1 | − | 42.6 | − |
| 1992 | − | 83.8 | − | 39.8 | − | − | 49.9 | − | 53.3 | − |
| 1993 | 40.8 | 107.3 | 1.4 | 40.8 | 190.3 (59.2) | 9.6 | 64.1 | 5.8 | 51.6 | 131.1 (40.8) |
| 1994 | 50.2 | 107.2 | 1.1 | 26.5 | 185.0 (53.7) | 19.8 | 79.9 | 8.4 | 51.7 | 159.8 (46.3) |
| 1995 | 53.4 | 109.8 | 1.7 | 25.9 | 190.8 (53.4) | 24.5 | 71.1 | 12.0 | 59.1 | 166.7 (46.6) |
| 1996 | 52.8 | 108.5 | 2.3 | 27.5 | 191.1 (53.4) | 24.1 | 72.8 | 12.2 | 58.0 | 167.1 (46.6) |
| 1997 | 55.9 | 104.2 | 4.3 | 33.3 | 197.7 (51.9) | 30.1 | 84.8 | 12.8 | 55.4 | 183.1 (48.1) |
| 1998 | 59.0 | 90.7 | 3.5 | 36.7 | 189.9 (48.5) | 32.8 | 102.3 | 12.4 | 53.8 | 201.3 (51.5) |
| 1999 | 29.0 | 49.1 | 1.8 | 23.8 | 103.7 (53.3) | 13.5 | 40.4 | 5.9 | 31.2 | 91.0 (46.7) |

(注) 1) 大蔵省証券および証券を含む。
(出所) 表 8-4 に同じ。

　行の業務規模の比率([B+D]／[A+C])をとってみると，93 年の 29%から 99 年の 15%まで，はっきりした低下傾向を示している。

　また，表 8-5 は，やはり，子銀行ばかりでなく支店の信用規模をも載せてあるが，これによって在ルクセンブルグ支店・子銀行のドイツ内外への信用額をみると，80 年代と比べて 90 年代には，「ドイツへの信用」のシェアが若干高まっている。統一ドイツの強い資本需要がその要因となっていることが窺える。

　以上でみてきたように，ドイツの銀行のルクセンブルグでの活動は，国際的進出による活動全般におけるその比重を 80 年代央以降，そして 90 年代を通じて一貫して低下させていった。84 年から 90 年までは，ルクセンブルグにおける業務規模の国際的進出全体のそれに対する比率は，42%から 29%へと落ち，93 年から 99 年までは，やはり 29%から 15%へと落ちているのである。80 年代央以降，既述のように信用制度法改正が大きく作用し，そ

して，それまでとは異なりドイツの銀行の国際的進出がこの時期以降多様な展開を遂げていったことが窺い知れる。

### 2 外国へのマルク建て債権

ルクセンブルグへ進出したドイツの銀行の支店・子銀行の活動を追うとき，1つの重要な論点が存在する。それは，ルクセンブルグからドイツ以外の国へ向けてのマルク建て貸出等についてである。この貸出等は，結局は，ドイツ国内に所在する銀行の要求払い預金勘定にその残高が維持され，借り手はこの残高を通じて諸取引を決済するのである[31]。一般に，国際的に進出したドイツの銀行の支店・子銀行が対外的にマルク建ての貸出を行うことによって，マルク建て決済システムが対外的に拡張されることになるが，このような役割を担ったのが，在英支店とともに在ルクセンブルグ支店・子銀行なのであった。

表8-6は，このような観点から，在外支店・子銀行のマルク建て債権を取り出している。ただし，主要進出先別による在外支店・子銀行のドイツ以外へ向けてのマルク建て債権に関する数値は，1994年以降のものしか明らかにされていない。この表は，ユーロマルク貸出等の大部分を担う在ルクセンブルグ支店・子銀行および在英支店・子銀行のそれを取り出している。両者を合わせると，94-98年まで，ユーロマルクのドイツ以外へ向けての全債権額の70〜80％ほどを占めることになる。

さて，在ルクセンブルグ支店・子銀行からドイツ以外へ向けてのマルク建て債権をみると，94-98年まで，全体の40％前後を占め，在英支店・子銀行のシェアを凌駕し続けている。在ルクセンブルグ支店・子銀行は，既述のように，ドイツの銀行の在外活動(業務規模)全体に占めるその比重を低下させていったが，ドイツ以外へ向けてのマルク建て貸出等においては，このように90年代央以降，在英支店・子銀行をわずかながらも上回り続け，この貸出等の先頭に立っていたことがわかる。かくして，在ルクセンブルグ支店・子銀行は，ドイツの銀行がマルク建て決済の網の目を対外的に拡張してゆく際の，その中心的担い手であり続けたということができる。

表8-6 在外支店・子銀行の外国へのマルク建て債権

(10億DM，1999年は10億ユーロ，%)

| 年末 | DM建て債権総額(A) | うち在ルクセンブルグ支店・子銀行によるもの(B) | B/A | うち在英支店・子銀行によるもの(C) | C/A |
|---|---|---|---|---|---|
|  |  |  | % |  | % |
| 1994 | 259.3 | 107.9 | 41.6 | 94.0 | 36.3 |
| 1995 | 264.1 | 107.2 | 40.6 | 95.0 | 36.0 |
| 1996 | 250.6 | 100.8 | 40.2 | 95.6 | 38.1 |
| 1997 | 250.9 | 96.4 | 38.4 | 95.0 | 37.9 |
| 1998 | 232.6 | 90.0 | 38.7 | 82.8 | 35.6 |
| 1999[1] | 318.4 | 69.6 | 21.9 | 105.8 | 33.2 |

(注) 1) DM，ユーロおよびEMU参加諸国通貨を含む。
(出所) *Deutsche Bundesbank Zahlungsbilanzstatistik, Statistisches Beiheft zum Monatsbericht* 3 各号による。

しかし，99年には状況は一変している。表8-6における99年の数値は，「DM，ユーロおよびEMU参加諸国通貨を含む」ものであり，しかも単位がユーロである。98年以前と数値の連続性はない。だが，在外支店・子銀行全体によるドイツ以外に対する「DM，ユーロおよびEMU参加諸国通貨」での貸出等に占める，在ルクセンブルグ支店・子銀行のそれの比率をとってみると，99年には21.9％であり，それ以前と比べて大きく落ちている。ユーロマルクのドイツ以外へ向けての貸出等の中軸であり続けた在ルクセンブルグ支店・子銀行は，99年にはその地位を明らかに後退させたのである。

以上でみてきたように，98年までについては，在ルクセンブルグ支店・子銀行は，在英支店・子銀行を上回って対外的なマルク建て貸出等の先頭に立っていた。しかし，表8-6にみられるように，在ルクセンブルグ支店・子銀行によるこの貸出等は，在外支店・子銀行全体によるマルク建て貸出等（「DM建て債権総額」）とともに，量的にはすでに94，95年以降伸びをみせてはいない。次に節を改めて，この，ドイツの銀行の在外支店・子銀行によるマルク建て貸出等の全体の動向について追っておくことにする。

## IV　在外支店・子銀行全体の外国へのマルク建て債権

表8-7は，ドイツの在外支店・子銀行全体の，ドイツ以外へ向けてのマル

**表 8-7** 在外支店・子銀行の外国への債権

(10 億 DM, 1999 年は 10 億ユーロ, %)

| 年末 | 債権総額 (A) | うち DM 建て債権 (B) | B/A |
|---|---|---|---|
| | | | % |
| 1984 | 304.5 | 77.1 | 25.3 |
| 1985 | 300.0 | 93.1 | 31.0 |
| 1986 | 325.3 | 107.8 | 33.1 |
| 1987 | 355.1 | 129.3 | 36.4 |
| 1988 | 433.1 | 134.6 | 31.1 |
| 1989 | 471.6 | 147.8 | 31.3 |
| 1990 | 549.4 | 165.8 | 30.2 |
| 1991 | 599.2 | 169.2 | 28.2 |
| 1992 | 683.9 | 199.6 | 29.2 |
| 1993 | 861.1 | 248.1 | 28.8 |
| 1994 | 947.2 | 259.3 | 27.4 |
| 1995 | 1,161.8 | 264.1 | 22.7 |
| 1996 | 1,447.0 | 250.6 | 17.3 |
| 1997 | 1,955.3 | 250.9 | 12.8 |
| 1998 | 2,216.1 | 232.6 | 10.5 |
| 1999[1) ] | 1,340.6 | 318.4 | 23.8 |

(注) 1) DM，ユーロおよび EMU 参加諸国通貨を含む。
(出所) 表 8-6 に同じ。

ク建て貸出等の動向を，追おうとしたものである。表にみられるように，マルク建て債権は絶対額では 1990 年代央まで伸び続け，その後そのレベルで横ばい状態を示している。98 年には，このいわば高原状態からの若干の後退がみられる。99 年の数値は，ここでも，マルクのみならずユーロ，EMU 参加諸国通貨の分を含み，単位もユーロなので，連続的にこの年を追うわけにはいかない。

このマルク建て債権の，全通貨建て債権総額に対する比率をみると，87 年にピークをつけ(36.4%)，その後漸減傾向を示す。とりわけ，90 年代央からの低下が目立つ(95 年 22.7%，96 年 17.3%，97 年 12.8%，98 年 10.5%)。99 年は，マルクのほかにユーロおよび EMU 参加諸国通貨を含めて，この比率は 23.8% である。

他方，表には示していないが，90 年代におけるドイツの銀行の在外支店・子銀行のドイツ以外に対する US ドル建て債権の，同じく全通貨建て債

権総額に占める比率をとってみると，96年までは35～37％で推移し，97年には39.4％，98年41.8％，99年47.4％とシェアを高めている[32]。

90年代央以降におけるドイツの銀行の在外支店・子銀行の外国への全通貨建て債権総額は，計数処理の連続性が保たれている95年から98年までを追うと，2倍近くとなり（1兆1618億DMから2兆2161億DMへ），そして上のようにUSドル建て債権はそれに見合う以上に増大し（95年4085億DMから98年の9255億DMへ），シェアの若干の増加を示したのである（95年35.2％から98年41.8％へ）[33]。

つまり，90年代央以降，ドイツの銀行の在外支店・子銀行によるドイツ以外への債権総額は2倍化する一方で，それに占めるマルク建て債権の比率は顕著に低下し，そしてこれと対照的にUSドル建て債権の比率は上昇しているのである。要するに，マルク建て決済システムの対外的拡張・マルク国際化につながるような，ドイツの銀行の在外支店・子銀行の活動は，量的にはほぼ90年代央にピークを迎え，その後，いわば沈静化をみせているということなのである。前節でみた，在ルクセンブルグ支店・子銀行によるマルク建て貸出等も，このような大枠の動向に沿うものであった。

## V　小　括

本章では，第2次大戦後におけるドイツの銀行の国際的進出の歩みを追った。この歩みのなかで，ドイツの銀行の自立的な進出として，とくにルクセンブルグへの子銀行形態でのそれが注目された。しかし，ドイツの銀行のルクセンブルグでの活動は，業務規模でみる限り，1980年代後半以降，次第にその相対的重要性を低めていった。それは，主に，ルクセンブルグへの進出のメリットをうち消すようなドイツの信用制度法改正によるものといえた。そして，この傾向は90年代に入っても引き続いた。

ルクセンブルグ所在の支店・子銀行の活動のうち，ドイツ以外へ向けたマルク建ての貸出等は，マルク建て決済システムを対外的に拡張するという点からみたとき，ひときわ注視すべきものだった。この観点から，この貸出・

債権の動向を追ったとき，在ルクセンブルグ支店・子銀行はその担い手としてつねに先頭に立ち，マルク建て決済システムを対外的に拡張する役割を，在英支店・子銀行とともに中心的に果たし続けた，とすることができた。

しかし，在外支店・子銀行全体によるドイツ以外へのマルク建て債権は，90年代央以降，ドイツ以外への全通貨建て債権総額に占める比率を顕著に低下させていった。ルクセンブルグからのこの債権も，量的には目立った低下をみせなくとも，比率としてはこの全体の動向に沿うものであった。また，在外支店・子銀行全体によるドイツ以外への全通貨建て債権総額の伸びと，同機関によるドイツ以外に対するマルク建て債権の伸びを比較してみると，前者の伸び率は，84-89年55％，89-94年101％，94-98年134％となるが，同時期をとった後者の伸び率は，それぞれ，92％，75％，－10％となる。このように90年代央以降は，ドイツの銀行の国際的進出における1つの特徴的活動をなしていた対外的なマルク建て貸出は，明らかに沈滞を示してゆくのである。ただし，次章でみるが，対外的なマルク建て決済システムの拡張それ自体は，90年代を通じて衰えることはない。本章で示されたのは，ドイツの銀行がルクセンブルグ等に国際的に進出し，そこからドイツ以外に向けてマルク建ての貸出を行い，そのことによってマルク建て決済システムの対外的拡張に寄与するという，そういう役割を90年代央以降は終えつつあった，ということである。

1) 以下，「ドイツ」は，第2次大戦後から1990年までについては，もっぱら西ドイツを指す。
2) Büschgen (1983a), S. 387.
3) Büschgen (1983a), S. 387.
4) Büschgen (1983a), S. 387.
5) Überseebank, overseas-bank のことであり，O. ハーンの分類によると，外国銀行 foreign bank と区別づけられる。海外銀行は，本国から外国市場を担当する機関であり，例えば「ドイツ人が占有するドイツの銀行であり，その活動は主としてフランクフルトから外国に向けられている」のであり，「ドイツの貿易金融，東アジア市場への浸透」などを目的とする。Hahn (1984), S. 114.

6) Büschgen (1983a), S. 388 を参照。
7) Büschgen (1983b), S. 193 を参照。
8) Büschgen (1983b), S. 193-195, Huber (1982), S. 359, Wayland (1984), S. 34 を参照のこと。
9) これら3つの銀行クラブについて詳しく触れているものとしては，Büschgen (1983b), S. 193-213 と布目真生(1980) 111-139 ページがある。参照のこと。
10) Büschgen (1983b), S. 194-195, Coulbeck (1984), S. 334 を参照のこと。
11) Büschgen (1983b), S. 197.
12) ニューヨークには，すでに1968年から，ユーロピアン・アメリカン・バンキング・コーポレーション European-American Banking Corporation とユーロピアン・アメリカン・バンク・アンド・トラスト・カンパニー European-American Bank & Trust Company という2つの金融機関が存在した。これらは，EBICグループの最も重要な在外共同機関といわれた。太平洋地域では，1970年メルボルンにユーロ・パシフィック・ファイナンス・コーポレーション Euro-Pacific Finance Corporation Ltd. が設立された。これは，オーストラリア企業や，ヨーロッパ企業の在オーストラリア子会社に対する金融と助言業務を行った。東アジアに対しては，ハンブルク所在のユーロピアン・アジアティッシェ・バンク European-Asiatische Bank (1972年以降)が，東アジアの多くの地域に支店を有し，そこで貿易金融や多国籍企業への種々の金融サービスを行い，また，シンガポールや香港の支店によってアジアダラー市場へ参入した。さらに，アラブ諸国との経済的関係を強化するために，1972年にはアラブ諸国の15大銀行と共同で，ルクセンブルグにユーロピアン・アラブ・ホールディング European Arab Holding S. A. を設立した。Büschgen (1983b), S. 197-199.
13) Büschgen (1983b), S. 198.
14) Büschgen (1983b), S. 200.
15) Büschgen (1983b), S. 200.
16) 東アジア，東南アジアにおけるこのグループの共同創設機関には，そのほとんどに日本の銀行も加わった。また，東京，シンガポール，メキシコシティ，ヨハネスバーグ，コペンハーゲンには，共同代理店の形態で進出した。ロンドン所在のインターナショナル・コマーシャル・バンク International Commercial Bank Ltd. (ICB)にメンバー各行は資本参加したが，この共同機関は，中期のユーロ信用業務を行う指導的銀行であり，このグループの協力活動の重点をなした，という。Büschgen (1983b), S. 201-202.
17) Büschgen (1983b), S. 201-202 を参照のこと。
18) Büschgen (1983b), S. 203.
19) Büschgen (1983b), S. 203-204.
20) Büschgen (1983b), S. 204-205.
21) ルクセンブルグにおけるドイツの銀行の支店は，1984年で1行存在し(Deutsche

Bundesbank[1985], p. 26)，90年には本文で触れているが，進出全体38行のうち29行が子銀行であるので支店は9行，その後，表8-4にみられるように30行ほどとなっている。
22) *The Banker*, Sept., 1990, p. 20.
23) 大矢繁夫(1984)参照。
24) Bähre (1985), S. 66. なお，70年代および80年代初頭までにおけるドイツの銀行のルクセンブルグへの進出に関して，山村信幸(1980)，『東京銀行月報』第34巻第2号，1982年2月，Storck (1983), *Euromoney*, Sept. 1983, July 1984, *The Banker*, March 1984, Damm (1984), 関下稔・鶴田廣巳・奥田宏司・向寿一(1984)第3章も参照のこと。
25) *Monatsberichte der Deutschen Bundesbank*, Statistischen Teil 各号。
26) 大矢繁夫(1986)参照。
27) Burghagen, Fülster (1988), S. 152-153. Gardener, Molyneux (1990), p. 50 を参照のこと。
28) 大矢繁夫(1984)参照。信用制度法改正については，次章の第1節も参照のこと。なお，ブンデスバンクも，在ルクセンブルグ子銀行がすでに83，84年頃からその業務拡張に慎重となっていった点を指摘し，その原因として，このような内容をもった信用制度法改正と，そして貸出ポートフォリオに占めるカントリーリスクの増大ということを挙げている。Deutsche Bundesbank (1985), p. 28参照。
29) Gleske (1984), S. 126-127. ユーロ市場業務のリスクに関して，竹内一郎・香西泰(編，1984)第2章も参照のこと。
30) Gleske (1984), S. 126.
31) ここで「貸出等」というのは，長・短の証券への投資を含んでいるからである。表8-5における「信用」，表8-6における「債権」の内容も同じである。なお，在ルクセンブルグ支店・子銀行が，ドイツ以外の顧客からこのような証券を購入した場合，やはり，この顧客はその売却代金をドイツ所在の銀行のマルク建て要求払い預金勘定で保有し，それを諸取引に用いるわけであり，顧客がマルク建て貸出を受けた場合と同じ成り行きとなる。
32) *Deutsche Bundesbank Zahlungsbilanzstatistik, Statistisches Beiheft zum Monatsbericht 3* 各号参照。
33) *Deutsche Bundesbank Zahlungsbilanzstatistik, Statistisches Beiheft zum Monatsbericht 3* 各号参照。

# 第9章
# マルクの国際化
―「第3次マルク国際化」―

　本章では，1980年代以降の，歴史上3度目とみることができるマルク国際化を扱う。マルク建て決済システムの対外的拡張を意味するマルク国際化・国際通貨化が，80年代以降どのように進展したかを追うことが主な課題である。前章の後半部から引き続くテーマでもある。

　最初に，このマルク国際化と同時進行し，また，それの背景もなし，あるいは，それと重なりあう部分を包括していたドイツ[1]の金融自由化の過程を取りあげる。併せて，この過程のいわば裏側をなした金融規制の再編についても追っておく。

　次いで，IIでは，マルク国際化・国際通貨化の実態が，80年代と90年代に分けて追われる。このマルク国際化・国際通貨化は，いうまでもなく，共通通貨ユーロの導入とともに終わりを迎えることになる。そこで，IIIで，マルクからユーロへという通貨システムの転換が，ドイツの民間銀行やブンデスバンクの活動にとってどのような基本的条件の変化をもたらすものであるか，ということが検討される。

## I 金融自由化と金融規制

### 1 ドイツの金融自由化の特徴
　ドイツにおける金融諸規制に関しては，通常，次のことが指摘されてきた。

すなわち，伝統的に，国家介入よりも一般のコンセンサスや自主規制的措置が優先され，立法府はつねに自由な市場経済競争を支持し，そして銀行はかなり自由な環境のなかで活動することができた，と[2]。金利の自由化は，他の先進国に比べて早くから実施された。1967年4月に金利調整令は廃止されている。また，銀行は，伝統的にユニバーサルバンキングを営むものとして存在してきた。ユニバーサルバンキングは，信用制度法が規定する意味での銀行業務をすべて行いうるのであり，その業務とは，短期信用，貿易金融，顧客の投資相談，証券の委託・発行業務など幅広いスペクトルをもつ，ということはよく知られてもいる[3]。

　このように，金利の自由化や証券業務等の兼営ということを早くからその特徴として備えていたドイツの金融システムは，「金融の国際化」は別として，他の先進国が「金融自由化」のプロセスで実現しつつあるものを形のうえではすでに達成済みであった，といえる。このことから，ドイツでは，自由な環境のもとでの金融機関の競争とそれによってもたらされる寡占化は，他国と比べていっそう激しく高度なものであった，と考えることができる。

　金融機関の競争は，何よりも，商業銀行，貯蓄銀行，信用協同組合という異なったセクター間での競争として展開した。それは，とりわけ後2者による商業銀行セクターのシェア侵食という方向で進んだ。貯蓄銀行セクターも信用協同組合セクターも，例えば短期預金の収集によって商業銀行の伝統的なビジネスに侵入した。また，貯蓄銀行セクターは，中央機関を通じて証券取引への関わりを強め，証券保有のシェアも増大させていった。要するに，貯蓄銀行と信用協同組合は，すべてユニバーサルバンクとしての活動を展開し，提供する金融サービス全体も商業銀行と重複していったのである。他方，商業銀行も，貯蓄市場に侵入するなど，従来はもっぱら貯蓄銀行や信用協同組合の領域であったリテール部門に対して積極的な進出を図っていった。このような競争が進行した結果，上記3つの異なったセクター間の金融活動には，著しい収斂がみられた[4]。

　以上のようにして，ドイツでは，金利自由化や証券業務等の兼営という金融自由化の重要な部分は，いわばすでに達成済みであり，そしてそのような

枠組みのなかで競争が展開し，異なった金融セクター間の同質化が進んだということである。しかし，このように特徴づけられるドイツの金融システムにあっても，80年代には，さらにいくつかの金融自由化措置がとられてゆく。

主要なものとしては，まず，84年に，非居住者保有のマルク建て債券の利子に対する源泉課税が廃止された。これは，ドイツへの外資流入を促す措置であった。当時，マルクに対してUSドルが騰貴し続け，また米当局が源泉課税を廃止したため，ドイツからの資本流出が加速すると判断されたためであった。84年には，ドイツ国内の外銀にマルク建て外債発行のリード・マネージャーになることが認められた。そして，マルク建て外債の形態も新たにゼロ・クーポン債や変動利付債，複数通貨建て債などが認められた。また86年には，マルク建てのCD発行も認められた[5]。

80年代央のこのような金融自由化措置は，外資流入を促し，資本市場を外銀に開放し，そして，それまではロンドンなど他の金融市場で行わねばならなかった新たな金融手段を用いての活動を，フランクフルトでも認める，というものであった。したがって，基本的には，国際金融センター間の競争が激しくなるなかで，金融センター・フランクフルトの空洞化を防ぐという目的をもつものであった[6]。また，このような措置は，非居住者によるマルク建て資産保有の拡大をもたらすものであり，ここには，「マルク国際化」に対するドイツの通貨当局の「80年代の態度変化」(後述)が明らかに反映されていた。

### 2　金融不安と金融規制

一般的に，金融自由化や金融国際化の進展とともに競争は激しくなり，銀行はよりリスクのある活動へと促迫される。ここから銀行危機や金融不安が発生する。すでに1974年には，ケルン所在のヘルシュタット銀行Bankhaus I. D. Herstattが倒産した。それは為替投機の失敗によるものであった。また，80-81年には，コメルツバンクCommerzbankが，大規模な金利のミスマッチングによって困難に陥った。81年にヴェストドイチェ・ランデ

スバンク・ジロツェントラーレ Westdeutsche Landesbank Girozentrale も同じ問題で苦しんだ。そして，83年には，シュレーダー・ミュンヒマイヤー・ヘングスト Schröder Münchmeyer Hengst が，単一顧客への過剰貸出（自己資本の8倍）を原因として倒産した[7]。

　このような銀行の危機や倒産は，当然市場全体へ信用不安を拡げてゆく。とりわけ，ヘルシュタット銀行の事件は，国際金融市場において，ドイツの銀行に対する信用不安を生み出した。ルクセンブルグ市場では，ドイツの銀行の一部はクレジットラインを取り消されるなど市場から締め出され，そしてその後もドイツの銀行はより高い資金調達コストを余儀なくされた[8]。さて，自由化の進展にともなう競争激化と，そこから発生する金融市場の危機は，当局の規制・監督を必然化する。これは，80年代の自由化とともに改めて登場するという文脈を考えると，再規制とよぶのが妥当かもしれない。ともあれ，この動きは，ドイツでは信用制度法の改正となって現れた。

　信用制度法の改正は，銀行監督についての国際的協調の表れであるバーゼル・コンコーダットや銀行監督の責任分担に関するECの方針（1983年6月13日）にも応じたものであり，この改正法は85年1月から適用された。その主内容は次のようなものであった。銀行の貸出と資本参加（25％以上の持ち分）の合計は，自己資本の18倍を超えてはならない，ということ（以前は15倍）。このルールの適用は，銀行が40％以上の資本参加を行っているすべての子会社に拡張される，ということ。単一の顧客への貸出は，自己資本の50％を超えてはならない，ということ（以前は75％）。大口貸出（自己資本の15％を超える貸出）は，自己資本の8倍を超えてはならない，ということ。また，改正法は，銀行に対して，内外の子会社を含めた連結決算の形での報告を要求している，という点が注目された[9]。

　さらに信用制度法には，オフバランス業務のもつリスクに対応すべく，86年6月発効をもって新たな規制が導入された。オフバランス業務は，信用制度法による連結ベースでの監督・規制を銀行がすり抜けようとするもので，主にルクセンブルグで営まれていた。例えば，ユーロノート・ファシリティー供与がそれであった。これは，銀行が設定した中・長期の信用枠内で非銀

行がユーロノートを短期で発行し，市場でその募集残が出た場合には銀行が責任をもち，必要な場合には自ら引き受ける，というものであった。信用の受け手(ユーロノートの発行体)は，短期資金のコストで中・長期資金を得ることができ，銀行の方は販売・引受約束によりリスクを抱えることになる。銀行監督局からみれば，この業務の全容は銀行の年末決算には表れず，したがって銀行が抱えるリスクを当局が正当に評価しえない，という問題をもつ。また，このリスクが目にみえる形となったときも，すなわち，例えばルクセンブルグの子銀行がユーロノートの募集残を引き受けそれが累積するような事態に至ったときも，「信用総額は自己資本の18倍まで」というドイツの規制の連結ベースでの適用はすり抜けられてしまう。というのは，ユーロノートは，ルクセンブルグの取引所で取引されるために債券扱いとなり「18倍規制」の対象資産とはならないからである[10]。このようなリスクの多いオフバランス業務に対して，上のように新たな規制がつけ加えられたのである。それは，具体的には，銀行の信用ファシリティー供与を自己資本比率規制に包含しようとするものであった。すなわち，ファシリティー供与の50%を貸出とみなして，自己資本比率規制の対象資産とする，というものであった[11]。

　一般的に，金融イノヴェーションのもたらす結果について，「制限のない国際競争圧力のもとで，新たな金融手段は，度を越した危険を含んでいる。それは幾重にも新しく，規模と内容において尋常でないリスクなのである」[12]と指摘されるが，それに対応して新たな規制も導入されていったのである。

　以上，1，2でみてきたように，1980年代のドイツの金融市場では，自由化と規制がいわば同時並行的に進行していった。金利の自由化や証券業務などの兼営といった「金融自由化」を早くから達成し，そして80年代に新たな自由化に見舞われ，ドイツは，銀行間の競争の激しさとそこから生じるリスク増大という点ではいわば他国に先んじていたといえる。銀行に対する規制・監督もそれに対応して展開したのである[13]。

## II　マルクの国際化

　前節でみてきた金融自由化や信用制度法改正という措置を，今一度整理してその意義を押さえておくと次のようになる。1980年代に，ドイツは国際金融センター間の競争のなかにあって，外資流入や金融・資本市場の対外的開放のために一連の自由化措置を促迫された。他方，自由化によって惹起される競争とリスクの新たなレベルに対応するかのように，信用制度法の改正，すなわち規制の再編が行われた。このような一方での新たな自由化，他方での規制の再編という事態は，銀行が従来そのなかで活動してきた既存の秩序・枠組みの改変であり，新たなそれの形成とみることができる。そして，このような80年代の金融自由化措置と新たな規制の枠組み形成という成り行きと密接に関連して進行したのがマルクの国際化であった。マルクの国際化は，すでに触れたように，80年代の金融自由化と深い関わりをもち，あるいはそれの構成要因をなすものであった。

　次に，マルク国際化について追うが，一般に，通貨の国際化あるいは国際通貨化の程度をみる指標としては，公的部門における準備通貨，介入通貨，基準通貨としての機能，民間部門における資産通貨，決済・取引通貨，契約通貨としての機能などが取りあげられる。ブンデスバンクは，80年代におけるマルクの国際通貨化の進展について次のように指摘している。

　マルクは，主要な国際的準備通貨，投資(資産)通貨として発展した。87年末では，世界の外貨準備総額のおよそ14％(1290億DM)がマルクで保有されている。これは，USドルの74％に次いで第2位の地位をもつことを示している。また，同じく87年末で，非居住者保有のマルク建ての金融資産(証券形態および非証券形態)の総額は，およそ6500億DMであった(インターバンク資産の二重計算を除く)。さらに，マルクは，介入通貨および国際的取引通貨としての地位を前進させた。マルクは，EMS(European Monetary System)において基軸的な役割を演じた。というのは，メンバー国中央銀行がマルクの売買をもって自国通貨の為替相場を安定させようと努力したからである。また，ドイツは，外国貿易に主として自国通貨を用いる，そ

して自国通貨で対外負債を生じさせる数少ない国の1つである[14]。

　さて，マルクが上のような国際的地位を獲得してゆくことは，当初，ブンデスバンクの意志に反することであった。というのは，マルクがUSドルに次いで第2位の準備通貨としての役割をもつようになると，マルクに重要な諸問題が課せられる，とブンデスバンクはみたからである。しかしながら，ドイツは，市場の展開に自らを適合させていった，という[15]。以下で，まず，この「適合」の過程を，ウンガーS. Ungerの分析によりつつ追っておこう[16]。

### 1　マルク国際化に対するブンデスバンクの態度

　1970年代初め，ブンデスバンクは，国際的準備通貨としてのマルクの意義の増大に対して，ことさら否定的に対応した。ブンデスバンクは，多くの方策をもって，外国通貨当局がマルク建て預金を積み上げることを阻止しようとした。この点については，例えば，71年5月の，非居住者保有のマルク建て預金への利払いに対する許認可規定の導入や，72年6月の，非居住者による国内確定利付証券取得に対する許認可規定の導入という措置が挙げられる。ブンデスバンクは，これらの許認可を基本的に与えなかったので，実質的には，非居住者への利払い禁止，証券取得禁止を意味した。

　このようなブンデスバンクの対応は，他方で，ユーロ市場でのマルク準備保有という形態を生み出すことになるが，ともあれ，70年代前半まで，ブンデスバンクはマルクの準備通貨としての役割増大に対して上記のように積極的に抵抗したのであった。この抵抗の論拠としては次のような諸点が挙げられた。①ドイツの金融市場の受容力はきわめて小さいために，その機能を損なうことなしに外国通貨当局に対して十分で速やかに流動的な投資可能性を提供することはできない。②ドイツの経済・金融力は，大規模な国際的準備通貨の取引の負担に耐えるには，小さすぎる。③準備通貨はつねに過大評価の危険に晒され，その結果，当該通貨国の輸出産業の国際的競争力は制限され，そして生産構造における断層が生じる。④外国の追加的なマルク需要の結果として生じる国内への中央銀行資金の過小供給というジレンマ的状況

の危険が存在すること。⑤外国中央銀行によるマルク建て準備の保有は，ドイツに，実物経済上の何の利益ももたらさないであろう。というのは，ドイツは，その国際収支構造からみて，資本輸入に頼らないであろうし，マルクはUSドルと同じようには国際的支払手段として利用されないであろうからである。

　70年代後半以降になると，上のようなブンデスバンクの積極的な抵抗は，消極的なそれへと転じてゆく。例えば，75年には，非居住者保有のマルク建て預金に対する利払い禁止は中止された。79年に，ブンデスバンク総裁職を去り行くエミンガー O. Emminger はブンデスバンクの態度について次のように述べている。「われわれは，マルクの準備通貨としての役割増大には抵抗しなかった。金利政策上の負担と為替相場変動のリスクがこの役割増大と結びついているにもかかわらず，抵抗しなかったのである。なぜならば，われわれは，資本取引の自由を堅持したかったからである。」しかし，同時に彼は，間接的な防止措置をもって，準備通貨としてのマルクの魅力が可能な限り低く押さえられた，ということも認めた。「われわれは，いくらか，この動きにブレーキをかけた。それは，外国が好んで用いる金融諸手段を用立てない，ということによってである。」

　80年代になると，70年代までとは異なって，マルクの準備通貨としての役割に対するブンデスバンクの態度は根本的に変化する。このブンデスバンクの態度の転換は，ブンデスバンクのトップ交替によって印された。エミンガーの後任としてペール K. O. Pöhl がブンデスバンク総裁に就任するとともに，マルクの準備通貨としての役割は基本的に認められてゆくのである。このようなブンデスバンクの態度の変更は，主として2つの理由による。1つは，国際的に準備通貨が多様化してゆく過程を公的レベルでコントロールすることは困難である，という認識が広まったことである。もう1つは，ドイツの経常収支の動向の変化という新たな状況が出現したことである。79年から81年までのドイツの経常収支赤字化とともに，ドイツは外国からの資本輸入に依存することになる。外国からの資本輸入は，外国のマルク建て預金の増大やマルク建て金融資産の保有の増大を意味する。

さて、80年代央になると、ブンデスバンクは、マルクの国際化を促すより積極的な措置をとってゆく。85年にペールは次のように強調する。ブンデスバンクは「マルクの国際的魅力を堅持し、いっそう強化するために、あらゆることを行う。このコンテクストのなかで、国際金融市場で生み出された新しい金融諸手段に対してドイツの資本市場を開放する措置が理解されねばならない」と。85年に、ブンデスバンクは、マルク建てのゼロ・クーポン債や変動利付債の発行、そして複数通貨建て債の発行を認める。そして翌86年にマルク建てのCD発行も認める。また、85年には、マルク建て債券の発行は依然としてドイツ国内でのそれに限るという原則は存続させつつも、マルク建て外債発行のリード・マネージャーを外銀にも開放した。80年代央のブンデスバンクのこのような積極的な対応は、国際金融センター間における競争の激しさという背景をもつものではあったが、他面で、この金融自由化・資本市場の対外的開放はマルク国際化とワンセットで理解されねばならない、ということなのである。

以上、マルクの準備通貨や投資通貨としての発展に対するブンデスバンクの態度を跡づけてきたが、70年代から80年代への移行とともに、ブンデスバンクの対応には大きな変更が生じたのであり、マルクの国際化は、文字どおりドイツの通貨・金融上の80年代的な特徴をなしたのである。また、80年代央の金融自由化・資本市場の対外的開放も、マルク国際化の別表現であったことがわかる。

### 2　1980年代のマルク国際化

ここでは、1980年代のマルク国際化の実態を、非居住者保有のマルク建て金融資産、そのなかに含まれる公的準備資産、そして民間レベルでの契約通貨の動向を取りあげて追ってゆく[17]。

#### (1) 非居住者保有マルク建て金融資産

非居住者保有マルク建て金融資産は、ドイツ国内で保有されているものとユーロ市場で保有されているものに分かれる。前者の動向は表9-1が示している。これによると、非居住者は、90年末で、長・短資産合わせてドイツ

表 9-1　ドイツにおける非居住者保有マルク建て金融資産(1980 年代)

(10 億 DM)

| 年末 | 1980 | 1985 | 1989 | 1990 |
|---|---|---|---|---|
| ドイツの銀行システムに対するもの | 117.1 | 159.3 | 238.0 | 267.1 |
| 　うち銀行に対する短期信用 | 43.3 | 59.0 | 71.9 | 85.9 |
| 企業・個人に対するもの | 58.1 | 144.5 | 201.1 | 184.5 |
| 公的機関に対するもの | 41.6 | 124.0 | 206.2 | 224.5 |
| DM 銀行券 | 7.9 | 5.1 | 6.4 | 6.9 |
| 計 | 224.7 | 432.9 | 651.7 | 683.1 |
| 　うち証券形態のもの | 43.8 | 164.7 | 334.0 | 326.6 |

(出所)　Deutsche Bundesbank (1991a), S. 25.

国内に 6831 億 DM を保有している。85 年以降，およそ 60%近い増大を示している。また，この非居住者保有資産は，証券の比重をかなり高めている。90 年末では，半分近くのシェアを証券が占めている。これは，前節で触れたように，84 年に，非居住者保有のマルク建て債券の利子に対する 25%の源泉課税が廃止されたことが大きく影響している。非居住者のユーロ市場へのマルク建て預金の方は，85 年の 3890 億 DM から 90 年末の 6312 億 DM へと，これも著しく増大した。ただし，この額には，50〜60%のインターバンク取引が含まれている[18]。

(2)　公的準備資産

上にみたのは，非居住者のマルク建て資産保有の状況であるが，これはマルクが資産(投資)通貨や準備通貨としての機能を 1985 年以降目立って増大させたことを示す。次に，これらの機能のうち，外国通貨当局による準備保有としてのマルクについてみておこう。

表 9-2 によると，世界の公的準備資産に占めるマルクのシェアは，85 年の 14.1%から 90 年の 20.1%へとかなりの上昇をみせている。他面，US ドルのシェアは 10%近く落ちている。マルクの準備通貨としての地位が 85 年以降著しく強化されたことがわかる。なお，90 年末における 2400 億 DM の公的準備マルクのうち，517 億 DM はブンデスバンクで，75 億 DM は商業銀行で，そして 650 億 DM はドイツ以外の銀行で保有されている。残りの 1150 億 DM あまりは，ドイツの連邦債に投資されている，とみられる[19]。

表 9-2 公的準備資産の通貨別構成
(%)

| 年末 | 1980 | 1985 | 1989 | 1990 |
|---|---|---|---|---|
| US ドル | 69.2 | 66.0 | 60.4 | 56.7 |
| ドイツ・マルク | 14.6 | 14.1 | 18.9 | 20.1 |
| 円 | 4.2 | 7.3 | 8.0 | 9.4 |
| スイス・フラン | 3.2 | 2.2 | 1.7 | 1.8 |
| 英・ポンド | 2.8 | 2.9 | 2.5 | 3.0 |
| フランス・フラン | 1.7 | 1.2 | 1.3 | 1.9 |
| オランダ・ギルダー | 1.3 | 0.9 | 1.0 | 1.1 |
| 民間 ECU | — | 0.5 | 3.0 | 4.6 |
| 不　明 | 3.1 | 4.9 | 3.3 | 1.3 |
| 計 | 100 | 100 | 100 | 100 |
| ドイツ・マルク残高 (10億 DM) | 93.3 | 122.3 | 217.0 | 240.4 |

(出所) 表 9-1 に同じ。S. 28 による。

(3) 契 約 通 貨

　ブンデスバンクによると，1991年現在では，世界貿易のおよそ14％がマルク建てでインボイスされている。ただし，これには，第3国間取引におけるマルクの利用は，データがないため含まれていない。14％という数値の推計は次のように行われている。ドイツの輸出は世界のそれの12％を占め，そしてドイツの輸出の 4/5 がマルク建てで行われているため，世界の輸出（輸入）のおよそ9.5％がマルク建てであるとみなされる。また，世界の輸出のうちドイツに向けられた分，つまりドイツの輸入分は，その半分がマルク建てで行われる。ドイツの輸入は，世界の輸入のおよそ9.5％に当たるため，世界の輸入（輸出）のおよそ4.5％（正確には，9.5％の半分で4.75％）が，さらにマルク建てのものとして加算されねばならない。かくして，世界貿易の14％（9.5％プラス4.5％）がマルク建てで取引されている，という[20]。

　ドイツの輸出入が，地域別にどのような通貨建てで行われているかを，ブンデスバンクが掲げる数値（89年のデータ）によってみておくと，ドイツの全輸出の80％近くがマルク建てである。また，西欧諸国に対する輸出も80％がマルク建である。残りは，ほとんどEC諸国などの相手国通貨建てで行われているという。また，米国への輸出も62％がマルク建てとなっている。

ドイツの輸入については，全体の53%がマルク建てであり，西欧からの輸入は60%がマルク建てである。米国からの輸入は14%がマルク建てである[21]。

さて，ECおよびEMS諸国の輸出全体に占めるドイツのシェアは，88年で，それぞれ30.4%，37.5%である。上記のように，ドイツの輸出は約80%がマルク建てであるから，EC諸国全体の輸出のうちおよそ24%，そしてEMS諸国全体の輸出のうちおよそ30%がマルク建てで行われていることになる。ただし，この数値には，その60%がマルク建てであるところの，EC諸国からのドイツへの輸出（ドイツの輸入），同じくEMS諸国からのドイツへの輸出（ドイツの輸入）の分が含まれていない。この点に関して，例えば，オランダは，その輸出全体に占める対ドイツ輸出の比率が最も高く，86年の数値では28.4%であり，ベルギー・ルクセンブルグはおよそ30%，イタリアは18%，フランス16%等々となっている。これらの対ドイツ輸出におけるマルク建ての分(60%)を考慮すると，上記の24%や30%という数値はかなり嵩上げされねばならない[22]。

ECおよびEMS諸国の輸入に関して同様のことをみると，その輸入全体に占めるドイツのシェアは，88年で，それぞれ23.2%，31.5%である。ドイツの輸入全体のうち53%がマルク建てであるから，EC諸国全体の輸入のうち12.3%が，そしてEMS諸国全体の輸入のうち16.7%がマルク建てということになる。しかし，上記の輸出の場合と同様に，この数値には，その80%がマルク建てであるところの，ECやEMS諸国のドイツからの輸入（ドイツの輸出）分が含まれていない。ドイツからの輸入比率が最も高いのはやはりオランダであり，86年の数値で26.4%である。以下，デンマーク23.5%，ベルギー・ルクセンブルグ23.3%，イタリア20.5%，フランス19.5%，イギリス16.5%となっている。したがって，これらEMS主要国は，平均するとその輸入の22%近くをドイツから行っている。そして，その80%がマルク建てとみなされるから，これらEMS諸国の輸入は，その17～18%がマルク建てで行われた，とみることができる。上記の16.7%という数値には，さらにこの17～18%が加算されねばならないわけである[23]。以上のように，

マルクの契約通貨としての役割は，ECやEMS諸国においてひときわ重要なものとなっていることが窺い知れる。

(4) 「マルク・ブロック」

国際通貨マルクは，その契約通貨としての機能でみた場合，とくに西欧で重要な地位をもつことはみてきたとおりである。これは，ドイツと西欧の取引関係の強さを反映していることはいうまでもない。ところで，ドイツとの取引関係という点については，いくつかの国が，とりわけ強い結びつきをもつ。オランダ，オーストリア，スイスの3カ国がそれである。ドイツを含めてこれらのグループが「マルク・ブロック」とよばれる[24]。

オーストリアは，ドイツとのとりわけ強い結びつきを示す。1986年の数値であるが，オーストリアの輸出全体のうち対ドイツ輸出比率は32.7％，また，輸入全体のうちドイツからの輸入比率は44％となっている。オランダは，対ドイツ輸出比率が28.4％，ドイツからの輸入比率は26.4％である。スイスは，対ドイツ輸出比率21.1％，ドイツからの輸入比率33％である。これらの数値は，オランダを除いたEMS主要国(ベルギー・ルクセンブルグ，デンマーク，フランス，イタリア，イギリス)の平均値(対ドイツ輸出比率16.4％，対ドイツ輸入比率20.7％)より，やはり一段と高いものとなっている[25]。

これらの諸国は，金融政策の点でも，いわばドイツに追随している。「これら諸国の金融政策は，基本的に，フランクフルトで形成されている」のである。その場合，強調されるべきことは，EMSメンバーであるオランダは別として，オーストリアやスイスは，国家間協定による義務などは存在せずとも，マルクに方向づけられた金融・為替政策をとっている，という点である[26]。

オーストリアは，マルクに対する「自発的な結びつき」をつねに強化する努力を払ってきた。オーストリアの最低準備率規定と公開市場政策は，ドイツでのそれの実施に照応したものである。また，シリングの対マルク相場固定のために，金利引上げなどは，ルクセンブルグでのユーロマルク金利を考慮に入れて行われる。このようなシリングとマルクの安定的な結びつきの維

持は，オーストリアの対外債務を為替リスクから回避せしめることともなる。というのは，オーストリアの対外債務はその1/3以上がマルク建てであるからである。なお，1/3がスイス・フラン建てであるが，これも78年以来のスイス・フランとマルクの安定的関係の形成によって，為替リスクの問題は軽減されている。ついでながら，オーストリアの対外債務の通貨別構成は，77年ではマルク建て47.6％，USドル建て26.3％，スイス・フラン建て18.9％となっているが，80年以降は，スイス・フランとマルクの結びつきが強まったため，USドル建て債務の比率が目立って減少し代わってスイス・フラン建てが増えていった。88年では，マルク建てが36.6％，USドル建て0.4％，スイス・フラン建てが34.5％となっている[27]。

　スイスは，78年10月に，通貨供給目標の代わりに対マルク為替相場目標を導入することを決めた。ただし，その目標設定は，ある固定的幅を決めるというのでなく，1マルクは80ラッペン以上であるべきという公示をもって行われた。90年に，スイス・ナショナルバンク総裁は，「12カ国の共同体によって計画された通貨同盟に直面して，われわれが今日事実上考慮することができるのは，ただ1つの途だけである。それはEMSへ接近することであるが，ある任意の，狭い幅の内部に維持される対マルク相場の安定という意味からなのである」と述べ，90年のスイスの金融政策の目標設定に際して，マルクの基準通貨としての機能にはっきりとした信奉を表した[28]。

　以上は，ウンガーの規定する「マルク・ブロック」諸国についてであるが，マルク・ブロックというとき，東欧諸国も忘れられるべきでない。OECDが示している東欧諸国の対外債務の通貨別構成をみると，1984年と89年の対比では，ソ連を除いたいずれの国もマルク建て債務の比率を高めている。最も際立っているのはチェコスロヴァキアであるが，マルク建て債務の比率は15％(84年)から35％(89年)へと上昇している。他方でUSドル建て債務の比率は，同じ年の比較で，50％から34％へと落ちている。その他の国のマルク建て債務の比率(89年)を挙げておくと，ブルガリア30％，ハンガリー20％，ポーランド24％，ルーマニア15％，ソ連20％となっている。

　東欧諸国の対外債務は，量的には，80年代を通じて減少することなく一

定水準を維持した。上記の 6 カ国の合計でみると，85 年から 89 年まで，対外債務総額は 35 億 US ドルから 47 億 US ドルの範囲で推移している(債券発行も含む)。81 年のポーランドのリスケデューリングや開発途上国の債務危機の経験にもかかわらず，国際銀行業は，東欧に対してだけはきわめて好意的であり良好な条件で貸出を行った。しかし，89-90 年には，ソ連の経常収支の巨額の赤字やブルガリアの対外債務元利払いの停止，そしてポーランドの大規模な債務削減要求などといった事態が生じ，それとともに国際銀行業の態度は一変する。90 年では，上記 6 カ国合計の債務総額は 16 億 US ドルあまりである。ともあれ，東欧諸国が対外的借入れを高水準で行い，そしてそれのマルク建て比率を高めてゆくのは，まさしく 80 年代の特徴であった。ただし，90 年以降も，東欧諸国はドイツとの関係を維持・強化し，ブンデスバンクの金融政策方式などを学びつつある，などといわれた[29]。

### 3  1990 年代のマルク国際化

マルクの国際化は 1990 年代にも進展する。80 年代にみられた諸傾向がおしなべて強まり，マルクの国際化がいっそう進んだというわけではないが，注目しておいてよい点がいくつかある。以下，90 年代央頃までのマルク国際化・国際通貨化の実態をみてゆく。

(1) 非居住者保有マルク建て金融資産

表 9-3 は，表 9-1 と計数上の処理が全く同じというわけではない。このことは，2 つの表で対照可能な 1990 年の数値をみるとわかる。この 2 つの表では省略しているが，オリジナルな 2 つの表では，各項目を細分した小項目があり，その内容に両表で違いがみられる。しかし，80 年代と比べつつ 90 年代(96 年央まで)の基本的特徴を追おうとするとき，支障はない。90 年から 96 年(6 月)までの間で，非居住者の保有するマルク建ての長・短金融資産は，6727 億 DM から 1 兆 4165 億 DM へと 2.1 倍となっている。この伸びは，85-90 年までの 1.6 倍を凌駕する。

非居住者のユーロ市場へのマルク建て預金は，90 年の 6559 億 DM から 96 年(6 月)の 8503 億 DM へと増大するが[30]，先にみた 85-90 年に比べると

表9-3 ドイツにおける非居住者保有マルク建て金融資産（1990年代）

(10億DM)

| 年末または月末 | 1990 | 1993 | 1996(6月) |
|---|---|---|---|
| ドイツの銀行システムに対するもの | 265.7 | 428.8 | 566.7 |
| うち銀行に対する短期信用 | 84.5 | 130.3 | 202.6 |
| 企業・個人に対するもの | 177.5 | 239.3 | 260.2 |
| 公的機関に対するもの | 219.1 | 493.3 | 573.2 |
| その他資産 | 10.5 | 11.9 | 16.3 |
| 計 | 672.7 | 1,173.3 | 1,416.5 |
| うち証券形態のもの | 327.2 | 747.3 | 865.8 |

(出所) Deutsche Bundesbank (1997b), p. 23.

その伸びはややスローダウンしている。その理由としては，セキュリタイゼーションの傾向が一般的に強まったこと(非居住者が保有する外国発行マルク建て債券の額は，90年の1347億DMから96年6月の3084億DMへと増大)，国際的な企業が直接的な資金貸借を強めたことによるインターバンク市場の縮小という事情が挙げられる[31]。

非居住者のユーロマルク預金に関して，90年代に特徴的であったことは，ドイツの信用機関の在外支店等がこの預金吸収を大幅に増大させたことである。それは，90年の895億DMから96年(6月)の2656億DMへと増大し，ユーロマルク預金全体の30%を超えるシェアを占めている(なお，85-90年では，926億DMから896億DMへと減少している)[32]。これは，90年代におけるドイツの金融セクターの国際化戦略によるものだった[33]。

(2) 公的準備資産

1996年末では，世界の外貨準備のうちマルクの占めるシェアは14.5%(3280億DM)であった。90年の21.1%と比べるとその低下が目立つ。ブンデスバンクは，このシェアは1980年と同じであり，80-96年にわたる期間でみると平均的レベルである，という見方を示している[34]。

96年末のこの外国通貨当局のマルク準備は，その2/3が連邦債を中心とした証券で保有されているとブンデスバンクは見積っている[35]。この点は90年末と大きく異なっている点である(90年末では48%)。

表 9-4 ドイツのマルク建て貿易のシェア[1]

(％)

| 年 | 輸 出 | 輸 入 |
|---|---|---|
| 1980 | 82.5 | 43.0 |
| 1985 | 79.5 | 47.8 |
| 1990 | 77.0 | 54.3 |
| 1991 | 77.5 | 55.4 |
| 1992 | 77.3 | 55.9 |
| 1993 | 74.3 | 54.1 |
| 1994 | 76.7 | 53.2 |
| 1995 | 74.8 | n.a. |

(注) 1) 輸入のシェアは，輸入支払いをもとに計算された。1990年7月以降，輸入データは新たな州の輸入を含む。ドイツ・ブンデスバンクの見積りによる。
(出所) Frenkel, Goldstein (1999), p. 718.

　以上のような96年末までの国際通貨マルクの動向について，ブンデスバンクは，ドイツ再統一や通貨・金融市場の大荒れにもかかわらず，90年代もマルクに対する国際的信認は高いレベルで維持されたと総括し，そして，このマルクへの信認が新通貨ユーロへと引き継がれることを強調する[36]。
　(3) 契約通貨
　1990年代央までの契約通貨としてのマルクの動向は表9-4でみることができる。この表は，ドイツの貿易に占めるマルク建て取引のシェアを示しているだけだが，第3国間取引でマルクは用いられていないとすると(データ不在)，契約通貨マルクの状況はこの表で知ることができる。契約通貨マルクは，輸出・輸入の双方において，90年代央には，それぞれのピークから後退を示している。90年代央では，おおまかに，ドイツの輸出の3/4が，輸入の1/2がマルクでインボイスされているといえよう[37]。

　以上みてきたように，公的準備や契約通貨としてのマルクの動向を追ったとき，1990年代に入っての国際通貨マルクは，先にみた80年代ほどの勢いを感じさせない。しかし，非居住者がドイツで保有するマルク建ての長・短

金融資産の伸びをみると，90年代(96年央まで)は80年代を上回っていた。

さらに，次の点に注目する必要がある。外国銀行および非銀行が，ドイツ国内の銀行に保有する要求払い預金(ただし，1カ月以内の期限をもつ定期性預金も含む)の残高の発展を追ってみると，90年の1251億DMから98年の5275億DMへと，この期間に4.2倍の伸びを示している。他方，ドイツ国内の銀行・非銀行がドイツ国内の銀行に保有する同預金は，同じ期間で，6220億DMから1兆1052億DMへの増大であり，1.8倍の伸びを示すにすぎない。非居住者が保有するこのマルク残高の伸びが，90年代には顕著にみられたわけである[38]。

この残高が注目されるべきというのは，次のことによる。すなわち，例えば，マルクが契約通貨として機能すれば，貿易決済には，ドイツ国内の銀行に置かれた非居住者(輸出入者あるいは為替銀行)のマルク建て要求払い預金が，すなわちこの残高が用いられるからである。さらに，マルクが非居住者によって資産(投資)通貨として用いられる場合，すなわち非居住者によるドイツ証券の購入の際も，この残高が用いられる。

また，外国通貨当局が公的準備としてマルクを保有するとき，すでにみたように，それは，一部はブンデスバンクに置かれるが，ほかはユーロバンクやドイツ国内の銀行に置かれ，さらに証券保有という形もとっていた。ユーロバンクに預け入れられた公的準備は，ユーロバンクがこれを非居住者への貸出に用いたときもそうでないときも，それは，やはりドイツ国内の銀行の要求払い預金勘定のなかで維持されている。上記の残高はこれも表している。外国通貨当局が，公的準備を，ブンデスバンク以外のドイツの国内銀行で保有している分は，もちろん，この残高に包括されている。

以上要するに，用いられる通貨がマルクである限りは，どのような取引も上記の残高を通じて行われるのである。この残高の伸びを追ったとき，そこには，マルク建て決済システムが非居住者の取引を包括し，対外的に拡張していった姿をみることができる。それは，マルク国際化・国際通貨化の実体をなす。これが，90年代を通じて大きく伸びていった，ということなのである。

## III マルクからユーロへ——2つのシステムの位相——

1980年代および90年代央頃までのマルク国際化・国際通貨化の状況はみてきたとおりである。だが，このマルク国際化は90年代で幕となる。それは，いうまでもなく，共通通貨ユーロが99年1月から導入され，2002年7月以降はユーロ・エリアにおける通貨はユーロのみとされることが予定されているからである。

そこで次の問題は，国際通貨マルクから共通通貨ユーロへというこの転換がドイツの金融部面に対して，すなわちドイツの民間銀行の活動やブンデスバンクの金融政策に対して，どのような基本的変化や影響をもたらすか，ということである。

共通通貨ユーロ導入がユーロ・エリアの民間銀行等へ及ぼす影響について，ECB(欧州中央銀行)は次のことを指摘している。98年末では，一般に，ユーロ・エリアにおける金融機関(ECBと各国中央銀行を除く)の業務は，資産・負債の数値でみる限り，なおドメスティックな性格を強く表している[39]。しかし，共通通貨ユーロの導入は，国民的な通貨や金利の消失を意味し，この点で，金融機関にはユーロ・エリア全体での同質の競争が促迫される。そしてその競争はより激しいものとなる。その結果，とくにホールセール・バンキングにおける，少数の金融機関への顕著な集中が生じると考えられる。また，ユーロ・エリア全体のレベルでの資本市場の展開が，ディスインターメディエーションに拍車をかけて，金融機関に投資銀行業務への傾斜を強めさせる。このような諸点をECBは指摘する[40]。

このような事態は，ドイツの民間銀行にとっても当然の成り行きとなる。国際通貨マルクに代わってユーロを用いるドイツの銀行にとって，一面では，競争者がユーロという同じ通貨・手段をもって立ち現れてくるが，他面では，自らの決済網を拡張し，自らの預金勘定に顧客を囲い，その動静を把握し，貸出・預金等の業務を展開する，その活動の舞台・市場が大きく拡がる可能性を意味している。それは，国際通貨マルクをもってなしてきた展開が，今や制約なしにユーロ・エリア全域に拡がる，ということなのである。そして，

このことは，収益性の観点から，競争力のあるドイツの銀行にとってはポジティブなものとして受けとめられる。このことは自明であろう。国際通貨マルクから共通通貨ユーロへの転換は，このようにして，ドイツの民間銀行の活動それ自体にとっては，それまでと比べて断絶的で否定されるべきような環境変化を意味しない。

　次に，マルクからユーロへというこの転換は，ドイツの中央銀行であるブンデスバンクに対しては，どのような変化をもたらすのであろうか。結論的にいえば，民間銀行の場合と異なってブンデスバンクにとっては，この転換によって，何よりも，国際通貨国がその他の国と比べて非対称に有している金融政策上の自律性が失われてしまうという基本的・構造的変化を余儀なくされるのである。ドイツにとっての，国際通貨マルクと共通通貨ユーロという2つのシステムの位相の違いは，この点に表れる。以下，まず，国際通貨＝キー・カレンシー国をドイツ，ローカル・カレンシー国をフランスとして，前者が非対称に有する金融政策上の自律性ということのベースを追っておこう。

　今，例えば，為替相場がマルク高・仏フラン安の方向へ大きく変動したとする。通常，通貨当局による市場介入の必然性は，外為市場を本来的に備えるローカル・カレンシー国で生じる。この場合，フランスである。また実際上も，EMS内では，主に双務的な変動限度介入ではなく，ドイツ以外の国による片務的な変動幅内介入が行われた[41]。このような介入の結果生じる事態を，3つのパターンに分けてみてゆく。

　①　フランス通貨当局は，フランスの民間銀行Aを相手にマルク売り・仏フラン買いの介入を行う，とする。フランス国内では，A保有の仏フラン準備（ベースマネー）が減少し，Aが超過準備をもっていなかったとしたら，マネーサプライの減少が起こってくる。他方，ドイツ国内では，ドイツの民間銀行Bの要求払い預金勘定にフランスAが保有するマルクが増大する。もともとフランス通貨当局が保有していたこのマルクがドイツの民間銀行内で維持されていたものならば，ドイツ国内では何も変化が生じないことになる。すなわち，ドイツ国内ではマネーサプライに変化はなく，その増大は起こら

ない。フランス・ドイツ間で，市場介入による非対称な結果が生じることになる。しかしながら，各国通貨当局が公的準備マルクを保有するとき，ドイツの民間銀行で保有する分はわずかである（例えば，前述のように，90年末の数値では，この分は75億DMであり全体のわずか3％ほどである）。

② そこで，上例で，フランス通貨当局がフランスAに売却したマルクは，ドイツ・ブンデスバンクで保有されていたと考えてみると，その場合は，フランス通貨当局の介入によって，ドイツBの要求払い預金残高はAの新たな保有分だけ増大し，そしてBの資産の側でも，ドイツ・ブンデスバンク内のフランス通貨当局預金がB預金へと振り替わることによって，この分B保有のベースマネーは増大する。ここでドイツの側に生じることは，マネーサプライ増（フランスA保有のマルクの増大）とさらなるそれの可能性（ドイツB保有のベースマネーの増大）である。ここには，①と異なって，フランスでのマネーサプライ減とドイツでのマネーサプライ増という，介入による逆向きの対称的な結果が生じることになる。

③ だが，各国保有の公的準備マルクは，全体の半分近くが連邦債を中心としたドイツの証券で運用されていた。フランス通貨当局によるマルク売りの介入は，ドイツ・ブンデスバンクへの預金を一定水準に保ちつつ，この証券運用分を取り崩して行われるケースも考えられる。この場合，フランス通貨当局の介入によって，ドイツの民間銀行の負債と資産の側で生じる結果は②と同じであるようにみえる。しかし，このケースでは，フランス通貨当局がフランスAへの売却に用いるマルクは，もともとフランス通貨当局からドイツ証券を購入するドイツの投資家がドイツの民間銀行の預金勘定に保有していた分である。つまり，この場合，ドイツの民間銀行の預金残高やベースマネーは，フランス通貨当局のマルク売り介入の事前と事後で量的変化はないのである。

以上要するに，フランス通貨当局が市場介入によって売却するマルクが，ドイツ・ブンデスバンクへの預金以外の形態から用いられるとき（①と③のケース），フランス・ドイツ間では，マネーサプライへの影響はフランスでより強いという非対称な結果が生じるのである。反対にドイツでは，マネー

サプライへの影響が弱いということになるが，それだけドイツでは金融政策上の裁量性・自律性が相対的に強く残るということになる。

EMS 内での，ドイツ以外の国による片務的な変動幅内介入は，原理的には，上でみてきたような事態をもたらすものであったといえるであろう。ただし，1987 年 9 月以降，この介入方式にも，弱い通貨国が強い通貨国から無制限に強い通貨を信用で受け取るという「超短期ファイナンス」が認められるようになった[42]。これは，上記の例に即してみると，まず，フランス通貨当局のドイツ・ブンデスバンクでのマルク保有がこの信用供与によって増大し，その後，上記②のケースと同じ成り行きとなる。したがって，この場合，ドイツ国内で預金増とベースマネー増を生ぜしめるのであり，変動幅内介入の際の「超短期ファイナンス」は，いわば対称性の回復をもたらすような措置とみることができる。このようにして，現実の展開は，明白な非対称性を生み出すというものではなかったであろうが，基本構造は上述のようなものとして捉えることができよう。

さて，国際通貨マルクから共通通貨ユーロへの転換は，以上でみてきた基本構造を覆し，非対称性を原理的に一掃するものである。ドイツ・ブンデスバンクは，EMS 内の他国と比べてより強く有していた金融政策上の裁量性・自律性を失うことになるのである。ブンデスバンクは，マーストリヒト条約の前後，通貨統合・ユーロ導入に対して表面上の支持を与えたにしても，実際にはそれに反対の立場をとっていたとする見方があるが，上で追ってきたことと照らしあわせると，ブンデスバンクのそのような態度はうなずける[43]。

## IV 小　括

本章および前章においてマルク国際化・国際通貨化を評価する視点は，ドイツの民間銀行が自らの決済網を対外的に拡張し，自らの預金勘定に非居住者を捉え，貸付と預金の，信用創造機能の基盤を，対外的にいかに拡げていったか，という点にあった。1980 年代，90 年代におけるマルク国際化の実

態もこのような視点から追おうとした。言葉を換えれば，国際通貨をもつドイツの銀行の，その機能の拡がりを追うということである。

しかし，このような内容をもつマルク国際化は，共通通貨ユーロの導入とともに90年代で終わりとなる。そこで，国際通貨マルクが消失し，ユーロが専一的に用いられるようになったとき，ドイツの銀行の上記のような展開はどのような条件変化を受けるかということが問題となってくる。この点は，既述のように，ドイツの民間銀行は，それまでと断絶した根本的条件変化を被るというわけではない。非居住者保有の要求払い預金残高の伸びから推し測られる，ドイツの銀行の対外的に拡張した決済網は，用いられる通貨がユーロに替わっても，ドイツの銀行にとって大きな武器であり続けるだろう。

だが他方で，ドイツの金融政策を担うブンデスバンクにとっては，基本的・構造的な大きな変化を余儀なくされることになる。それは，国際通貨国が非対称に有していた，他国による為替相場介入の結果のマネーサプライ増減への影響の少なさということが，したがってローカル・カレンシー国に比べてより多く享受しえていた金融政策上の自律性が，今や原理的に一掃されるということである。

ところで，国際通貨マルクから共通通貨ユーロへの転換は，ユーロ・エリア全体の金融機関を，より激しい競争と合併の波に巻き込む。現在進行中でもあるこの再編成の過程は，既述のように拡大する市場で競争力を発揮するドイツの銀行等に，文字どおりの寡占をもたらすことになる。その地点で生成する世界大の巨人的金融機関は，商業銀行機能も寡占的に発揮するようになる。このような状態は，競争が一段落した後の，いわば新たな〝秩序〟の生成を意味するであろう。この新たな〝秩序〟がさらに何をもたらすのか，注視されるべきである。

1) 以下，「ドイツ」は，1990年までの時期(第2次大戦後以降)についてはもっぱら西ドイツを指す。
2) Burghagen (1986), S. 173-174.

220　第2部　マルク建て決済システムの拡張

3) Albers, Born, et al. (Hrsg.) (1988), S. 624-625 を参照のこと。
4) Mullineux (1987), p. 116. Dale (1992), p. 139. なお，ドイツの金融制度の特徴や諸金融機関の間での競争に関して，日本証券経済研究所(1984)，生川栄治(1987)，相沢幸悦(1993)第3章も参照のこと。
5) CD発行による預金はドイツ国内では最低準備率の規制が課されるため，CD発行のほとんどは，これが存在しないルクセンブルグで行われたという。*Euromoney*, April 1992, p. 55. なお，80年代のドイツの金融自由化に関して，相沢幸悦(1993)第3章も参照のこと。
6) 一連の金融自由化措置によってすぐさま米国やスイスなどの外銀がフランクフルトに進出してきた。しかし，他面で，ドイツ国内における金融機関の競争はさらに激しいものとなった。Mullineux (1987), pp. 128-129. Gardener, Molyneux (1990), p. 150.
7) Dale (1992), p. 144.
8) Bähre (1985), S. 68-69.
9) Franke (1987), S. 437. Mullineux (1987), p. 126-127, Dale (1992), p. 143 を参照のこと。
10) Kuntze (1986), S. 138-140, Franke (1987), S. 435-436.
11) Mullineux (1987), pp. 127-128. なお，「ヘルシュタット」以後の国際的規制やドイツの信用制度法改正に関して，以上では挙げていない文献として，Gleske (1984), S. 131-132, 安東盛人・土屋六郎(編), 1984)第2章，竹内一郎・香西泰(編), 1984)第2章，布目真生(1985)第8章，靎見誠良(編), 1988)第9章，山口博教(1988)第5, 6章，大矢繁夫(1988)がある。併せて参照のこと。
12) Burghagen (1986), S. 177.
13) 銀行の競争と規制という問題は，90年代以降はEC規模のそれとなる。1989年12月採用のEC第2次銀行指令は，EC全域における国境を超えた金融活動の枠組みを規定している。The Commission of the European Communities (1990), 太田昭和監査法人国際部訳(1991)8-23ページ参照。EC規模でのユニバーサルバンキングの自由な活動が展開された場合，当然ドイツへも外銀がさらに進出し，競争がなお激しくなることが予想された。Pfisterer (1989), pp. 110-113.
14) Deutsche Bundesbank (1988), S. 21.
15) Deutsche Bundesbank (1988), S. 22.
16) 以下の，マルクの国際化に対するブンデスバンクの態度の変遷については，Unger (1991), S. 96-106 を参照。
17) 国際通貨を問題とするとき，その機能の理解・整理については，論者によって細部にわたっては差異があるにしても，大枠においては共通しているといってよい。そして，民間レベルの国際取引の決済に関わる為銀に焦点が当てられるとき，為替媒介通貨が重視されることも，ほぼ共通している(なお，為替媒介通貨としてのマルクの発展については，井上伊知郎[1994]，山本栄治[1994]，田中素香[編著，1996]，深町

第 9 章　マルクの国際化　221

郁彌[1999]を参照のこと)。ここでは，為替媒介通貨について，これと国際決済とのつながりを明示的に説いている片岡尹氏の所論(片岡尹[1993])を追い，若干のコメントを付しておくことにする。それは，本章で為替媒介通貨としてのマルクを独自に取りあげられないでいる理由ともなる。

　片岡氏は，為替媒介通貨について論じる際，まず，国際取引における契約通貨の多様化という事態を正当に評価しておられる。すなわち，変動相場制下，ドルの減価が進み，ドル保有のリスクは増大し，「ドル離れ」が生じ，そして各国による自国通貨建ての輸出入の傾向が増大する，ということである。これは契約通貨の多様化であり，ドルの国際通貨機能の浸食の１つの兆候である，と指摘する。しかし他方で，「為替媒介通貨が発生・発展し」，それは「国際決済のドルへのより高次の集中」とみることができる，というのである。契約通貨のレベルでは国際通貨は多様化したが，他方で，国際決済はドルへなお集中する，というのである。この点，例えば，井上伊知郎氏が，マルクの為替媒介通貨化に関して「マルクが為替媒介通貨になるということは，多種多様な通貨による１国の対外的受取と支払が，外国為替銀行によってマルクでの受取と支払に置き換えられ，マルクという１点に集中されてくることを意味する」(井上伊知郎[1994]276ページ)と述べられるとき，ここには同じ認識が看取できる。以下では，片岡説を，氏の事例に即して追ってみよう。

　事例は，日独間のマルク建て決済(日本の輸入)のケースである。①日本の銀行もドイツの銀行もドル建てコルレス残高を米国に維持している。そして，日本の銀行は，ドイツにマルク残高を維持していないという仮定である。なお，マルク残高を維持していたとしても，それが支払いに用いられた後，日本の銀行にはこれを補充するためマルク調達が必要となるので，事態は同じということになる。②日本の銀行は，輸入代金マルクの決済のため，マルク調達を必要とする。その際，円売り・ドル買い，ドル売り・マルク買いを行う(ドルが為替媒介通貨)。③日本の銀行の調達したマルクは，ドイツの銀行のコルレス口座に入金され，これによって，ドイツの銀行へのマルク支払いがなされる。④しかし，同時に，②における日本の銀行のドル売り・マルク買い(ドイツの銀行のマルク売り・ドル買い)の結果，日本の銀行のドル建てコルレス口座から，ドイツの銀行のドル建てコルレス口座へ貿易額の振替が行われる。⑤このようにして，マルク建ての輸入決済が行われるとき，ドルが為替媒介通貨として機能するが，同時に国際決済をも担う。つまり，日独間の決済は，貿易決済のレベルではマルクで行われたが，同時に，米国に開設されている日本の銀行のドル建てコルレス口座からドイツの銀行のドル建てコルレス口座へと振替がなされており，これは，為銀間の国際決済がドルで行われたことを意味する，というのである。

　以上が片岡説の骨子である。さて，日本の銀行とドイツの銀行の間でのドル／マルク売買は，上記の説明にあったように，米国銀行に開設されている日独両銀行のドル建てコルレス口座間における振替をともなう。そして，片岡説では，この成り行きそれ自体をもって，直ちに日独両銀行間の決済とみているように受けとれる表現となっている。だが，米銀に置かれた日独両銀行のコルレス口座間のドルの移転は，２つの

銀行間でのドルとマルクの売買を表現するだけであり，これだけでは，なお，日本の銀行はいまだにドル売りの対価に得たマルクを保有している状態であり，ドイツの銀行はドルを得た代わりにマルクを失っている。したがって日本の銀行の債務・ドイツの銀行の債権は，このドル建て口座間の振替によって決済されたわけではない。債務を負っている日本の銀行が，債権をもつドイツの銀行に対して，最終的に支払って決済を終えたという事態は，やはり，日本の銀行が円→ドル→マルクという取引で得たマルク残高が引き落とされる状態を指していいうるであろう。上例における，為替媒介通貨たるドルの，日独両銀行のドル建てコルレス口座間における移転は，日独両銀行の決済を表すというよりは，この両銀行間のマルク建て決済を背後で支えているシステムを表現する，といった方が適切と思われる。多様な通貨での決済を，背後にあって支えているシステムということである。

　以上でみたことは，為替媒介通貨はそれ自体で国際決済を担っているとはいえないのでないか，ということなのである。ただし，片岡説では，契約通貨の多様性のもとで生じているドルのコルレス残高の重要性を，改めて強調することになっている。上例では，日本の銀行のマルクでの支払いも，まずドルを取得しなければ（あるいは保有していなければ），そしてそれを用いなければ不可能だ，という意味が込められている。この点に関し，確かに，為替媒介通貨は，契約通貨の多様化にともなって生じる諸通貨間の交換・売買の困難性を克服する手段となっている。為替媒介通貨は，例えば，諸商品の直接的交換の困難を克服する一般的等価物＝貨幣のごとき地位をもつとみることができるのである。諸通貨相互の直接取引が困難な場合に，為替媒介通貨が「一般的等価物＝貨幣」として登場し，諸通貨の取引を媒介するのである（この点について，例えば，田中素香［編著，1996］第1章を参照せよ）。このような認識は，ほぼ共有されているといえるだろう。しかし，為替媒介通貨の"貨幣性"はここまでであり，それはすでにみたように，最終的な支払い・決済手段としての機能をもっていないのである。先の例では，為替媒介通貨ドルは，円とマルクの交換を担うだけであり，日独銀行間の支払い・決済を行わしめるものではない，ということである。為替媒介通貨は，このようにして，支払い・決済手段という国際通貨の重要な機能を失った姿をみせつけてもいるのである。

18）　Deutsche Bundesbank (1991a), S. 25.
19）　Deutsche Bundesbank (1991a), S. 27-28.
20）　Deutsche Bundesbank (1991c), S. 42.
21）　Deutsche Bundesbank (1991c), S. 41-42.
22）　Unger (1991), S. 108-109.
23）　Unger (1991), S. 108-109.
24）　Unger (1991), S. 110.
25）　Unger (1991), S. 109.
26）　Unger (1991), S. 110.
27）　Unger (1991), S. 111-112.

28) Unger (1991), S. 113-114.
29) OECD, *Financial Market Trends*, Feb. 1991, pp. 15-33. 『日本経済新聞』1992 年 2 月 13 日。
30) Deutsche Bundesbank (1997b), p. 25.
31) Deutsche Bundesbank (1997b), p. 25.
32) Deutsche Bundesbank (1991a), S. 27.
33) Deutsche Bundesbank (1997b), p. 25.
34) Deutsche Bundesbank (1997b), p. 27.
35) Deutsche Bundesbank (1997b), pp. 28-29.
36) Deutsche Bundesbank (1997b), pp. 29-30.
37) Frenkel, Goldstein (1999), pp. 716-717.
38) *Deutsche Bundesbank Bankenstatistik, Statistisches Beiheft zum Monatsberichte 1* 各号の計数を参照。
39) 資産(98 年末)は，その 88.6％がローン(72.5％)と債券(16.1％)からなるが，69％は各国金融機関の各国居住者向けのものである(ローン 57.7％，債券 11.5％)。ユーロ・エリア内の非居住者に対するローンと債券投資は，それぞれ 5.9％と 2.8％，合わせて 8.7％にすぎない。また，負債の側では，83.2％が預金と債券発行によって調達されている(それぞれ 68.5％と 14.7％)。そして，各国金融機関の各国居住者からの預金は 50.9％を占める。要するに 98 年末の数値では，ユーロ・エリアの金融機関は，資産・負債の両側で，なおドメスティックな性格を強く示しているのである。ただし，98 年 1 年間の傾向をみると，資産の側でのローンと債券投資，そして負債の側での預金は，いずれも，国内よりもユーロ・エリア非居住者を相手とするものが成長著しい。European Central Bank (1999), pp. 43-45.
40) European Central Bank (1999), pp. 50-51 を参照のこと。
41) Hasse(1990)，田中素香・相沢幸悦監訳(1992)第 3 章，田中素香(編著，1996)第 7 章を参照せよ。
42) Hasse(1990)，田中素香・相沢幸悦監訳(1992)第 3 章，田中素香(編著，1996)第 7 章を参照せよ。
43) Marsh (1992), Chap. 9, 10, 行天豊雄監訳・相沢幸悦訳(1993)第 9 章，第 10 章参照。

# 参考文献

(欧文文献はアルファベット順,邦文文献は50音順)

**定期刊行物**

*Die Bank, Wochenhefte für Finanz- und Bankwesen Chronik der Wirtschaft.*
*Die Bank, Zeitschrift für Bankpoltik und Bankpraxis.*
*The Banker.*
*Bankhistorisches Archiv, Zeitschrift zur Bankengeschichte.*
*Deutsche Bundesbank Securities deposits Special Statistical Publication 9.*
*Euromoney.*
European Central Bank, *Monthly Bulletin.*
*Monatsberichte der Deutschen Bundesbank* (*Deutsche Bundesbank Monatsbericht*).
OECD, *Financial Market Trend.*
*Report of the Deutsche Bundesbank* (*Deutsche Bundesbank Annual Report*).
*Statistische Beihefte zu den Monatsberichte der Deutschen Bundesbank,*
 *Reihe 1 Bankenstatistik nach Bankengruppen* (*Deutsche Bundesbank Bankenstatistik, Statistisches Beiheft zum Monatsbericht 1*).
 *Reihe 2 Kapitalmarktstatistik,* (*Deutsche Bundesbank Kapitalmarktstatistik, Statistisches Beiheft zum Monatsbericht 2*).
 *Reihe 3 Zahlungsbilanzstatistik* (*Deutsche Bundesbank Zahlungsbilanzstatistik, Statistisches Beiheft zum Monatsbericht 3*).
*Statistisches Jahrbuch für das Deutsche Reich.*
*Verwaltungsbericht der Deutschen Reichisbank.*
*Vierteljahrshefte zur Konjunkturforschung.*
調査月報,日本長期信用銀行
東京銀行月報,東京銀行
日経金融新聞
日本経済新聞

**欧文文献**

Albers, W., Born, K. E., et al. (Hrsg.) (1988), *Handwörterbuch der Wirtschaftswissenschaft* Vierter Band: Handelsrechtliche Vertretung bis Kreditwesen in der Bundesrepublik Deutschland, Stuttgart, New York, Tübingen, Göttingen, Zürich, Fischer/Mohr/Vandenhoeck.

Arndt, H. W. (1972), *The Economic Lessons of the Nineteen-Thirties*, Frank Cass & Co. Ltd. (小沢健二・長部重康・小林襄治・工藤　章・鈴木直次・石見　徹訳『世界大不況の教訓』1978年，東洋経済新報社)

Ausschuß zur Untersuchung der Erzeugungs- und Absatzbedingungen der deutschen Wirtschaft (1929), *Die Reichsbank*, Berlin, E. S. Mittler & Sohn.

────(1930), *Der Bankkredit*, Berlin, E. S. Mittler & Sohn.

Bähre, I. L. (1985), "Problem der Bankenaufsicht internationaler Finanzmärkte", in H. J. Krümmel (Hrsg.), *Internationales Bankgeschäft*, Beiheft zu Kredit und Kapital Heft 8, Berlin, Duncker & Humblot.

Baxmann, U. G. (1991), "Zur Optionsentwicklung in der Bundesrepublik Deutschland", Bundesverband deutscher Banken (Hrsg.), *Die Bank, Zeitschrift für Bankpoltik und Bankpraxis*, Sept., Köln, Bank-Verlag.

Beilner, T., Schoess, S. (1993), "Der Typus des Oputionärs", Bundesverband deutscher Banken (Hrsg.), *Die Bank, Zeitschrift für Bankpoltik und Bankpraxis*, Juni, Köln, Bank-Verlag.

Blum, E. (1980, original in 1929), *Die deutschen Kreditmärkte nach der Stabilisierung*, Betriebs- und finanzwirtschaftliche Forschungen II. Serie Heft 41, Frankfurt am Main, Kaip.

Bogen, J. I., Krooss, H. E. (1960), *Security Credit, Its Economic Role and Reguration*, New York. (日本証券経済研究所訳「アメリカの証券金融──その経済的機能と規制」日本証券経済研究所『証券研究』第3巻，1965年，日本証券経済研究所)

Böhme, M. (1997), *Die Zukunft der Universalbank Strategie, Organisation und Shareholder Value im Informationszeitalter*, Wiesbaden, Deutscher Universitats Verlag.

Born, K. E. (1967), *Die deutsche Bankenkrise 1931, Finanzen und Politik*, München, R. Piper & Co. Verlag.

────(1983a), "Vom Beginn des Ersten Weltkrieges bis zum Ende der Weimarer Republik (1914-1933)", in *Deutsche Bankengeschichte*. Bd. 3, Frankfurt am Main, Fritz Knapp Verlag.

────(1983b), *International Banking in the 19th and 20th Centuries*, Warwickshire, Berg Publishers.

Brützel, C. (1985), *Offshore-Banking deutscher Banken unter besonderer Berücksichtigung des Euro-DM-Marktes und der Möglichkeiten einer Repatriierung*, Frankfurt am Main, Fritz Knapp Verlag.

Burghagen, V. (1986), "Wandlungstendenzen des Finanzmarktes in der Bundesrepublik Deutschland", in E. K. ilgus, L. Schuster (Hrsg.), *Internationales Bankensymposium*, Lugano, Paul Hauput Bern und Stuttgart.

Burghagen, V., Fülster, K. (1988), "Der Finanzplatz Luxemburg und die Eurobanken im Europäischen Finanzraum", in D. Duwendag (Hrsg.), *Europa-Banking*, Baden-

Baden, Nomos Verlagsgesellschaft.

Büschgen, H. E. (1983a), "Zeitgeschichtliche Problemfelder des Bankwesens der Bundesrepublik Deutschland", in *Deutschen Bankengeschichte*, Bd. III, Frankfurt am Main, Fritz Knapp Verlag.

―――(1983b), *Die Großbanken*, Frankfurt am Main, Fritz Knapp Verlag.

―――(1996), "Aktionfonds: Risikoreduktion durch Derivate?", Bundesverband deutscher Banken (Hrsg.), *Die Bank, Zeitschrift für Bankpoltik und Bankpraxis*, Mai, Köln, Bank-Verlag.

Canals, J. (1993), *Competitive Strategies European Banking*, New York, Clarendon Press.

The Commission of the European Communities (1990), *Completing the Internal Market Current Status 31 December 1989*, Brussels, Luxembourg, ECSC-EEC-EAEC. (太田昭和監査法人国際部訳『EC統合白書』1991年, 日本経済新聞社)

Coulbeck, N. (1984), *The Multinational Banking Industry*, London.

Dale, R. (1984), *The Regulation of International Banking*, Cambridge.

―――(1990), "Stock Market Instability and Financial Regulation", in Edward P. M. Gardener (ed.), *The Future of Financial Systems and Services*, London, Macmillan.

―――(1992), *International Banking Deregulation, The Great Banking Experiment*, Oxford, Blackwell.

Damm, U. (1984), "Deutsche Banken in Luxemburg―eine Bestandsaufnahme", Bundesverband deutscher Banken (Hrsg.), *Die Bank, Zeitschrift für Bankpoltik und Bankpraxis*, Juni, Köln, Bank-Verlag.

Dernburg, J. (1955), "The Blocked Mark Problem (1931-54)", The American Finance Association, *The Journal of Finance*, vol. X, no. 1.

Deutsche Bundesbank (1976), *Deutsches Geld- und Bankwesen in Zahlen 1876-1975*, Frankfurt am Main, Fritz Knapp Verlag.

―――(1985), "The Offices of German banks abroad", *Monthly Report of the Deutsche Bundesbank*, May.

―――(1988), "Vierzig Jahre Deutsche Mark", *Monatsberichte der Deutschen Bundesbank*, Mai.

―――(1991a), "Die DM-Anlagen und DM-Verbindlichkeiten des Auslands am Jahresende 1990", *Monatsberichte der Deutschen Bundesbank*, Mai.

―――(1991b), "The significance of shares as financing instruments", *Monthly Report of the Deutsche Bundesbank*, Oct.

―――(1991c), "Zur Bedeutung der D-Mark als Fakuturierungswährung in Außenhandel", *Monatsberichte der Deutschen Bundesbank*, Nov.

―――(1993), "Off-balance-sheet activities of German banks", *Deutsche Bundesbank Monthly Report*, Oct.

────(1994), "The trend in and significance of assets held in the form of investment fund certificates", *Deutsche Bundesbank Monthly Report*, Oct.

────(1997a), "Shares as financing and investment instrument", *Deutsche Bundesbank Monthly Report*, Jan.

────(1997b), "The role of the Deutsche Mark as an international investment and reserve currency", *Deutsche Bundesbank Monthly Report*, April.

Deutsche Ueberseeische Bank (1936), *Deutsche Ueberseeische Bank 1886-1936*, Berlin, Otto Elsner K-G.

Dufey, G., Giddy, I. H. (1978), *The International Money Market*, New York, Prentice-Hall. (志村嘉一・佐々木隆雄・小林襄治訳『国際金融市場 ユーロ市場の理論と構造』1983年，東京大学出版会)

Edwards, J., Fischer, K. (1994), *Banks, finance and investment in Germany*, Cambridge, Cambridge University Press.

Eglau, H. O. (1989), *Wie Gott in Frankfurt : Die Deutsche Bank und die deutsche Industrie*, Düsseldorf, Wien, New York , ECON Verlag. (長尾秀樹訳『ドイツ銀行の素顔』1990年，東洋経済新報社)

Emminger, O. (1986), *D-Mark, Dollar, Währungskrisen, Erinnerungen eines ehemaligen Bundesbankpräsidenten*, Stuttgart, Deutsche Verlag-Anstalt.

European Central Bank (1999), "Banking in the euro area : structural features and trend", *Monthly Bulletin*, April.

Feldman, G. D. (Hrsg.) (1985), *Die Nachwirkungen der Inflation auf die deutsche Geschichte 1924-1933*, München, R. Oldenbourg Verlag.

Fischer, O. C. (1933), "Die fehlerhafte Kreditpolitik", Untersuchungsausschuß für das Bankwesen 1933, *Untersuchung des Bankwesens 1933*, I. Teil, 1. Bd., Berlin, Carl Heymanns.

Flaskamp, J. (1986), *Aufgaben und Wirkungen der Reichsbank in der Zeit des Dawes-Planes*, Bergisch Gladbach, Köln, Verlag Josef Eul.

Flink, S. (1969), *The German Reichsbank and Economic Germany*, Reprint, New York, Greenwood Press.

Franke, G. (1987), "Organization und Regurierung Internationaler Finanzmärkte", in Dieter Schneider (Hrsg.), *Kapitalmarkt und Finanzierung*, Berlin, Duncker und Humblot.

Franke, J. (1990a), "Die Deutsche Terminbörse und ihre Bedeutung im europäischen Finanzmarkt", in G. Brus, K. Häuser (Hrsg.), *Europa 1992 und der Kapitalmarkt*, Frankfurt am Main, Fritz Knapp Verlag.

────(1990b), "Die Deutsche Terminbörse und ihr internationals Umfeld" in R. Kolbeck (Hrsg.), *Die Finanzmarkte der neunziger Jahre-Perspektiven und Strategien*, Frankfurt am Main, Fritz Knapp Verlag.

────(1994), "Strukturwandel im Finanzsektor, eine Chance für die Börsen", Bundesverband deutscher Banken (Hrsg.), *Die Bank, Zeitschrift für Bankpoltik und Bankpraxis*, Febr., Köln, Bank-Verlag.

Frenkel, J. A., Goldstein, M. (1999), "The international role of Deutsche Mark", Deutsche Bundesbank (ed.), *Fifty years of the Deutsche Mark, Central Bank and the Currency in Germany since 1948*, New York, Clarendon Press.

Gall, L., Feldmann, G. D., James, H., Holtfrerich, C. L., Büschgen, H. E. (1995), *Die Deutsche Bank 1870-1995*, München, Verlag C. H. Beck.

Gardener, E. P. M., Molyneux, P. (1990), *Changes in Western European Banking*, London, Unwin Hyman.

Gerhardt, W. (1984), *Der Euro-DM-Markt, Marktteilnehmer, Zinsbildung und geldpolitische Bedeutung, Eine Untersuchung aus der Bundesrepublik Deutschland*, Hamburg, Verlag Wertarchiv.

Giddy, I. H. (1985), "Domestic Regulation versus International Competition in Banking", in H. J. Krümmel (Hrsg.), *Internationales Bankgeschäft,* Beiheft zu Kredit und Kapital Heft 8, Berlin, Duncker & Humblot.

Gleske, L. (1984), "Euromärkte aus der Sicht der Zentralbanken", in W. Engels, G. H. C. Wallich (Hrsg.), *Internationale Kapitalbewegungen, Verschludung und Währungssystem*, Meinz, V. Hase & Koehler.

Gossweiler, K. (1971), *Großbanken Industriemonopole Staat, Ökonomie und Politik des staatsmonopolistischen Kapitalismus in Deutschland 1914-1932*, Berlin, VEB Deutscher Verlag.（川鍋正敏・熊谷一男・松本洋子訳『大銀行 工業独占 国家』1979 年，中央大学出版部）

Grenzebach, W. S. Jr. (1988), *Germany's Informal Empire in East-Central Europe*, Stuttgart, Franz Steiner Verlag Wiesbaden.

Hagemann, W. (1931), *Das Verhältnis der deutschen Großbanken zur Industrie*, Berlin, W. Christian.

Hahn, O. (1984), "Auslandsausgerichtete Bankensysteme", Bundesverband deutscher Banken (Hrsg.), *Die Bank, Zeitschrift für Bankpoltik und Bankpraxis*, März, Köln, Bank-Verlag.

Hardach, G. (1995), "Banking in Germany, 1918-1939", in C. H. Feinstein (ed.), *Banking, Currency, and Finance in Europe Between the Wars*, New York, Clarendon Press.

Harris, C. R. S. (1935), *Germany's Foreign Indebtedness*, London, Oxford Univ. Press.

Hasse, R. H. (1990), *The European Central Bank perspectives for a further development of the european monetary system*, Gütersloh, Berttelsman foundation.（田中素香・相沢幸悦監訳『EMS から EC 中央銀行へ』1992 年，同文舘）

Henning, F. W. (1992), "Börsenkrisen und Börsengesetzgebung von 1914 bis 1945 in Deutschland", in G. Jachmich (Hrsg.), *Deutsche Börsengeschichte*, Frankfurt am

Main, Fritz Knapp Verlag.
Hilferding, R. (1955, original in 1909), *Das Finanzkapital*, Berlin. (林　要訳『金融資本論』1961 年, 大月書店)
Höpfner, B. (1988), "Clearingdefizite im Grosswirtschaftraum, Der Verrechnungsverkehr des Dritten Reiches 1939-45", *Bankhistorisches Archiv, Zeitschrift zur Bankengeschichte*, 14 Jg. Heft 2.
Horn, E. J. (1994), *Neuere Entwicklungen auf dem deutschen Kapitalmarkt Institutionen, Marktstrukturen und Marktergebnisse*, Tübingen, J. C. B. Mohr (Paul Siebeck).
Horstmann, T. (1986), "Der OMGUS-Bericht über die Ermittlungen gegen die Deutche Bank – zur Edition eines Dokuments der deutchen Bankgeschichte", *Bankhistorisches Archiv, Zeitschrift zur Bankengeschichte*, 12 Jg. Heft 1.
Huber, L. (1982), "Internationalisierung des Bankgeschäfts und Auslandstöchter Deutscher Banken", in W. Ehrlicher, D. B. S. Simmert (Hrsg.), *Geld und Währungspolitik in der Bundesrepublik Deutschland*, Beiheft zur Kredit und Kapital, Heft 7, Berlin.
Irmler, H. (1976), "Bankenkriese und Vollbeschäftigungspolitik (1931-1936)", in Deutsche Bundesbank, *Währung und Wirtschaft in Deutschland 1876-1975*, Frankfurt am Main, Fritz Knapp Verlag. (呉　文二・由良玄太郎監訳『ドイツの通貨と経済——1876-1975　上, 下』1984 年, 東洋経済新報社)
James, H. (1986), *The German Slump, Politics and Economics 1924-1936*, New York, Clarendon Press.
Jeidels, O. (1905), *Das Verhältnis der deutschen Großbanken zur Industrie mit besonderer Berücksichtigung der Eisenindustrie*, Leipzig, Duncker & Humblot. (長坂聰訳『ドイツ大銀行の産業支配』1984 年, 勁草書房)
Joseph, L. (1913), *The Evolution of German Banking*, London, Charles & Edwin Layton. (飛田紀男訳『近代ドイツの銀行——1800 年から第一次大戦前夜まで』1991 年, 巌松堂出版)
Kindleberger, C. P. (1973), *The World in Depression 1929-1939*, Berkeley, University of California Press. (石崎昭彦・木村一朗訳『大不況下の世界 1929-1939』1982 年, 東京大学出版会)
Kolbeck, R. (Hrsg.) (1986), *Bankinnovationen Chancen und Risiken der neuen Bankengeschäfte*, Frankfurt am Main, Fritz Knapp Verlag.
Kroboth, R. (1986), *Die Finanzpolitik des Deutschen Reichs während der Reichskanzlerschaft Bethmann Hollwegs und die Geld- und Kapitalmarktverhältnisse (1909-1913/14)*, Frankfurt am Main, Peter Lang.
Krümmel, H. J., Rehm, H., Simmert, D. B. (Hrsg.) (1991), *Allfinanz-Strukturwandel an den Märkten für Finanzdienstleistungen*, Berlin, Duncker & Humblot.

Kruse, V. (1992), *Allfinanzstrategien deutscher Großbanken im europäischen Binnenmarkt*, Wiesbaden, Gebler.

Kuntze, W. (1986), "Bankenaufsicht und Eigenkapitalsurrogate", in G. Bruns, K. Häuser (Hrsg.), *Innovationen auf Finanzmärkten*, Frankfurt am Main, Fritz Knapp Verlag.

League of nations (1944), *International Currency Experience——Lessons of the Inter-War Priod*. (小島　清・村野　孝訳『国際通貨——20世紀の理論と現実』第1～9章，1953年，東洋経済新報社)

Leffler, G. L. (1951), *The Stock Market*, New York. (小竹豊治監訳，山一證券株式会社外国部訳『株式市場』1956年，ダイヤモンド社)

Lenin, V. I. (1954, original in 1917), *Der Imperialismus als höchste Stadium des Kapitalismus*, Leipzig, Verlag Philipp Reclam Jun. (宇高基輔訳『帝国主義』1956年，岩波書店)

Lieberman, S. (1992), *The Long Road to a European Monetary Union*, Lanham, New York, London, University Press of America.

Lomax, D. F., Gutman, P. T. G. (1981), *The Euromarkets and International Financial Policies*, Hong Kong.

Lüke, R. E. (1981), *Der 13. Juli 1931, Das Geheimnis der deutschen Bankenkrise*, Frankfurt am Main, Fritz Knapp Verlag.

Marsh, D. (1992), *The Bundesbank, The Bank that Rules Europe*, London, Heinemann. (行天豊雄監訳・相沢幸悦訳『ドイツ連銀の謎——ヨーロッパとドイツ・マルクの運命』1993年，ダイヤモンド社)

Metzler, F. von (1992), "Europäischer Finanzplatz Frankfurt", in G. Bruns, K. Häuser (Hrsg.), *Deutschland als Finanzplatz Analysen und Perspektiven*, Frankfurt am Main, Fritz Knapp Verlag.

Meyer, O., Bremer, H. (1957), *Börsengesetz*, Berlin, Walter de Gruyter & Co. (高橋寿男・小田和美訳『ドイツ取引所法』1959年，みかも書房)

Müller, F. (1933), "Stabilisierung und Sicherung der Währung", Untersuchungsausschuß für das Bankwesen 1933, *Untersuchung des Bankwesens 1933*, I. Teil, 2. Bd., Berlin, Carl Heymanns.

Mullineux, A. (1987), *International Banking and Financial System : A Comparison*, London, Graham & Trontman.

Nordhoff, K. (1933a), "Über die Liquiditätsfrage", Untersuchungsausschuß für das Bankwesen 1933, *Untersuchung des Bankwesens 1933*, I. Teil, 1. Bd., Berlin, Carl Heymanns.

―――(1933b), "Die Maßnahmen der Reichsbank zur Verbesserung der Publizität, Liquidität und Solidarität der Banken", Untersuchungsausschuß für das Bankwesen 1933, *Untersuchung des Bankwesens 1933*, I. Teil, 2. Bd., Berlin, Carl

Heymanns.

Nurkse, R. (1947), "International Monetary Policy and the Search for Economic Stability," *American Economic Review Proceedings*, May. (小島　清・村野　孝訳『国際通貨――20世紀の理論と現実』補論, 1953年, 東洋経済新報社)

O.M.G.U.S. (Office of Military Government for Germany, United States) (1986a), *Ermittlungen gegen die Deutsche Bank*, Nördlingen, Franz Greno.

O.M.G.U.S. (Office of Military Government for Germany, United States) (1986b), *Ermittlungen gegen die Dresdner Bank*, Nördlingen, Franz Greno.

Pfeiffer, H. (1987), *Das Imperium der Deutsche Bank*, Frankfurt am Main, New York, Campus Verlag.

―――(1993), *Die Macht der Banken, Die personellen Verflechtungen der Commerzbank, der Deutsche Bank und der Dresdner Bank mit Unternehmen*, Frankfurt am Main, New York, Campus Verlag.

Pfisterer, H. (1989), "Significance of Financial Integration for the Federal Republic of Germany", in P. V. D. Bempt, M. Quintyn (eds.), *European Financial Integration and Monetary Co-operation*, London, IFR Pubulishing.

Pohl, M. (1982a), *Konzentration im deutschen Bankwesen (1848-1980)*, Frankfurt am Main, Fritz Knapp Verlag.

―――(1982b), "Festigung und Ausdehnung des deutschen Bankwesens zwischen 1870 und 1914", in N. G. Klermann und M. Pohl (Hrsg.), *Deutsche Bankgeschichte*, Bd. 2, Frankfurt am Main, Fritz Knapp Verlag.

―――(1984), "100 Jahre Deutsche Bank London Agency", in M. Pohl (Hrsg.), *Beiträge zu Wirtschafts- und Währungsfragen und zur Bankgeschichte Nr. 1 bis Nr. 20*, Mainz, Hasse & Koehler.

―――(1986), *Entstehung und Entwicklung des Universalbankensystems, Konzentration und Krise als wichtige Faktoren*, Frankfurt am Main, Fritz Knapp Verlag.

―――(1987), "Ausgewählte Dokumente zur Geschichte der Deutsche Bank" in M. Pohl (Hrsg.), *Beiträge zu Wirtschafts- und Währungsfragen und zur Bankgeschichte Nr. 22*, Mainz, Hasse & Koehler.

Priewasser, E. (1986), *Die Banken im Jahre 2000, Eine Analyse und Prognose der Umweltbedingungen, der Bankenpolitik und des Bankenwachstums in den 80er und 90er Jahren*, Frankfurt am Main, Fritz Knapp Verlag.

Prion, W. (1929), *Die Preisbildung an der Wertpapierbörse, insbesondere auf dem Aktienmarkt der Berliner Böse*, Zweit Aufl., München, Leipzig Dunker & Humblot.

Puhl. E. (1933), "Wiederaufbau des Geld- und Kapitalmarktes", Untersuchungsausschuß für das Bankwesen 1933, *Untersuchung des Bankwesens 1933*, I. Teil, 2. Bd., Berlin, Carl Heymanns.

Richolt, K. (1984), "Internationale Finanzierungen-geschäftpolitische Überlegungen aus der Sicht einer Großbank", in B. Rudolph (Hrsg.), *Internationales Bankgeschäft*, Frankfurt am Main.

Riesser, J. (1977, original in 1912), *The German Great Banks and Their Concentration*, New York, Arno Press.

Roen, R. von (1989), *Finanzplatz Deutschland*, Frankfurt am Main, Fritz Knapp Verlag.

Rudolph, B. (1990), "Capital Requirements of Germanbanks and the European Community Proposals on Banking Supervision", in J. Dermine (ed.), *European Banking in 1990s*, Oxford, Blackwell Publishers.

Schacht, H. (1978, original in 1927), *The Stabilization of the Mark*, New York, Arno Press.

―――(1931), *The end of Reparations, The Consequences of the World War*, London, Jonathan Cape.

―――(1953), *76 Jahre meines Lebens*, Bad Wörishofen. (永川秀男訳『我が生涯 上，下』1954 年，経済批判社)

Schiemann, J. (1980), *Die deutsche Währung in der Weltwirtschaftskrise 1929-1933 Währungspolitik und Abwertungskotroverse unter den Bedingungen der Reparationen*, Bern, Stuttgart, Verlag Pahl Haupt.

Schneider, H., Hellwig, H. J., Kingsman, D. J. (1982), *Das Bankwesen in Deutschland Eine Einführung in das deutsche Kreditwesen und Bankenaufsichtsrecht mit deutsch- englischer Textausgabe des KWG und anderer Rechtsvorschriften*, 2. Auflage, Frankfurt am Main, Fritz Knapp Verlag.

Seidenzahl, F. (1970), *100 Jahre Deutsche Bank 1870-1970*, Frankfurt am Main.

Steinherr, A., Huveneer, C. (1992), "Universal banking in the integrated European marketplace", in A. Steinherr (ed.), *The New European Financial Marketplace*, London, New York, Longman.

Stobbe, S. H. (1993), *Die deutsche Kreditwirtschaft im europäischen Bankenrecht, Bestandsaufnahme und Auswirkungen der Harmonisierungsbestrebung auf den bundesdeutschen Bankensektor*, Frankfurt am Main, Berlin, Bern, New York, Paris, Wien, Peter Lang.

Storck, E. (1983), "Das Luxemburgische Bankwesen", Bundesverband deutscher Banken (Hrsg.), *Die Bank, Zeitschrift für Bankpoltik und Bankpraxis*, März, Köln, Bank-Verlag.

―――(1986). "Neue Instrument im Euromarkt", in G. Bruns, K. Häuser (Hrsg.), *Innovationen auf Finanzmärkten*, Frankfurt am Main, Fritz Knapp Verlag.

Stucken, R. (1933), "Die Konzentrationsbewegung im deutschen Bankgewerbe und deren Gegenkräfte und die Tendenzen zur Dekonzentration und Spezialisierung",

Untersuchungsausschuß für das Bankwesen 1933, *Untersuchung des Bankwesens 1933*, Ⅰ. Teil, 2. Bd., Berlin, Carl Heymanns.

Teichert, E. (1984), *Autarkie und Großraumwirtschaft in Deutschland 1930-1939*, München, R. Oldenbourg.

Unger, S. (1991), *Die D-Mark als Internationale Reserve- und Anlagewährung, Ursachen, Entwicklung und Forgen der Internationalen Verwendung der deutschen Währung*, Konstanz, Hartung-Gorre-Verlag.

Walter, I., Smith, R. C. (1990), "European Investment Banking: Structure, Transactions Flow and Regulation", in J. Dermine (ed.), *European Banking in 1990s*, Oxford, Blackwell Publishers.

Wandel, E. (1971), *Die Bedeutung der Vereinigten Staaten von Amerika für das deutsche Reparationproblem 1924-1929*, Tübingen, J. C. B. Mohr.

―――(1987), "Der OMGUS-Bericht über die Ermittlungen gegen die Deutsche Bank", *Bankhistorisches Archiv, Zeitschrift zur Bankengeschichte*, 13 Jg. Heft 1.

Wayland, G. S. (1984), "Überlegung und Grundsätze deutscher Kreditinstitute bei der Errichtung von Filialen und Tochterbank in Ausland", in B. Rudolph (Hrsg.), *Internationales Bankgeschäft*, Frankfurt am Main.

Weber, M. (1924), "Die Börse", in *Gesammelte Aufsätze zur Soziologie und Sozialpolitik*, Tübingen. （中村貞二・柴田固弘訳『取引所』1968 年，未来社）

Wellhöner, V. (1989), *Großbanken und Großindustrie im Keiserreich*, Göttingen, Vandenhoeck & Ruprecht.

Whale, P. B. (1930), *Joint Stock Banking in Germany*, London, Macmillan.

Wilson, J. S. G. (1993), *Money markets, The international perspective*, London and New York, Routledge.

## 邦文文献

相沢幸悦(1989)『ユニバーサル・バンキング』日本経済新聞社
―――(1993)『現代ドイツの金融システム』東洋経済新報社
―――(1994)『欧州最強の金融帝国 ドイツ銀行』日本経済新聞社
赤川元章(1994)『ドイツ金融資本と世界市場』慶應通信
有澤廣巳・脇村義太郎(1977)『カルテル・トラスト・コンツェルン』御茶の水書房
有沢広巳(監修，1978)『證券百年史』日本経済新聞社
安東盛人・土屋六郎(編，1984)『現代の国際金融』有斐閣
飯田裕康(1971)『信用論と擬制資本』有斐閣
―――(1985)『貨幣と信用の理論』三嶺書房
生川栄治(1960)『現代銀行論』日本評論新社
―――(1987)「金融革新の論理構造」，近畿大学『商経学叢』第 34 巻第 3 号
―――(1995)『ドイツ金融史論』有斐閣

諫山　正(1979)「ナチス・ドイツの東南欧経済政策——対ハンガリーを中心に」，東京大学社会科学研究所編『ファシズム期の国家と社会 3 ナチス経済とニューディール』東京大学出版会
諫山　正・春田素夫(編, 1992)『日米欧の金融革新』日本評論社
居城　弘(1981-1982)「ドイツ金融資本と国際的信用制度の展開(一)(二)」，静岡大学『法経研究』第 30 巻第 1 号，同第 3・4 号
―――(1986)「金融資本段階のドイツ信用制度の構造と変動」，金融経済研究所『金融経済』216 号，有斐閣
―――(1992)「第一次大戦前ドイツの通貨と金融」，酒井一夫・西村閑也編著『比較金融史研究』ミネルヴァ書房
井上伊知郎(1994)『欧州の国際通貨とアジアの国際通貨』日本経済評論社
井上　巽(1995)『金融と帝国』名古屋大学出版会
岩田健治(1996)『欧州の金融統合　EEC から域内市場完成まで』日本経済評論社
岩野茂道(1984)『金・ドル・ユーロダラー——世界ドル本位制の構造』文眞堂
岩見昭三(1999)『EU 通貨統合とドイツ』晃洋書房
大蔵省証券局総務課長　林　正和(編, 1993)『図説 日本の証券市場』財経詳報社
大津正道(1990)「ドイツ帝国主義と資本輸出」，桑原莞爾・井上　巽・伊藤昌太編『イギリス資本主義と帝国主義世界』九州大学出版会
大野英二(1956)『ドイツ金融資本成立史論』有斐閣
大矢繁夫(1981)「相対的安定期におけるドイツの外資依存」，東北大学『経済学』第 43 巻第 1 号
―――(1984)「西独銀行の対外進出とルクセンブルグ金融市場」，西南学院大学『商学論集』第 31 巻第 3 号
―――(1985)「擬制資本・証券市場と銀行——金融資本と擬制資本・証券市場に関する研究(2)」，西南学院大学『商学論集』第 32 巻第 3 号
―――(1986)「西独銀行の対外進出の方向」，日本証券経済研究所『証券経済』第 155 号
―――(1988)「西独銀行と金融再規制」，西南学院大学『商学論集』第 35 巻第 2 号
奥泉　清・佐藤秀夫(編著, 1995)『90 年代の世界経済』創風社
小野朝男(1976)『国際通貨体制』ダイヤモンド社
―――(編著, 1986)『金・外国為替・国際金融』ダイヤモンド社
海保幸世・居城　弘・紺井博則(1988)『世界市場と信用』梓出版社
片岡　尹(1993)「『ドル本位制』の構造——国際決済の視点から」，深町郁彌編『ドル本位制の研究』日本経済評論社
加藤栄一(1973)『ワイマル体制の経済構造』東京大学出版会
加藤國彦(1996)『1931 年ドイツ金融恐慌』御茶の水書房
川合一郎(1981)『川合一郎著作集 第 3 巻 株式価格形成の理論』有斐閣
川波洋一(1995)『貨幣資本と現実資本』有斐閣

川本明人(1995)『多国籍銀行論——銀行のグローバルネットワーク』ミネルヴァ書房
木下悦二(1991)『外国為替論』有斐閣
清田 匡(1999)「ドイツにおけるリテール貯蓄『商品』(1)——新貯蓄預金,貯蓄債権,投資信託とその『価格』」,大阪市立大学『経営研究』第50巻第1・2号
楠見一正・島本 融(1935)『独逸金融組織論』有斐閣
工藤 章(1977)「再建金本位制下のライヒスバンク」,福島大学『商学論集』第45巻第3号
─────(1983a)「1931年における中東ヨーロッパ金融恐慌の経済的背景」,東京大学『社会科学研究』第34巻第6号
─────(1983b)「『ナチス広域経済圏』の再検討」,東京大学『社会科学研究』第35巻第3号
熊谷一男(1973)『ドイツ帝国主義論』未来社
熊野剛雄(1986)「銀行業務と証券業務」,金融経済研究所『金融経済』第217号,有斐閣
─────(1987a)「証券業務の原理」,金融経済研究所『金融経済』第220号,有斐閣
─────(1987b)「金融の証券化と証券の金融化」,日本証券経済研究所『証券研究』第80巻,日本証券経済研究所
栗原 優(1981)『ナチズム体制の成立』ミネルヴァ書房
後藤泰二(1970)『株式会社の経済理論』ミネルヴァ書房
小林真之(1998)『株式恐慌とアメリカ証券市場』北海道大学図書刊行会
小湊 繁(1970)「相対的安定期におけるドイツの大銀行と産業の資本蓄積(一)(二)」,東京大学『社会科学研究』第22巻第1号,第2号
─────(1976)「ライヒスバンクの金融政策」,大内 力編『現代金融』東京大学出版会
斎藤晴造(1977)『ドイツ銀行史の研究』法政大学出版局
酒井一夫・西村閑也(編著,1992)『比較金融史研究』ミネルヴァ書房
坂本 正(1997)『金融革新の源流』文眞堂
佐々木 建(1975)『現代ヨーロッパ資本主義論』有斐閣
佐々木隆生・中村研一(編著,1994)『ヨーロッパ統合の脱神話化』ミネルヴァ書房
志村嘉一(1969)『日本資本市場分析』東京大学出版会
下平尾 勲(1999)『信用制度の経済学』新評論
鈴木芳徳(1979)『証券経済論』税務経理協会
─────(編著,1995)『金融論——理論・政策・歴史』ミネルヴァ書房
住ノ江佐一郎(1979)『証券理論の展開』多賀出版
関下 稔・鶴田廣巳・奥田宏司・向 寿一(1984)『多国籍銀行 国際金融不安の主役』有斐閣
高山洋一(1999)「EUの通貨統合——欧州中央銀行制度(ESCB)と単一通貨ユーロ」,『大東文化大学経済学部創設60周年記念論文集』
滝沢健三(1980)『国際通貨』新評論
─────(1984)『国際金融 通説への批判』東洋経済新報社

参 考 文 献　237

侘美光彦(1976)『国際通貨体制――ポンド体制の展開と崩壊』東京大学出版会
竹内一郎・香西　泰(編，1984)『国際金融不安』有斐閣
田坂　元(1984)『現代証券市場論　投機と株価』有斐閣
楯岡重行(1975)「ドイツ銀行恐慌への一過程」，福岡大学『商学論叢』第 20 巻第 1 号
―――(1976)「ドイツ銀行恐慌――ダナートバンクの破綻をめぐって」，福岡大学『商学論叢』第 21 巻第 2 号
建部正義(1997)『貨幣・金融論の現代的課題』大月書店
田中素香(1991)『EC 統合の新展開と欧州再編成』東洋経済新報社
―――(編著，1996)『EMS：欧州通貨制度』有斐閣
塚本　健(1964a)『ナチス経済』東京大学出版会
―――(1964b)「ドイツ金融資本と資本市場」，鈴木鴻一郎編『帝国主義研究』日本評論社
―――(1981)「第二次大戦前のドイツの証券市場」，日本証券経済研究所編『現代証券辞典』日本経済新聞社
鶴見誠良(編，1988)『金融のグローバリゼーション I ――国際金融ネットワークの形成』法政大学出版局
東京証券取引所調査部(編，1976)『東京証券取引所』東京証券取引所
徳永正二郎(1976)『為替と信用――国際決済制度の史的展開』新評論
―――(1982)『現代外国為替論』有斐閣
戸原四郎(1963)『ドイツ金融資本の成立過程』東京大学出版会
―――(1968)「ドイツにおける証券市場と金融機関」，加藤俊彦編『証券経済講座 3　証券市場と金融機関』東洋経済新報社
―――(1976)「1931 年のドイツ銀行恐慌」，大内　力編『現代金融』東京大学出版会
戸原四郎・加藤栄一(編，1992)『現代のドイツ経済――統一への経済過程』有斐閣
中尾茂夫(1988)『世界マネーフロー――国際金融市場の歴史と現代』同文舘
長坂　聡(1961)「ドイツ金融資本の成立」，武田隆夫編『帝国主義論 上』東京大学出版会
―――(1988)「相対的安定期のドイツ貨幣市場」，大分大学『経済論集』第 39 巻第 5 号
仲村　靖(1990)「ドイツ信用銀行による貨幣節約メカニズムの展開――資本信用と信用創造」，九州大学『経済論究』第 77 号
西村閑也(1980)『国際金本位制とロンドン金融市場』法政大学出版局
―――(1981)「第一次大戦前のドイツ，オーストリア系銀行ロンドン支店の業務について」，法政大学『経済志林』第 18 巻第 1 号
西村閑也・深町郁彌・小林襄治・坂本　正(1991)『現代貨幣信用論』名古屋大学出版会
日本証券経済研究所(編，1971)『体系　証券辞典』東洋経済新報社
―――(編，1981)『現代証券事典』日本経済新聞社
―――(1984)『西ドイツの金融・証券制度 「銀行構造委員会報告」を中心に』日本証券経済研究所
―――(1995)『図説　アメリカの証券市場 1995 年版』日本証券経済研究所

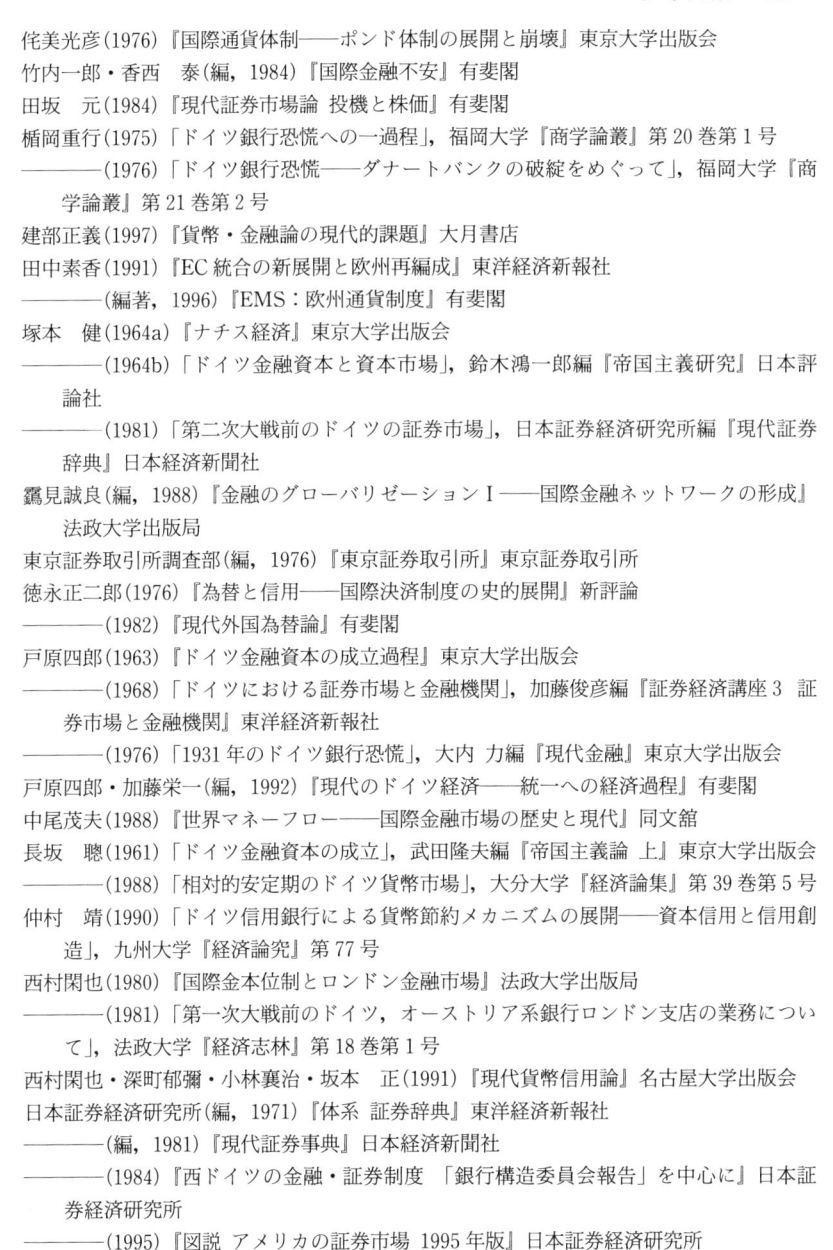

―――(1997)『図説 ヨーロッパの証券市場 1997年版』日本証券経済研究所
布目真生(1980)『ユーロ・バンキング』日本経済評論社
―――(1985)『インターナショナルバンキング』有斐閣
浜田博男(1978)「証券市場の構造変化と投機信用」,川合一郎編『現代信用論(下)』有斐閣
浜田康行(1991)『金融の原理』北海道大学図書刊行会
羽森直子(1998)『ドイツの金融システムと金融政策』中央経済社
原田三郎・庄司哲太(1973)『帝国主義論コメンタール』ミネルヴァ書房
原田三郎(編, 1975)『資本主義と国家』ミネルヴァ書房
深町郁彌(1971)『所有と信用』日本評論社
―――(1981)『資本主義と国際通貨』岩波書店
―――(1999)『国際金融の現代』有斐閣
藤瀬浩司(1987)「第一次大戦前夜のライヒスバンクと銀行統制」,藤瀬浩司・吉岡昭彦編『国際金本位制と中央銀行政策』名古屋大学出版会
藤田誠一(1995)「国際資金循環と基軸通貨制度――基軸通貨論試論」,神戸大学『経済学研究』42
―――(1997)「対称的な国際通貨制度構築の試み――『通貨制度改革概要』をてがかりに」,神戸大学『経済学研究』44
プリオン, W./野中 淳(1941)『ナチスの株式取引所』厳松堂書店
星野 郁(1998)『ユーロで変革進むEU経済と市場』東洋経済新報社
松井安信(1970)『信用貨幣論研究』日本評論社
―――(1973)『マルクス信用論と金融政策』ミネルヴァ書房
向井鹿松(1934)『取引所投機と株式金融』森山書店
村岡俊三(1976)『マルクス世界市場論』新評論
―――(1988)『世界経済論』有斐閣
―――(1998)『資本輸出入と国際金融』白桃書房
村岡俊三・佐々木隆生(編著, 1993)『構造変化と世界経済』藤原書店
山口博教(1988)『西ドイツの巨大企業と銀行――ユニバーサル・バンク・システム』文眞堂
―――(1998)「統合資本市場としてのドイツ取引所株式会社――取引の電子化に伴う複合システムの導入」,日本証券経済研究所『証券経済研究』第11号
山村信幸(1980)「西ドイツの大手銀行に見る国際化の要因」,日本長期信用銀行『調査月報』169号, 9月
山本栄治(1994)『「ドル本位制」下のマルクと円』日本経済評論社
―――(1997)『国際通貨システム』岩波書店
山本征二(1991)『ドイツの金融・証券市場』東洋経済新報社
楊枝嗣朗(1988)『貨幣・信用・中央銀行――支払決済システムの成立』同文舘
吉野昌甫(1966)「為替清算制」,高垣寅次郎・山口 茂・田中金司監修『体系金融辞典』

東洋経済新報社
吉野昌甫・及能正男・楠本　博(編，1988)『セキュリタイゼーションと銀行』経済法令研究会

# 図表一覧

〈第1章〉
- 図1-1　ルポール・ロンバート貸付，株価，株式発行額の推移　　18
- 表1-1　ベルリン大銀行のルポール・ロンバート貸付と所有証券額の推移　　20
- 表1-2　ベルリン大銀行のルポール・ロンバート貸付(1913年12月末)　　21
- 表1-3　ベルリン大銀行のバランスシート借方項目　　22
- 表1-4　ベルリン大銀行のバランスシート貸方項目　　25
- 図1-2　外銀の手形債権現金化と預金形成(バランスシート上の関連)　　26
- 図1-3　バランスシートにおける貿易金融関連項目　　28
- 表1-5　ベルリン大銀行のランブール引受(1913年12月末)　　28

〈第2章〉
- 表2-1　ベルリン大銀行の短期資産構成　　34
- 図2-1　ルポール・ロンバート貸付と株価　　35
- 表2-2　ロンバート貸付の金利(1924・25年)　　36
- 表2-3　株価指数(1924/26＝100)　　37
- 表2-4　ロンバート貸付の金利(1926・27年)　　39
- 表2-5　国内株式発行高(時価)　　44
- 図2-2　市中割引率とロンバート貸付(月貸)の金利　　45
- 表2-6　主要諸国における市中割引率(年平均)　　47
- 表2-7　ベルリン大銀行の引受信用と外国銀行の引受信用　　47
- 表2-8　資本市場の金利水準　　57

〈第3章〉
- 表3-1　各国の株式保有構造(1995年末)　　63
- 図3-1　投資ファンドの分類　　65
- 表3-2　パブリックファンドとスペシャルファンド　　66
- 表3-3　パブリックファンドの証券ファンド　　68
- 表3-4　スペシャルファンドの証券ファンド　　68
- 表3-5　証券ファンドの資産構成　　68
- 表3-6　ドイツ先物・オプション取引所の変遷　　71
- 図3-2　権利行使価格1900DMのプットオプションの買いによってヘッジされる株式投資の損益状態　　73

図 3-3 権利行使価格 2100 DM のプットオプションの買いによってヘッジされる株式投資の損益状態　75
図 3-4 DAX オプション(プット)の取引高(コントラクト)　76
図 3-5 株価・DAX(年末)と株式発行高(年累計，時価ベース)　77

〈第 4 章〉
表 4-1 短期清算取引における決済繰延べの調整　86
図 4-1 銀行と産業企業の資金的関係　95

〈第 5 章〉
表 5-1 大銀行の自己資本と他人資本　105
表 5-2 大銀行の主要資産と負債の発展　105
表 5-3 短期資産・負債に占める銀行グループ別シェア　107
表 5-4 ベルリン大銀行の吸収・合併件数(1914-28 年)　109
表 5-5 ベルリン大銀行の国内支店数(1928 年)　110
表 5-6 ベルリン大銀行全体の自己資本と債権者勘定　111
表 5-7 ドイツの銀行への短期外国信用　112
表 5-8 ベルリン大銀行の当座債務者勘定　113
表 5-9 1929 年の合併による支店等の整理状況　117
表 5-10 1914-28 年の合併による支店等の整理状況　117

〈第 6 章〉
表 6-1 ドイツにおける証券発行(1884-1913 年)　133
図 6-1 マルク建ての輸入金融　135
表 6-2 ドイチェ・バンクのバランスシート(1913 年 12 月末)　137
表 6-3 大銀行のランブール引受と当座預金(「手数料不要勘定」分)の量(1913 年末)　140

〈第 7 章〉
表 7-1 ライヒスバンク保有金・外貨準備高　146
表 7-2 ドイツ清算金庫　153
図 7-1 第 3 帝国(ドイツ清算金庫)の清算債務　154
表 7-3 ドイチェ・バンクの在外子銀行　163
表 7-4 ドイチェ・バンクの対外進出　164
表 7-5 海外銀行の業務シェア　168

〈第 8 章〉
表 8-1 ABECOR，EBIC，ユーロパートナーズのメンバー銀行(1981 年現在)　178
表 8-2 在外支店・子銀行の業務規模(1980 年代)　184

表 8-3　在ルクセンブルグ子銀行の信用(1980 年代，債務者別)　　185
表 8-4　在外支店・子銀行の業務規模(1990 年代)　　188
表 8-5　在ルクセンブルグ支店・子銀行の信用(1990 年代，債務者別)　　189
表 8-6　在外支店・子銀行の外国へのマルク建て債権　　191
表 8-7　在外支店・子銀行の外国への債権　　192

**〈第 9 章〉**
表 9-1　ドイツにおける非居住者保有マルク建て金融資産(1980 年代)　　206
表 9-2　公的準備資産の通貨別構成　　207
表 9-3　ドイツにおける非居住者保有マルク建て金融資産(1990 年代)　　212
表 9-4　ドイツのマルク建て貿易のシェア　　213

## あ と が き

　英誌『ザ・バンカー』が掲げる世界の銀行ランキング(*The Banker,* July, 2000)によると，現在の資産規模(1999年12月末または2000年3月末の数値)では，ドイチェ・バンクが8438億ドルをもって先頭に立つ。次いで，シティグループ，BNPパリバ，東京三菱と続く。この序列のなかに，2000年秋に持株会社を発足させるみずほフィナンシャルグループ(富士，第一勧業，日本興業)，2001年春に合併して成立予定の三井住友(さくら，住友)，そして同じく2001年春に持株会社を発足させる三菱東京フィナンシャルグループ(東京三菱，三菱信託)を加えて，改めて上位5行の資産額を示すと，第1位 みずほフィナンシャルグループ(1兆3943億ドル)，第2位 三井住友(9514億ドル)，第3位 ドイチェ・バンク(8438億ドル)，第4位 三菱東京フィナンシャルグループ(8307億ドル)，第5位 シティグループ(7169億ドル)となる。第1位のみずほフィナンシャルグループと第5位のシティグループの資産額を，2000年3月末の為替レートで円換算すると，それぞれ147兆円，75兆円となる。これは，1兆ドル，100兆円規模の巨体をもつ〝ガリバー〟的銀行の世界である。

　このような巨大銀行を目指す再編・統合の動きは，いまだ止むことなく進行中である。種々の組み合わせによる巨大な銀行・銀行グループの形成と，そしてそれらの間でのグローバルな市場における熾烈な競争戦は，一時的な「休戦」状態をさしはさむことはあっても，終わることはない。そして，巨大化し，生き残る銀行・銀行グループは，経済や社会に対してその強大な能力を発揮する。それは，われわれの経済や社会に何をもたらすのであろうか。

　社会の，いわば経済的インフラストラクチャーとして，また，その機能からして公共性を刻印される機関として，当然事であるが，銀行は公正で社会

に調和的な存在であることが強く求められる。バブル崩壊とともに，金融機関の不祥事や破綻を目の当たりにしてきたわが国では，このことはなおいっそうである。今や，強大な能力をもつ巨大銀行の生成を眼前にして，行きすぎた競争のなかで歪むことなく，公正で公共性も担保された金融システムを，社会は意識的・自覚的に造りあげてゆくことが必要となっているといえよう。そのためには，市場による規律づけに頼るばかりでなく，適切な銀行監督や公的な規制もなお必然であろう。

ユニバーサルバンクとしてのドイツの銀行の業務や活動，そしてそれの織りなすシステムを分析しようとする本書は，たえず底流に上のような関心をもっていた。ドイツの大銀行は，兼営銀行あるいはユニバーサルバンクとして，古くから，証券関連業務と商業銀行業務という二身，あるいは2つの道具立てを具有してきた。それの発揮する強大な力ゆえに，すでに20世紀初め頃「全能の独占者」ともよばれた。このようなドイツの銀行を研究対象とする者にとって，上記のような最近の問題状況は直接的な刺激を与えるものであった。そして，ユニバーサルバンクとしてのドイツの銀行の能力はどのような内容と拡がりをもつのかということが，改めて重要な課題として認識された。

ユニバーサルバンクの能力という場合，上記のような二身あるいは2つの道具立てということで，それは，一見，自明のようにもみえる。しかしながら，この二身・2つの道具立てがもつ，根深く拡がるその働きに目をやるとき，なお解明されるべき領域があると思われた。本書の各章に密着した課題については序章で述べているが，全体をとおした問題意識は以上のようなものであった。

本書は，これまで発表してきた論文に手を加えてまとめたものである。本書の各章のなかには，旧稿を大幅に書き改めた部分も多くあるが，各章と旧稿の対応関係を示しておく。

序　章…書き下ろし
第1章…「ドイツの銀行の証券信用業務」(酒井一夫・西村閑也編著『比

較金融史研究』ミネルヴァ書房，1992 年)
第 2 章…「1920 年代におけるドイツの金融市場」(西南学院大学『商学論集』第 29 巻第 3・4 合併号，1983 年 3 月)
「通貨安定後のドイツにおける貨幣市場と証券信用」(西南学院大学『商学論集』第 31 巻第 1 号，1984 年 6 月)
第 3 章…「ドイツ・ユニバーサルバンクの株式市場へ関わる位置と能力──1990 年代の構図」(小樽商科大学『商学討究』第 50 巻第 1 号，1999 年 7 月)
第 4 章…「銀行の発行活動に関するノート」(西南学院大学『商学論集』第 33 巻第 1 号，1986 年 7 月)
「証券金融システムの意義」(西南学院大学『商学論集』第 39 巻第 3・4 合併号，1993 年 3 月)
第 5 章…「ドイツにおける銀行集中運動──1920 年代を中心に」(西南学院大学『商学論集』第 33 巻第 2 号，1986 年 10 月)
第 6 章…「第 1 次大戦前におけるドイツの銀行の国際業務」(西南学院大学『商学論集』第 35 巻第 4 号，1989 年 3 月)
第 7 章…「為替清算システム・『マルク決済圏』とドイツの銀行」(東北大学『経済学』第 55 巻第 4 号，1994 年 1 月)
第 8 章…「西独銀行の対外進出とルクセンブルグ金融市場」(西南学院大学『商学論集』第 31 巻第 3 号，1984 年 12 月)
「西独銀行の対外進出の方向──『銀行クラブ』からルクセンブルグ所在子銀行へ」(日本証券経済研究所『証券経済』第 155 号，1986 年 3 月)
第 9 章…「ドイツの金融自由化・金融国際化」(村岡俊三・佐々木隆生編著『構造変化と世界経済』藤原書店，1993 年)

　できあがった本書を振り返ってみると，内容上多くの不十分さを覚えつつも，このようにしてまとめあげるまでには，たくさんの人から導きと励ましを与えられてきたことを思う。東北大学名誉教授 原田三郎先生は，私が大

学院生として研究者の道を歩みはじめようとしたときから今日まで，ずっと慈愛の眼差しをもって見守って下さったような存在であった。教えていただいたことは学問や研究に留まらなかった。私は，文字どおり先生から教育を受けた(erziehen, ausbilden；自分が内から外へ引き出され，外へ形を整える)，と思っている。80歳をゆうに越えて今なお，かくしゃくとして，私を見ていて下さる。

東北大学名誉教授 村岡俊三先生は，原田先生が東北大学を定年退官された後，私の指導教官となっていただいた先生である。私にとって，原田先生から村岡先生への指導教官の交替は，継ぎ目を少しも感じない自然なものであった。村岡先生は，研究指導に限らず日常的に，とてもフランクに私に接して下さった。先生は，折々に，研究テーマに関してはもちろんのこと，研究の姿勢や覚悟，そして志のもち方についても私に示して下さったと思っている。このようにして，東北大学の両先生は，私が研究者としての核を形成してゆくうえで決定的な存在であり，両先生にめぐり会えたことを，心から幸せに思っている。

私の最初の勤め先は，福岡の西南学院大学であった。同大学のもつ自由で清新な雰囲気は最良の研究環境をなしていた。そして，株式会社論を徹底して追求された同大学名誉教授 後藤泰二先生から，株式や株式会社の理論的把握について学ぶことができた。また，九州大学名誉教授 深町郁彌先生からは，信用や銀行，貨幣や国際通貨の理論について広く深く教えていただいた。両先生からは，「株式会社と信用制度」あるいは「証券と銀行」というテーマを掘り下げてゆくうえで，とても大きな教えを受けている。

1995年に，私は小樽商科大学へ転任した。同大学は私の母校であり，卒業してから23年たっていた。学生の頃のゼミナール指導教官であった井上巽先生(小樽商科大学名誉教授)に，再び，研究のことや大学のことについてご指導いただけるようになったのは，嬉しい限りのことであった。思えば，先生は，紛争によって大学が教育機能を麻痺させていた頃，研究室で古典や外国語文献の読み方を手ほどきして下さった。

北海道大学名誉教授 松井安信先生は，諸学会の北海道部会や研究会を育

て，リードされてきた存在であり，先生を中心とする部会・研究会に参加することができ，私は北海道でも刺激と潤いに充ちた，そして楽しい研究生活を過ごすことができている。

　東北大学原田研究室出身の奥泉清，萬屋迪，今野登，佐々木建の諸先輩は，折りにつけ，研ぎ澄ました問題意識を呈示して下さった。また，村岡先生を囲む研究会では，同門の佐々木隆生，浜田康行，佐藤秀夫の諸先輩，そして田中素香東北大学教授から，最新の研究成果や新鮮な知的刺激を与えられた。西村閑也先生を中心にして集まる国際銀行史研究会のメンバーや，生川栄治先生，高山満先生，熊野剛雄先生，鈴木芳徳先生，飯田裕康先生からは，私の論文や学会報告に対する貴重なコメントをいただいた。

　このように振り返ってみると，実に多くの諸先生との関わりのなかで私は育まれてきた。この関わりは偶然であったようにも必然であったようにも思えるが，これらの諸先生と，そしてここには名前を挙げてはいない他の多くの先生や同僚に，心からの感謝を捧げる。また，大学の進む道が混沌として見定めえない現在でも，活力ある快適な研究環境としての小樽商科大学をつくり，支えてきた，山田家正学長を中心とした教職員の方々にも深い敬意と感謝を表したい。この環境なくしては，本書をまとめることはできなかった。

　本書の出版を快く引き受けて下さった北海道大学図書刊行会の前田次郎氏と，また校正等を担当して下さった同刊行会の今中智佳子さんには，たいへんお世話になった。お礼申し上げる。時代の流れにかかわらず，このような学術専門書を出版し続ける同刊行会がいっそう発展してゆくことを強く願っている。最後に，どのようなときにも私の最も身近な存在であり，励ましを与えてくれる妻と娘，そして両親に感謝する。

　なお，本書の出版に際しては，日本学術振興会平成12年度科学研究費補助金(研究成果公開促進費)の交付を受けた。記して感謝申し上げる。

　2000年9月

　　　　　　　　　　　　　　　　　　　　　　　　　　大矢繁夫

# 索　引

## ア　行

相沢幸悦　7, 81, 220
アー・エー・ゲー　130
赤川元章　31, 141, 143
アー・シャーフハウゼンシャー・バンクフェライン　109, 124
アスキ
　──勘定　152
　──方式　151
　──マルク　152
アナトリア鉄道　129
アムステルダムシェン・バンク　177
アムステルダム・ロッテルダム・バンク　177
アメリカン・ノーザン・パシフィック・レイルロード・カンパニー　130
有沢広巳　97
アルゲメーネ・バンク・ネーダーラント　181
アングロ・エジプシャン・バンク　130
アンダーライティング業務　62
安東盛人　220
EMS　202, 216
　──主要国　209
　──諸国　208
生川栄治　60, 220
I. G. ファルベン　115
諫山 正　172
EC 第 2 次銀行指令　220
ECB(欧州中央銀行)　215
居城 弘　31, 141, 143
委託者　78
イタリア国債　127
一般的等価物＝貨幣　222
井上伊知郎　220, 221
EBIC　177, 179
イングリッシュ・ホンコン・アンド・シャンハイ・バンキング・コーポレーション　128
インターナショナル・コマーシャル・バンク　195
ヴァーシャウアー　122, 127
ヴァーブルグ　122, 127
ヴァンデル E. Wandel　172
ヴェニーズ・ロスチャイルド・バンク　126
ヴィーナー・バンクフェライン　129
ヴェストドイチェ・ランデスバンク・ジロツェントラーレ　199
ウェール P. B. Whale　12
ヴュルッテムベルギッシェ・フェラインバンク　108
ウンガー S. Unger　203
ABECOR　181
エスターライヒッシェ・クレディット・アンシュタルト　122
エッセナー・クレディットアンシュタルト　108
エミンガー O. Emminger　204
大株代行株式会社　85
大野英二　98
奥田宏司　196
オーストリア
　──の対外債務　210
　──併合　164
オーストリア＝ハンガリー国債発行　126
オッペンハイム　122
小野朝男　171
オフバランス業務　200, 201

## カ　行

海外代理店　176
外貨割当　147
外銀保有マルク残高　139, 140
外国現金信用　52, 59, 111
外国債権者勘定　111
外債発行　39
　マルク建て──　199
外資依存体制　146
介入通貨　202
外部信用　89, 97

片岡　尹　221
株価指数先物取引　89
株式
　　——オプション取引　61, 72, 75, 78, 79, 89
　　——擬制資本　99
　　——交換　44
　　——合資会社　62
　　——先物取引　82, 89
　　——市場の過熱　42
　　——定期取引　84
　　——引受・発行　4
　　——引受・発行業務　91, 96
　　——ファンド　64-66
　　——プットオプション　72
株の10年　62
貨幣市場　22, 24, 34, 45
　　——の金利体系　23
空売り　87, 88
川合一郎　97, 99
為替管理　145, 170
為替業務　4
為替清算協定　150
為替清算システム　6, 145, 149
　　東方タイプ——　163, 166
為替媒介通貨　220-222
監査役の派遣　2
ギアリング・レシオ　187
キー・カレンシー国　216
機関投資家　63, 67
期間の変形　185, 187
企業合同　44
基金証券　148
期限付資金　52, 59
基準通貨　202, 210
寄託株　2
寄託銀行　65, 77
ギャランティー・トラスト　116
旧勘定　170
金・外貨準備の喪失　146
銀行
　　——監督　200
　　——集中　6, 92, 103, 104, 109
　　——統合体　181
　　——による産業支配　91
　　——の権力　2
銀行クラブ　177

金融
　　——イノヴェーション　187, 201
　　——自由化　197
　　——政策上の自律性　216, 219
　　——手形　27, 28
金利
　　——調整令　198
　　——の自由化　198
楠見一正　31, 120, 170
工藤　章　57, 172
熊野剛雄　98, 99
クレディットアンシュタルト・バンクフェライ
　　ン　163-165
クレディ・モビリエ　106
クレディ・リヨネ　180
呉　文二　170
グレンツェバッハ　W. S. Grenzebach　156
契約通貨　202, 207, 213, 214
　　——の多様化　221, 222
決済システム　2
決済・取引通貨　202
月末貸　60
月末金融　53, 60
月末資金　16
月末取引　13, 84
兼営銀行　11, 24, 106, 118
現物株投資　75
広域経済圏　169
交互計算信用　92
交互計算取引　14
公債基金法　55
香西　泰　196, 220
公的準備　214
　　——資産　206, 212
合同製鋼　115
公認仲立ち人　81
顧客のための第3者からの借入金　27, 31, 47, 51
個人銀行商会　46, 108
小竹豊治　97
固定資本信用　95, 98
小林裏治　8
小湊　繁　57
コメルツ・ウント・ディスコント・バンク　107
コメルツ・ウント・プリファート・バンク　107, 116

索  引　253

コメルツ・クレディット・バンク・アクティエンゲゼルシャフト・ユーロパートナーズ　180
コメルツバンク　72, 180, 184
コルレス関係　176
コルレス主義　176
混合ファンド　65
コンソーシアム・バンク　177
コンソーシアム・フォー・イタリアン・ビジネス　127

## サ 行

在英支店・子銀行　190, 191, 194
債券擬制資本　99
債権者勘定　24, 27, 105
　その他の――　31, 59, 139
債権ファンド　65, 66
債務者勘定　30, 105
在ルクセンブルグ子銀行　183, 184
在ルクセンブルグ支店・子銀行　188, 190, 194
坂本　正　8, 98, 99
先限　86
差金決済　85, 86, 89, 90
産業株の引受・発行　19
3限月制　86
自行引受　134
　――手形　47
自己資本　110
　――比率規制　201
資産通貨　202
市中割引
　――市場　46, 51
　――手形　46
　――率　23, 45
実物取引　87, 88
支店制大銀行　103
支払・信用仲介　134
資本参加業務　182
資本収益税免除　39
資本信用　95, 96, 99
島本　融　31, 120, 170
志村嘉一　97
ジャーマン・バンク・オブ・ロンドン　124, 125
自由為替国　150
受託者　78

シュトゥケン R. Stucken　113, 120
シュリッター O. Schlitter　115
シュレーダー・ミュンヒマイヤー・ヘングスト　200
準備通貨　202-204
商業銀行　1, 4, 198
　　――機能　103, 113, 118, 219
証券
　　――関連業務　29, 83, 91, 97
　　――先物・オプション取引　3
　　――引受シンジケート　93
　　――ファンド　65
証券信用(証券金融)　3, 33, 61, 85
　　――システム　3, 79, 97
証券投機　17
　　――信用　13
証拠金
　　――買付　87, 88
　　――取引　87
庄司哲太　8
上場企業　62
商品・商品船積への前貸　22, 24, 27, 136
商品担保前貸　24, 25, 27, 49, 51, 136
所有有価証券　23
シンジケート・ローン　186
信託財産　65, 78
信用協同組合　198
信用固定　93
信用制度法　7, 64
　　――改正　186, 187, 200
信用創造・預金創造　4, 5, 103, 118
信用割当　40
　　――政策　56
ズィーゲナー・バンク　108
スイス・デリバティブ市場　71
スイス・ナショナルバンク　210
スウィング　160, 171
据え置き協定　147, 148
据え置き信用　170
スクリップ方式　151
鈴木芳徳　8, 97
スタンダード・オイル　129
スペシャルファンド　65, 66
住ノ江佐一郎　97
ズュートドイチェ・ディスコント・ゲゼルシャフト　109
清算取引　85

――停止国　155
　　多角的――　155
　　短期――　85, 86
　　長期――　85
清算マルク　157
正則業務　104
西方タイプ・支払い協定　150
世界市場恐慌　170
関下　稔　196
セキュリタイゼーション　212
ゼーハンドルング　13
セルビア国債発行　126
ゼロ・クーポン債　199, 205
1931年銀行恐慌　3, 54
全上場株時価総額　62
創業・発行銀行　106
双務的な変動限度介入　216
即日払いライヒスマルク預金　52, 59
ソシエテ・ジェネラル・ドゥ・バンク　178
ソシエテ・ジェネラル・ドゥ・ベルジク　163, 165, 178
ソシエテ・フィナンシェール・ユーロペーヌ　181
ゾルムッセン G. Solmssen　116

## タ　行

対外支払い債務に関する法　147
対外資本参加　128
対ドイツ米軍政府　167
対南米凍結債権　169
第2線準備　29, 50
タイヒェルト E. Teichert　156
ダインニスタウン・アンド・フェルド・ローデワルト　125
竹内一郎　196, 220
田坂　元　97
DAXオプション　76
田中素香　220, 222, 223
ダナート・バンク　55, 108, 115
他人資金　104
ダルムシュテッター・ウント・ナチオナルバンク　108
ダルムシュテッター・バンク　108
短期外資　36, 39, 111
短期的・流動的資産　23
蓄蔵貨幣第2形態　8
中央振替機関　119

中立諸国　155
長期外資　39
長期信用トリック　159, 160
超短期ファイナンス　218
貯蓄金庫　107, 112, 119
塚本　健　60, 93, 98, 171
月貸　12, 35
　　――の金利　56
土屋六郎　220
つなぎ金融　187
鶴田廣巳　196
露見誠良　220
定期貸　12, 13
定期取引　12
　　――の清算繰延べ　13, 14
　　証券――　36, 38, 40
ディスインターメディエーション　215
ディスコント・ゲゼルシャフト　109, 114, 122, 130
手形保証信用　111
手数料不要勘定　27, 31, 59, 139
デディ・バンク　116, 118
デポール　16
ドイチ・アジアティッシェ・バンク　128, 130, 176
ドイチェ・オリエントバンク　129
ドイチェ・コロニアルゲゼルシャフト　131
ドイチェ・ジロツェントラーレ　119
ドイチェ・ナチオナルバンク　108
ドイチェ・バンク　6, 28, 72, 108, 114, 122, 133, 162, 166, 177
ドイチェ・バンク・ロンドン・エージェンシー　125, 142
ドイチェ・ペトロレアム　129
ドイチ・ブルガリッシェ・クレディットバンク　173
ドイチ・ベルギッシェ・ラ・プラタ・バンク　122
ドイチャー・コロニアルフェライン　131
ドイチ・ユーバーズィーイッシェ・エレクトリツィテーツ・ゼゼルシャフト　130
ドイツ
　　――再統一　213
　　――の金融自由化　6
　　――の清算債務増大　160
　　――の占領地域　155
　　――の同盟諸国　155

索　引　255

ドイツ海外銀行　123, 167, 169, 176
ドイツ株価指数　73
ドイツ金割引銀行　148
ドイツ先物・オプション取引所　70
ドイツ清算金庫　151, 166
ドイツ対外債務換算金庫　148
ドイツ取引所　81
ドイツ・ハンガリー協定　151
ドイツ南アメリカ銀行　124, 167
東欧諸国の対外債務　210
東株代行株式会社　85
投機
　──信用　97
　──取引の制度　89, 90
　──の清算・決済の繰延べ　84
　強気──　13, 15
　弱気──　14, 15
当限　86
当座貸越　31, 94
当座債務者勘定　113, 118
当座預金
　──貸付　113
　──勘定　31
投資会社　64, 77
　──法　64
投資銀行　2, 4
投資通貨　205
投資ファンド　65
東方タイプの清算協定　156
登録マルク　148, 171
特別財産　64
ドーズローン　56
ドナウ川流域諸国　156-158
戸原四郎　60, 94, 98
トランスファー・モラトリアム　147
ドル建てコルレス口座　221
ドレスナー・バンク　72, 122, 124, 166, 176, 181, 184

ナ　行

内部信用　89, 97
中限　86
長坂　聰　98
ナショナル・シティ・バンク　116
ナチオナル・バンク・フュア・ドイチラント　108, 124
ナチス　55

西村閑也　8, 143
ニューヨーク株式取引所　88
布目真生　195, 220
ノイギネーア・コムパニー　131
ノストロ債権　49, 50, 53, 59, 60
　他銀行への──　22
ノストロ債務　31
野中　淳　60
ノルトドイチェ・バンク　109, 123
ノルトホッフ K. Nordhoff　21

ハ　行

バイエリッシェ・ヒポテーケン・ウント・ヴェークゼルバンク　182
賠償支払い　146
バークレイズ・バンク　181
バーゼル・コンコーダット　200
バッサーマン O. Wassermann　116
パブリックファンド　65, 66
浜田博男　97
ハーモニカ／アスピリン／カメラ・テーゼ　158, 161
早受け　87
早受渡制度　86
林　正和　97
早渡し　86
原田三郎　8
ハーン O. Hahn　194
バンカ・コメルチアーレ・イタリアーナ　127
バンカ・コメルチアーレ・ロマーナ　165
バンカ・ジェネラーラ・ロマーナ　128
バンカ・ナツィオナーレ・デル・ラボロ　181
バンク・オブ・アメリカ　181
バンク・ドゥ・ブリュッセル　182
バンク・ドゥ・ルニオン・パリジェンヌ　165
バンク・ナショナル・ドゥ・パリ　181
バンク・フュア・チリ・ウント・ドイチラント　123
バンク・フュア・ハンデル・ウント・インドゥストゥリー　108, 122
バンク・ユーロペェーヌ・ドゥ・クレディ　179
バンク・ユーロペェーヌ・ドゥ・クレディ・ア・ムアイアン・テルム　179

バンコ・アレマン・トランスアトランティコ　123
バンコ・イスパーノ・アメリカーノ　180
バンコ・セントラル・メキシカーノ　127
バンコ・ディ・ローマ　180
バンコ・デ・ラ・レプブリカ・オリエンタル・デル・ウルグアイ　168
ハンゼマン A. v. Hanseman　131
日貸　12, 35
　　──の金利　56
引受銀行　27
　　外国──　51
引受債務　25, 27, 136
引受信用　48
　　ポンド建て──　134
　　マルク建て──　25, 134
引受団参加　19, 23
引受手形　46
　　銀行──　46
　　金融──　47
非居住者
　　──への利払い禁止　203
　　──保有マルク残高　7, 121
　　──保有マルク建て金融資産　205, 211
ビスマルク O. v. Bismarck　126
ビュシュゲン H. E. Büschgen　70, 73, 173
ヒル J. Hill　130
ヒルデスハイマー・バンク　108
フィルメン・ゲブリューダー・ズルツバッハ　125
封鎖商業勘定　170
封鎖証券マルク　148, 171
封鎖信用マルク　148, 149, 170
封鎖マルク　145, 148
深町郁彌　8, 220
複数通貨建て債　199, 205
浮動株　70
不動産ファンド　65
船積書類　26
ブライヒレーダー　122, 127
プライベート・バンキング　186
ブラジリアニッシェ・バンク・フュア・ドイチラント　123
プリオン W. Prion　12, 18, 20, 60
振替決済システム　4, 5
振替・決済網　118
ブルム E. Blum　12, 23

プロイセン州立銀行　13, 56
ブロイヤー R. E. Breuer　7
ブローカーズ・ローン　87, 88
ブンデスバンク　61, 67, 202, 218
ベートゥマン　122
ヘニング F. W. Henning　55
ヘプフナー B. Höpfner　154, 173
ペール K. O. Pöhl　204
ヘルシュタット銀行　187, 199
ベルリナー・ハンデルス・ゲゼルシャフト　122
ベルリン印紙連合　41
ベルリン大銀行　21, 28, 33, 47, 92
　　支店制──　106, 107
ベルリン取引所　13, 93
変動利付債　199, 205
片務的な変動幅内介入　216
貿易金融　25, 31, 48, 121, 133
　　マルク建て──　29
保護主義　170
ポール M. Pohl　98, 132
ホルストマン T. Horstmann　172
ホールセール・バンキング　215
ボルン K. E. Born　132
ポンド建て手形　134, 136

## マ 行

マーケットメーカー　81
マーストリヒト条約　218
マネーマーケットファンド　65
マルク
　　──釘付　52
　　──決済圏　27, 29-31, 161, 169
マルク国際化　6, 121, 131, 202, 205
　　第1次──　6, 121
　　第2次──　6, 145
　　第3次──　6, 197
マルク建て決済システム　6, 121, 145, 161, 175, 190, 193
マルク建て債権総額　191
マルク建てCD　199, 205
マルク建て手形　26, 134, 136
マルク建て当座預金　29, 49
マルク・ブロック　209
ミッテルドイチェ・クレディットバンク　109, 116, 125

ミッテルドイチェ・プリファート・バンク 107
ミッドランド・バンク 178
向井鹿松 97
向 寿一 196
村岡俊三 8, 99, 143
メンデルスゾーン 122, 127
持株会社 79
持分証券 65, 78
モルガン J. P. Morgan 130

## ヤ 行

山口博教 220
山村信幸 196
山本栄治 220
ユニオン・バンク 173
ユニバーサルバンク 1, 2, 61, 77, 83
輸入農産物のダンピング輸出 158
由良玄太郎 170
ユーレックス・チューリヒ 81
ユーレックス・ドイツ 71, 81
ユーロ 80, 215
　——および EMU 参加諸国通貨 191, 192
ユーロダラー信用供与 177
ユーロノート・ファシリティー 200
ユーロ・パシフィック・ファイナンス・コーポレーション 195
ユーロパートナーズ 180
ユーロパートナーズ・セキュリティーズ 180
ユーロパートナーズ・リーシング 181
ユーロバンク 214
ユーロピアン・アジアティッシェ・バンク 195
ユーロピアン・アメリカン・バンキング・コーポレーション 195
ユーロピアン・アメリカン・バンク・アンド・トラスト・カンパニー 195
ユーロピアン・アラブ・ホールディング 195
ユーロマルク 190, 191
　——市場 6
要求払い預金 214
預金貸付 31, 113
吉野昌甫 171

ヨーロッパ銀行会社 179
ヨーロッパ審議委員会 178
ヨーロッパの高揚 177

## ラ 行

ライニッシェ・クレディトバンク 109
ライヒ大蔵省証券 154
ライヒ緊急令 147
ライヒ経済省 152
ライヒスバンク 21, 41, 53, 151
　——の信用制限 35
　——・ロンバート貸付 23
　——・ロンバート金利 58
　——割引率 23, 53, 58
ライヒスマルク
　——地域 169
　——の信認失墜 152
ランブール引受 27
　——手形 48
利益協同体 92, 98, 104, 118
リーサー J. Riesser 12
リスケデューリング 211
リーバーマン S. Lieberman 170
流動性
　——リスク 91
　現金—— 22, 111
　第1次—— 22, 111
　第2次—— 22
リューベッカー・プリファートバンク 108
累積債務問題 186
ルクセンブルグ金融市場 183
ルポール 15
ルポール貸付 14, 30
ルポール・ロンバート貸付 3, 11, 12, 17, 33, 40, 42, 84
　——の資金的基盤 48
レーニン V. I. Lenin 8
連結決算 188
レンテンマルク 56
ローカル・カレンシー国 216
ロシア国債 126
ロスチャイルド・コンソーシアム 126
ロール・オーバー・クレディット 187
ロンバート貸付 12, 14
割引市場 26, 27

大矢 繁夫(おおや しげお)

　1948年　札幌市に生まれる
　1972年　小樽商科大学商学部卒業
　1978年　東北大学大学院経済学研究科博士課程単位取得，
　　　　　東北大学経済学部助手を経て
　1981年　西南学院大学商学部助教授
　1987年　同教授
　1995年　小樽商科大学商学部教授，現在に至る
　主要著作　酒井一夫・西村閑也編著『比較金融史研究』〈分担執
　　　　　筆〉(ミネルヴァ書房，1992年)
　　　　　村岡俊三・佐々木隆生編著『構造変化と世界経済』
　　　　　〈分担執筆〉(藤原書店，1993年)


ドイツ・ユニバーサルバンキングの展開
2001年2月28日　第1刷発行

　　　　著　　者　　大　矢　繁　夫
　　　　発　行　者　　菅　野　富　夫
　　　　発　行　所　　北海道大学図書刊行会
　　　札幌市北区北9条西8丁目北海道大学構内(〒060-0809)
　　　tel.011(747)2308・fax.011(736)8605・振替 02730-1-17011

岩橋印刷㈱／石田製本　　　　　　　　　Ⓒ 2001　大矢繁夫

ISBN4-8329-6161-6

| 書名 | 著者 | 仕様・定価 |
|---|---|---|
| 株式恐慌とアメリカ証券市場<br>―両大戦間期の「バブル」の発生と崩壊― | 小林 真之 著 | A5・426頁<br>定価7800円 |
| 金融の原理［増補第2版］ | 浜田 康行 著 | A5・314頁<br>定価3000円 |
| 金融資本論研究<br>―コメンタール・論争点― | 松井 安信 編著 | A5・418頁<br>定価2800円 |
| インフレーションと管理通貨制 | 酒井 一夫 著 | A5・280頁<br>定価2800円 |
| 北海道金鉱山史研究 | 浅田 政広 著 | A5・486頁<br>定価8200円 |
| 一般利潤率の傾向的低下の法則 | 平石 修 著 | A5・298頁<br>定価7000円 |
| ストック経済のマクロ分析<br>―価格・期待・ストック― | 久保田義弘 著 | A5・342頁<br>定価6000円 |
| 経済学方法論の形成<br>―理論と現実との相剋 1776-1875― | 佐々木憲介 著 | A5・362頁<br>定価6200円 |

＜定価は消費税を含まず＞

北海道大学図書刊行会